本书的研究和出版得到国家社会科学基金
和武昌辛亥革命研究中心资助

国家出版基金项目
NATIONAL PUBLICATION FOUNDATION

辛亥革命百年纪念文库

学术研究系列

清季宪政大辩论

——《中兴日报》与《南洋总汇新报》论战研究

彭 剑 著

華中師範大學出版社
2011年·武汉

新出图证(鄂)字 10 号

图书在版编目(CIP)数据

清季宪政大辩论——《中兴日报》与《南洋总汇新报》论战研究/彭剑著. —武汉:华中师范大学出版社,2011.7
(辛亥革命百年纪念文库·学术研究系列)
ISBN 978-7-5622-5037-1
Ⅰ.①清… Ⅱ.①彭… Ⅲ.①宪政运动—研究—中国—清后期
Ⅳ.①K257.507

中国版本图书馆 CIP 数据核字(2011)第 091523 号

清季宪政大辩论
——《中兴日报》与《南洋总汇新报》论战研究

作者:彭 剑 ©
责任编辑:陈良军 责任校对:张晶晶 封面设计:罗明波
编辑室:文字编辑室 电话:027—67867369
出版发行:华中师范大学出版社
社址:湖北省武汉市珞喻路 152 号
电话:027—67863426(发行部) 027—67861321(邮购)
传真:027—67863291
网址:http://www.ccnupress.com 电子信箱:hscbs@public.wh.hb.cn
印刷:湖北恒泰印务有限公司 督印:章光琼
开本:640mm×960mm 1/16 印张:14.25
字数:220 千字
版次:2011 年 7 月第 1 版 印次:2011 年 7 月第 1 次印刷
印数:1—2 000 定价:45.00 元
欢迎上网查询、购书

总　　序

章开沅

“人事有代谢，往来成古今。”时间过得真快，转眼就是辛亥百年。作为辛亥革命的研究者，我自然感慨万千。

首先想到的，就是孙中山在《民报发刊词》中说的那段话：“十八世纪之末，十九世纪之初，专制仆而立宪政体殖焉。世界开化，人智益蒸，物质发舒，百年锐于千载，经济问题继政治问题之后，则民生主义跃跃然动，二十世纪不得不为民生主义之擅场时代也。”

过去有些论者，常常讥刺孙中山为空想主义者，其实大谬不然。他脚踏实地，实事求是，时时事事都从实际出发。他不仅密切关注现实，还关注历史，更关注未来。他没有把西方现代化看作完美无缺的样板，更没有机械地照搬西方政治模式，而是在总结既往百年世界历史的基础上，对西方的先进文明有所选择“因袭”，更有所斟酌“规抚”，从而才完成新的“创获”——“三民主义”与“五权宪法”。他历经千辛万苦，终于领导中国人民推翻君主专制，建立民主共和，开辟了中国历史的新纪元。

“百年锐于千载”是孙中山对于同盟会成立以前那一百年世界历史的精辟概括，其实这句话也可以形容同盟会成立以后这一百年的世界历史，因为20世纪的“世界开化，人智益蒸，物质发舒”等，其变化的幅度之大，速度之快，更远远超越了19世纪那一百年。我很重视“百年锐于千载”这句话，认为只有透过这前后两个一百年世界历史的发展变化，才能更为深切地理解辛亥革命。

我们钦佩孙中山，因为他在伦敦总结19世纪百年历史并思考人类文明走向时，并无任何具有实力的社团作为依托，主要是时代使命感与社会责任感督策使然。他在大英博物馆漫游书海，几乎是孑然一身，固守孤独。然而他并不寂寞，他的心与祖国、与受苦民众联结在一起，同时也与世界各地善良的同情者联结在一起。他把祖国命运放在世界命运中间认真思考，并且像耶稣背负十字架一样，心甘情愿地承担起“天下兴亡，匹夫有责”的沉重课题。

我们钦佩孙中山，还因为他在百年以前思考的问题、探索的思路以及追求中国现代化的各方面实践，都已经成为宝贵遗产，在此后百年的中国历史进程中或多或少产生影响。辛亥革命不仅仅是一个伟大的历史事件，它更是一个伟大的社会运动，并非起始于辛亥这一年，更非结束于辛亥这一年。像任何历史上发生过的社会运动一样，它有自己的前因，也有自己的后果，而前因与后果都有连续性与复杂性。我们不是辛亥革命的当事人，没有任何亲身的经历与见闻；但是作为后来者百年以后看辛亥，可能对当年的若干重大问题观察得更为客观、全面、深切，其原因就在于我们探索其前因后果的连续性与复杂性，具有更多的方便条件。

因此，我们反思辛亥百年，应该在连续性与复杂性方面多下工夫，换言之，就是在时间与空间两方面作更大的扩展，以期形成长时段与多维度的整体考察。

仅以三民主义为例，就能引发许多新的思考。

首先是民族主义，过去的研究多半侧重于“排满”问题的实质探讨，而有意无意冷落了对“五族共和”的阐析。其实，在中华民族作为国族认同方面，辛亥那一代人不仅开创于初始，而且还在政治、制度、政策乃至文化诸层面有持续的探索性实践。应该承认，孙中山及其后继者在“中华民族多元一体格局”的形成方面也有不同程度的贡献，至少我们在中华民族作为国族的总体观念上与前人是一脉相承的。1949年新中国成立以后，我们在增进民族平等、团结，发展民族地区经济、文化，乃至促进少数民族内部社会革新等方面都取得了举世瞩目的辉煌成绩。但是，在民族认同与民族团结方面仍然存在着若干问题，仍然需要从历史到现状进行系统的梳理与总结。

作为历史遗产，辛亥革命也有负面的因素。为鼓动民众推翻清王朝而狂热地鼓吹“排满”，显然对早已存在的大汉族主义或汉族中心主义有所助长，长期以来，无论是在对历史还是对现实的看法中这些经常会有意无意地显现。即以 20 世纪初期革命报刊极力制作宣扬的“黄帝文化”而言，至今我们一味“弘扬”而未能有所“扬弃”其汉族中心主义内涵。所以我自去年以来不断提倡“新黄帝观”，即给始祖文化符号以更具包容性的诠释，这样才能更为增进对中华民族作为统一国族的认同，可能也更符合孙中山“五族共和”的积极意蕴。

其次是民权主义，回顾过去百年，也会有许多新的认知与感受。辛亥革命使共和国从此深入人心，此话不错亦非虚，但这次革命也仅仅是开启了共和之门，迈出了走向共和的第一步。就以孙中山自己为例，他对“五权宪法”的创建寄予很高期望，曾经明确揭示：“以三民主义为立国之本原，五权宪法为制度之纲领。”但是，对于这个理念懂之者不多，应之者甚少，连孙中山自己也还缺乏相关的架构设计。直到 1920 年在广州召开非常国会并就任非常大总统之后，孙中山才逐步把“五权宪法”从抽象理念形成完整的国家体制框架。概括起来，无非是：(1) 以“权能分离”作为理论基础；(2)“五权分立”具体化，成为行政、立法、司法、监察、考试五院政府的架构；(3) 进一步确定县一级实行选举、复决、罢官、创制等直接民权，每县选代表一人，组成国民大会代表全国人民行使政权，并授权中央政府行使治权。他认为，如此既可防止议会专制，又可杜绝政府腐败；既可实现直接民权，又可实现“万能政府”，堪称民权主义的完美境界。

但是，“五权宪法”倡议以来，孙中山却未能在生前实施自己的方案；而国民党定都南京以后，所谓“五权分立”的推行也是举步维艰，其后逐步演变得荒腔走调，更非孙中山所能预料。应该说，“五权分立”的立意还是积极的，即为了防止西方议会、政党政治的弊端，将考试权从行政权中分出，监察权从立法权中分出，借以寻求更为完善的权力相互制衡。国民党内外三民主义、“五权宪法”的服膺者也并非都是虚应故事，其中确实有些忠贞之士满心期望通过“五权宪法”的实施，把中国引向民主与法制的进步道路。但是，任何良好的民主政治设计，都改变不了国民党政府“党治”、“军治”、“独治”的严酷现实，“五权分立”的政治架构只能流于虚有其表的形式。这种披着“五权宪法”外衣的威权统治，在1949年以后随着国民党的失败而转移到台湾。直到蒋介石死后，迫于内外形势的急速变化，蒋经国在临终前解除了党禁、报禁与戒严，这才结束了蒋家王朝的威权统治。正是在此以后，“五权宪法”、“五权分立”才真正在台湾的政治实践中受到全面检验与不断修正。

无论西方与东方，特别是在东方，民主政治在任何国家的成长、完善，都必然要经过一条漫长、复杂、曲折而艰苦的道路。中国长期处在中央集权的君主专制统治之下，从来没有什么议会政治的传统。过去认为这是一个优点，其实这只是有利于“枪杆子里出政权”，政权的更替只能通过武装斗争，别无其他良策。现今，国家已经富强，并且逐步走上民主与法治的轨道，我们应该更加尊重前贤追求民主法治的真诚努力，从他们留下的经验教训中吸取智慧，走出政治制度改革的瓶颈，建设更为完善的中国先进政治文明。

第三是民生主义，这是孙中山最具前瞻性的思想遗产，也是当时最为曲高和寡的政治主张，但在百年之后却成为中国与世界面临的最为紧要的严重问题。孙中山师法亨利·乔治与约翰·穆勒，同时又从中国传统的大同思想以及均田、公仓等方案中受到启发，提出“平均地权”以谋防止资本主义贫富两极分化的弊害。孙中山自信“可举政治革命、社会革命毕其功于一役”，过去曾被讥评为徒托空言，其实他和他的后继者在这方面还是做过多方面的探索与讨论，积累了颇为丰富的经验教训。“民生”一词，从经济而言，涵盖发展与分配两个方面，这就是孙中山所说的“欧美强矣，其民实困”。20世纪初始，中国资本主义还处于极为幼弱时期，1905年提倡“节制资本”诚然是“睹其祸害于未萌”，但现今对于中国而言则早已是严酷的现实。我们虽然标榜中国式的社会主义市场经济，但是并未能置身于资本主义“祸害”之外，而双轨制经济并存衍生的权钱交易，更使这种“祸害”愈演愈烈。因此，最近几年，政学各界及媒体、网络苦心焦虑，“民生”一词遂成出现频率最高的话语之一。

孙中山及其后继者设计的多种具体方案，已成明日黄花，很难解决当前社会深层转型的复杂问题，但“一手抓土地流转（平均地权），一手抓投资调控（节制资本）”的思路仍然可以对我们有所启发。孙中山是农民的儿子，他对贫苦民众有本能的同情；他自己又在海外生活时间甚久，对资本主义社会弊病理解最深。这样的领导者，郑重提出的政治设计必定有其现实根据，更有丰富的思维蕴涵，我们理应加以珍惜，作为当前排难解纷的借鉴。

最后还有孙中山晚年对世界主义，特别是世界主义与民族主义之间关系的思考，经过百年世界风云变幻的映照，在全球化浪潮已经席卷世界各地的今天，仍然可以发人深省。

孙中山是伟大的爱国主义者，他临终仍不忘呼唤："和平，奋斗，救中国。"他又是伟大的国际主义者，从革命一开始就谋求国际合作，而且晚年还更为热忱地呼吁建立一个和平、公道、合理的世界新秩序。他为人题字，书写极多的就是"天下为公"、"世界大同"。他应该是近代中国最高层政治领袖中堪称"世界公民"的第一人。

晚年的孙中山，不再简单地以东方、西方或者肤色差别划分世界，而是把世界区分为压迫民族与被压迫民族两大阵营。他呼吁全世界"受屈人民"联合起来反对帝国主义。而所谓"受屈人民"，不限于被压迫民族，也包括压迫民族中的"受屈人民"，以及虽已强大然而真诚支持世界各国"受屈人民"的苏联人民。他甚至天真地把"苏维埃主义"与中国传统的大同理想等同起来，劝说日本"联苏以为与国"，共同支援亚洲乃至全世界"受屈人民"的反帝斗争。这可以认为是孙中山民族主义的又一次升华。

孙中山以"恢复中华"作为自己革命生涯的发端，但是从来没有把民族主义的范围局限于中华，更没有以此作为终极目标。他认为民族主义乃是世界主义的基础，因为被压迫民族只有首先恢复民族的自由平等，然后"才配得上讲世界主义"。他期望以苏联人民作为欧洲世界主义的基础，以中国人民作为亚洲世界主义的基础，然后扩而大之，从而实现整个人类的世界主义。

百年以来的世界，风云变幻，日新月异。特别是第二次世界大战以及冷战与后冷战的国际格局演变，与孙中山的理想相去甚远。但是他的总体思路，特别是有关民族主义与世界主义之间关系的深沉思考，并非纯然是美好的空想，仍然有许多值得重视的现实依据。在全球化潮流席卷整个世界，人类已经进入网络化信息时代的今天，正确处理民族主义与世界主义之间的关系，仍然是极为复杂而又必须回答的重要问题。当前某些政论家正在构思的所谓“全球地方关系（global-local relationships）”或“全球地方化（glocalization）”，与孙中山的思路正相呼应，似乎一脉相承。

举一可以反三。中国现代的历史叙事，党派成见影响甚深，意识形态束缚尤多，所以很难求得客观、公正、深切的理解。必须以更为超越的心态、广博的胸怀，把中华民族作为一个整体，并真正置于世界之中，作百年以上长时段的宏观考察与分析，才可以谈得上史学的创新。思想的解放，对中国、对世界，于学术、于现实都大有裨益。我认为这是对辛亥百年最好的纪念。

在辛亥革命百年纪念之际，华中师范大学中国近代史研究所在学校出版社的鼎力支持下，隆重推出了“辛亥革命百年纪念文库”，其中包括学术研究系列和人物文集系列，总计多达 30 余种著作。这套文库的出版，称得上是一项规模较大的学术文化工程。尽管由严昌洪教授担任主编的十卷本《辛亥革命史事长编》等新书未收入文库，而是由其他出版社出版，但这套文库仍然较为集中地体现了多年以来华中师范大学在辛亥革命史研究方面所取得的成果。

从 1978 年华中师范大学历史系成立辛亥革命史研究室，到 20 世纪 80 年代初由原国家教委批准建立华中师范大学历史研究所，再到 2000 年成为教育部人文社会科学重点研究基地而改名为中国近代史研究所，数十年来虽历经人事更替与诸多困难，但辛亥革命史始终是我们的重点研究领域之一，其间不断有新成果问世，研究所一代又一代学人为之付出的心血，从现今出版的这套文库更不难窥见一斑。

当然，这套文库所收录的著作，无论是学术研究系列还是人物文集系列，都还存在着这样或那样不尽完善之处，希望能够得到海内外学者的批评与指正。

目　录

导　论

本书的研究对象是20世纪初《中兴日报》与《南洋总汇新报》之间的论战。《中兴日报》与《南洋总汇新报》均发刊于新加坡，分别为孙中山一派和康有为一派在南洋的宣传机关。关于孙、康两党之间的论战，是民国以来史学界关注甚多的一个问题，其中特别是两党在《民报》和《新民丛报》之间的论战，研究成果尤其丰富。① 学界对《中兴日报》与《南洋总汇新报》之间的论战，虽已

---

① 笔者所见第一篇系统研究孙、康两党论战的文章，系高良佐的《开国前革命与君宪之论战》一文（刊登于《建国月刊》第7卷第3期至第8卷第6期上，1932—1933年间）。由"中央研究院"近代史研究所发行的亓冰峰著《清末革命与君宪的论争》（1966年）一书，则是研究两党论战的第一部专著。此外，段云章、谭彼岸、黄冠炎的《辛亥革命前资产阶级革命派与改良派在华侨中的斗争》（《中山大学学报》，1961年，第3期），胡绳武、金冲及的《辛亥革命准备时期革命与改良两条路线的斗争》（《学术月刊》，1963年，第1期），秦如藩的《中国资产阶级革命派对改良派关于要不要推翻清朝民族压迫问题的论战》（《中山大学学报》，1965年，第4期），寺广映雄的《革命瓜分论中的若干问题——保皇派与革命派的论争》（收于小野川秀美、岛田虔次编:《辛亥革命の研究》，筑摩书房，昭和53年(1978年)），张玉法的《同盟会时期的革命宣传》（收于"中华文化复兴运动推行委员会"主编:《中国近代现代史论集》第17编，台湾商务印书馆，1986年），耿云志的《从革命党与立宪派的论战看双方民主思想的准备》（《近代史研究》，2001年，第6期）等也都是研究两党论战的专题论文，章开沅的《辛亥革命前夜的一场大论战》（人民出版社，1975年）也是研究两党论战的专著，而冯自由的《中华民国开国前革命史》（良友印刷公司，1928年），戈公振的《中国报学史》（商务印书馆，1928年），章开沅、林增平主编的《辛亥革命史》第二卷（人民出版社，1981年），金冲及、胡绳武的《辛亥革命史稿》第二卷（上海人民出版社，1985年）等著作也都在相关章节涉及两党的论战问题。以上研究，基本上都围绕《民报》和《新民丛报》展开。

有一定的探讨，但尚缺乏系统的梳理和解读。① 不过，本书的写作，并不仅仅在于将一个前人关注较少的问题作尽可能细致的梳理。本书的视角，与已有研究成果有所不同，可别为二。

首先，已有研究成果大都是从辛亥革命爆发的背景的角度来分析清季那场论战，都是从对辛亥革命的影响的角度去探寻论战的意义。本书则不仅以辛亥革命为背景，同时还以中国由“秦政”到“宪政”的转轨为背景。

很显然，晚清以降中国在政治领域最显著最具影响力的变化，是君主专制政体向立宪政体的转化。延续了两千年的“秦政”在这里突然中断，中国政治的运行轨道至此来了一个 90 度的大拐弯，由“秦政”的轨道折入“宪政”的轨道，实现了一次政治体制的转轨。而在转轨之前，国人对是否应该转轨和应该如何转轨产生过犹疑，发生过争论。这种争论，在国人接触宪政之后不久就开始了，如 19 世纪 50 年代末 60 年代初蒋敦复对宪政的攻击，80 年代何启、胡礼垣对曾纪泽的驳难，90 年代他们对张之洞的批驳，都是早期值得一书的论辩②，而康有为等人在甲午战后掀起维新运动高潮之际，主变法者与反变法者之间的论战更加波澜壮阔，是“中国要不要实行宪政”的辩论中最精彩的一幕。当时主张实行宪政者的“天赋人权”论与反对实行宪政者的“天赋君权”论，都给人留下深刻的印象。③

---

① 笔者所见关于《中兴日报》和《南洋总汇新报》论战的专题论文，以李恩涵的《辛亥革命前革命派与维新派在新、马的思想论战》（《珠海学报》，1987 年，第 15 期）、赵金钰的《革命党与保皇党在新加坡的论战》（《辛亥革命与近代中国——纪念辛亥革命八十周年国际学术讨论会论文集》，下册，中华书局，1994 年）两文有代表性。另外，多少涉及《中兴日报》和《南洋总汇新报》论战的著作和论文还有一些，其中尤其是颜清湟的《星、马华人与辛亥革命》（吉隆坡牛津大学出版社，1976 年）一书，用了一章的篇幅讨论了孙、康两党在新、马论辩的情况。

② 参见熊月之：《中国近代民主思想史》（修订本），上海：上海社会科学院出版社，2002 年，第 103、173～188 页；许政雄：《清末民权思想的发展与歧异——以何启、胡礼垣为例》，台北：台湾文史哲出版社，1992 年，第四章、附录三。

③ 参见陈鍫：《戊戌政变时反变法人物之政治思想》，收于包遵彭、李定一、吴相湘编纂：《中国近代史论丛第一辑第七册——维新与保守》，台北：台湾正中书局，1981 年，第 165～166 页。

在戊戌之后，特别是伴随着清廷“仿行宪政”国策的宣布，国人对于宪政问题的论争，则基本上由“要不要实行宪政”的问题转变为“怎样实行宪政”的问题。在戊戌之前的辩论中，一方主张中国应该实行宪政，另一方则认为中国不应该实行宪政。在戊戌之后的辩论中，争论的各方基本上都认可中国要实行宪政，不过有人主张君主立宪，有人主张民主立宪，有人主张仿英立宪，有人主张仿日立宪，有人主张经过一个“预备”时期之后才开国会，有人主张不要“预备”时期而直接召开国会。我们认为，发生在20世纪初孙党和康党机关报上的论战，属于“怎样实行宪政”的辩论的一部分。

可能有人要质疑，孙、康两党机关报上的论战，包括民族、民权、民生三个方面的内容，只有民权主义属于宪政的问题，怎么能将两党的论战简单地称为宪政辩论？

的确，从表面看来，民族、民权、民生三大主义是并列关系，学者们在研究孙、康两党论战的时候，也是将三者并列而论的，三者之中，似乎只有民权主义与宪政相关。不过，如果作深入一点的考察，则会发现，问题并不如表面所见这般简单。

从民族主义的思想根源来看，民族主义实际上是民主（民权）主义的一种扩大。人们在国内争取自由，便是民主主义，一个民族向另一个民族争取自由，便发展出民族主义。诚如列宁所论：“每个被压迫民族的资产阶级民族主义，都含有反对压迫的一般民主主义内容。”① 关于这一点，可以从民族主义兴起的历史中得到印证。近代民族主义的兴起，是在拿破仑时代。拿破仑战争把民主宪政的种子播撒于欧洲大地，各国则一方面开始实行宪政，一方面争取民族的自由，反抗拿破仑的统治，民族主义于是高扬起来。②

就孙中山的思想体系来看，他虽然把民族、民权、民生主义相提并论，并把民族主义摆在民权主义之前，但是，正如有关研究所指出的，他的民权主义思想的产生，很有可能比民族主义要早③，

---

① 列宁：《论民族自决权》，中共中央马克思、恩格斯、列宁、斯大林著作编译局编：《列宁选集》（第二卷），北京：人民出版社，1960年，第524页。

② 张玉法：《清季的革命团体》，台北：台湾“中央研究院”近代史研究所，1975年，第11～12页。

③ 蒋永敬：《辛亥革命时期孙中山先生的民权思想》，《辛亥革命研讨会论文集》，台北：台湾“中央研究院”近代史研究所，1983年，第2页。

而他的民生主义，则是在反思西方民主政治的基础上提出来的①。因此，从某种程度来说，三民主义的核心应该是民权主义。民族主义之所以会被摆到民权主义前面，乃是为了宣传的需要，因为排满的民族主义比民权主义更有号召力。

从两党论战的实际情况来看，虽然他们将民族、民权、民生并列而举的时候非常多，但是，孙党也常常强调，革命不仅仅是缘于种族的原因，即使是汉人做皇帝，也要实行革命，推翻专制，建立民主共和政体。② 他们也曾自视为“民主立宪党”。③ 到武昌起义爆发，各地纷纷独立，两党的论争也告一段落。两党的相关人员总结过去的论争，更是得出了“其所争之点无他，君主民主之一问题而已”④ 的结论。由此可见，虽然在论战中关于宪政的辩论常常被关于民族主义的论争淹没，但是，两党实际上还是认为，他们之间的辩论，核心问题依然是宪政问题。

基于以上理由，我们认为将孙、康两党的论争纳入宪政辩论的语境中是可行的。

本书的视角与已有成果的第二点不同是，已有成果多在“两派论战”的语境下展开论述，本书则将在“三派相争”的语境里进行言说。

我们认为，在辛亥革命前那场以“怎样实行宪政”为主题的宪政辩论中，论战的参与者实际上有三种政治势力：清政府、康党、孙党。论战形成了三方捉对相抗的局面：孙党—清政府、康党—清政府、孙党—康党。但是，人们在研究这场论战的时候，都只聚焦于孙、康两党的论争，对“孙党—清政府”、“康党—清政府”两对论争则无人关注。本书则不仅关注孙、康两党之间的论战，也关注孙党与清政府、康党与清政府之间的论战。

恐怕有很多人会质疑，清政府与孙党、清政府与康党之间有论

---

① 孙中山：《民报发刊词》（1905 年 10 月 20 日），中山大学历史系孙中山研究室、广东省社会科学院历史研究所、中国社会科学院近代史研究所中华民国史研究室合编：《孙中山全集》（第一卷），北京：中华书局，1981 年，第 288～289 页。

② 绍轩：《满清立宪实成专制》（再续），《中兴日报》，1909 年 1 月 16 日，第 2 版；金津：《红衣女子》（八续），《中兴日报》，1908 年 3 月 23 日，第 5 版。

③ 夏：《融和汉满之真相》，《中兴日报》，1909 年 5 月 5 日，第 1 版。

④ 《国事共济会宣言书》，《南洋总汇新报》，1911 年 12 月 9 日，第 8 版。

战吗？孙党、康党从各自的角度驳论清政府政策的时候虽然很多，但并没有看到清政府的正面回应。

确实，如果把辩论定义为持不同见解的双方正面交锋的话，孙党与清政府、康党与清政府之间的歧见不能称为辩论。不过，就学术界的“习惯”来看，人们对“辩论”的界定并不是如此单一的。比如说，张之洞作《劝学篇》，维护三纲五常的传统，反对民权，何启、胡礼垣作《劝学篇书后》加以驳斥，张之洞对此并没有回应，但学者在研究这一问题的时候，依然把它视为一场辩论。① 又如，独立战争爆发十余年前，针对英国的“新殖民地政策”，北美殖民地人士进行了持久而广泛的攻击。对这一历史现象，学者们冠以“宪政辩论”或“政治辩论”的名目，进行了广泛的研究，取得了丰硕的成果。在这场辩论中，“辩论的一方是反对英国政策的殖民地人士，而代表英国立场的主要不是文字，而是不断出台的政策和措施”②。这种情形与清季“孙党—清政府”、“康党—清政府”之间的情形何其相似乃尔！既然学者们可以把北美殖民地人士对英国政府的驳论称为辩论，那么，我们也不妨将辛亥革命前孙、康两党对清政府的驳论称为辩论。

我们希望，本书的研究，不是运用新材料证实旧观点而已，而是能通过视角的转换看到一些前人没有看到的东西。当然，新材料的运用也不是完全没有意义的。毕竟对于一个如我这样的初学治史者而言，往往是“占有新材料”，才能“提出新观点”。更为重要的是，清季各种势力之间的论辩，不仅仅是为了探讨学理，更是为了影响受众。辩论各方都想说服受众，使之认同自己的“主义”，跟着自己走，支持自己的政治行动。参与辩论的报刊发行地不同，也就意味着受众会有差别，即辩论的影响对象不同。这正是虽然各处论争的内容大同小异，但却仍然值得我们对各处的论争分别细加研究的原因所在。学界关注甚多的《民报》和《新民丛报》发刊于日

① 佐藤慎一著，许政雄译：《一八九〇年代的“民权”论——以张之洞和何启的论争为中心》，收于许政雄著《清末民权思想的发展与歧异——以何启、胡礼垣为例》，附录三。

② 李剑鸣：《美国独立战争爆发前的政治辩论及其意义》，《历史研究》，2000 年，第 4 期，第 74 页。

本，其影响的对象以留学日本的华人为主，发生于这两份杂志上的论战，对于我们理解留日学生群体的政治道路选择很有帮助。而本书所探讨的《中兴日报》与《南洋总汇新报》，其影响的对象以南洋华侨为主，发生于这两种报纸上的论战，则为我们窥探清季华侨群体的政治选择和华侨社会的变迁提供了一个窗口。正因为如此，本书的主旨在于通过梳理《中兴日报》与《南洋总汇新报》之间的论战，展示孙党、康党、清廷对南洋华侨的争夺，并进而揭示这种争夺对南洋华侨社会变迁的影响。

第一章　论战的兴起

一、创　刊

《中兴日报》、《南洋总汇报》之前的新加坡华文报刊

新加坡的第一份华文报刊是《东西洋考每月统记传》(*Eastern and Western Ocean's Monthly Investigation*)①，由德国传教士郭士猎（Karl Friedrich August Gutzlaff，1803—1851）于 1833 年 8 月 1 日创刊于广州，1835 年停刊，1837 年在新加坡复刊，1838 年再度停刊。此后，新加坡华人报刊续有创办。从下表可以看到在《中兴日报》、《南洋总汇报》之前新加坡华文报刊的概貌：

《中兴日报》、《南洋总汇报》创刊前新加坡华文报刊简况

报刊名称	创刊时间	创办者	备注
《东西洋考每月统记传》	1837（复刊）	郭士猎	新加坡第一份华文杂志
《地方日报》	1845	/	/
《日昇报》	1858	汤申·威廉·士密斯	/
《叻报》	1881.12.10②	薛有礼	新加坡第一份华文日报
《星报》	1890.2.14	林衡南	1898 年停版

---

① “1837 年 2 月，《东西洋考》在新加坡复刊，成为新加坡报业史上第一份华文杂志。”吴庆棠：《新加坡华文报业与中国》，上海：上海社会科学院出版社，1997 年，第 19 页。

② 有人认为《叻报》创办于 1880 年，见曾虚白主编：《中国新闻史》，台北：三民书局，1989 年，第 752 页。

续 表

报刊名称	创刊时间	创办者	备注
《天南新报》	1898.5.26	丘菽园①	1905年停刊
《日新报》	1898	林文庆	改组《星报》而来
《新加坡医学报》	1901.5.17	叶季允	新加坡第一份华文学术期刊
《图南日报》	1904年春	陈楚楠、张永福	1905年停刊

资料来源：吴庆棠：《新加坡华文报业与中国》，第1、2、3章；[新加坡]卓南生：《中国近代报业发展史（1815—1874）》（增订版），北京：中国社会科学出版社，2002年，第4章。

上表所列报刊中，《叻报》、《天南新报》、《图南日报》值得引起特别注意。

《叻报》是新加坡第一份由华人创办的日报，且一直办到20世纪30年代②，在新加坡华人报业史上占有十分重要的地位。《叻报》的政治倾向，一般认为是比较保守的，在革命与维新中取中立态度③。说《叻报》保守是可以成立的，若说它在革命与维新之间取中立的态度则不准确了。它不倾向于孙党，也不倾向于康党，但这并不表明它是中立的。实际上，它对孙、康两党都抱仇视态度，因而与孙、康两党的报纸都发生过论战。④

---

① 丘菽园，也作邱菽园。下同。

② 新加坡国立大学图书馆藏有该报的缩微胶卷，并已链接到互联网上，检索方便。访问地址为：http://www.lib.nus.edu.sg/chz/csh.

③ 颜清湟：《星、马华人与辛亥革命》，台北：联经出版事业公司，1982年，第223页。

④ 康党的《南洋总汇新报》在1909年与《叻报》有过两次冲突，一次发生在7月中旬，一次发生在10月中下旬。冲突的情况，可以从《南洋总汇新报》方面的文章目录窥见一斑：超超：《说前辈》（1909年7月13日，第3版）；《来稿照登》（1909年7月15日，第1版）；超超：《释前辈》、《食暖堂饭之前辈》、《堡老虎鱼之前辈》（1909年7月15日，第3版）；《代斥叻报针记者训当阳为革命之谬解》（1909年10月13日，第2版）；《来稿照登》（1909年10月15日，第2版）；某：《再斥叻报针记者不读书不识解之谬》（1909年10月15日，第2版）；某：《再斥叻报反复无常默认禽兽之针记者》（1909年10月18日，第2版）；刚斫：《来函照登》（1909年10月20日，第2版）；某：《看看叻报针记者之七丑五恶》（1909年10月20日，第2版）；《来函照登》（1909年10月21日，第2版）；《怪怪叻报针记者屡变屡窒之败现状》（1909年10月21日，第2版）；刘草氏：《正告针书》（1909年10月23日，第2版）。另外，当伍宪子发表对政党的看法的时候，《叻报》也曾刊文予以驳斥。《叻报》与孙党报刊的冲突情况在本章内将有涉及。

《天南新报》是新加坡维新领袖丘菽园于1898年创办的，使用孔子纪年[①]，在戊戌变法期间与康有为、梁启超等人在国内的维新运动遥相呼应。政变发生后，丘菽园继续追随康有为，出任保皇会分会会长，《天南新报》也继续以康党勤王事业鼓吹手的面目出现。1901年丘菽园宣布与康有为绝交，并辞退《天南新报》总理职务之后[②]，《天南新报》的政治倾向变得有些扑朔迷离了。

《图南日报》是新加坡革命元老陈楚楠和张永福出资创办的，于1904年春出版发行。在1903年《苏报》案发生的时候，他们曾致电驻沪英领事，营救章太炎、邹容，并由《苏报》被封一事得到启发，"觉悟吾人对于革命事业非先事宣传不可，在南洋更不可无一宣传喉舌"[③]，于是有创办《图南日报》的举动。由于该报是革命派在南洋的第一份报纸，所以被称为"南洋华侨革命党机关报之鼻祖"[④]。

《南洋总汇报》的创刊与"变色"

《南洋总汇新报》的前身是《南洋总汇报》，但《南洋总汇报》并非从一开始就是康党的喉舌，而有一个从"革命"转向"保皇"的过程。

《南洋总汇报》的创刊，还得从《图南日报》说起。《图南日报》是陈楚楠和张永福凭着一腔热情创办起来的，但并未得到新加坡华侨社会的欢迎。张永福在其所著《南洋与创立民国》一书里对此有所描述："当时老守旧、老绅耆、领事官、保皇党及财雄势大的资本家，见《图南日报》之鼓吹革命太不客气谩辱朝廷，认为大逆不道，群起反对"[⑤]，"《图南报》出世第一天，入了社会人士的

---

① 冯自由：《新加坡图南日报》，《革命逸史》（初集），北京：中华书局，1981年，第170～171页。

② 汤志钧：《丘菽园与康有为》，《近代史研究》，2000年，第3期，第225页。

③ 张永福：《南洋与创立民国》，《华侨与辛亥革命》，北京：中国社会科学出版社，1981年，第94页。

④ 冯自由：《新加坡图南日报》，《革命逸史》（初集），北京：中华书局，1981年，第170页。

⑤ 张永福：《南洋与创立民国》，《华侨与辛亥革命》，北京：中国社会科学出版社，1981年，第95页。

眼帘，他们就紧张起来，不约而同大呼小叫，说是无父无君，谋反大逆的报纸。不要说叫他们出钱来买一份看看是无望，就是你十二分诚意的不要钱送他们一份看，请他们赏识，他们老实不客气地随手就撕掉。"① 在这种情况下，《图南日报》的销路非常不好，张永福说订阅者只有 20 余份②，冯自由和陈楚楠等人则说订阅者为 30 余份③，总之是少得可怜。为了谋求报业的发展，张永福等人想了一些办法，如在迎接乙巳（1905 年）新禧的时候制作精美的月份牌（日历），附送《图存篇》等④，但效果并不十分明显。据张永福的记载，经过种种努力之后，订阅者略有增加，但也依然只有 50 多份。⑤ 在这种情况下，报业当然是无法维持的。到乙巳

---

① 张永福：《南洋与创立民国》，《华侨与辛亥革命》，北京：中国社会科学出版社，1981 年，第 117 页。

② 张永福：《南洋与创立民国》，《华侨与辛亥革命》，北京：中国社会科学出版社，1981 年，第 95 页。

③ 冯自由：《南洋华侨与革命运动》，《革命逸史》（第 6 集），北京：中华书局，1981 年，第 164 页；陈楚楠：《晚晴园与中国革命史略》，丘权政、杜春和编：《辛亥革命史料选辑》（续编），长沙：湖南人民出版社，1983 年，第 32 页。

④ 张永福：《南洋与创立民国》，《华侨与辛亥革命》，北京：中国社会科学出版社，1981 年，第 117 页；冯自由：《华侨革命开国史》，《华侨与辛亥革命》，北京：中国社会科学出版社，1981 年，第 58～59 页。

⑤ 张永福：《南洋与创立民国》，《华侨与辛亥革命》，北京：中国社会科学出版社，1981 年，第 118 页。但陈楚楠则回忆说，《图南日报》经过发展，订阅者曾达到 2000 多份，见陈楚楠：《晚晴园与中国革命史略》，丘权政、杜春和编：《辛亥革命史料选辑》（续编），长沙：湖南人民出版社，1983 年，第 32 页。冯自由也在好几处提到，《图南日报》经发展后订阅者有 2000 多份，见《华侨革命开国史》，《华侨与辛亥革命》，北京：中国社会科学出版社，1981 年，第 59 页；《南洋各地革命党报述略》，《革命逸史》（第 4 集），北京：中华书局，1981 年，第 140 页；《南洋华侨与革命运动》，《革命逸史》（第 6 集），北京：中华书局，1981 年，第164 页。但是，笔者认为《图南日报》的订阅者不可能有如此之多。若有 2000 或 2000 多订阅者，则完全可以解决生存问题，不可能那么快停刊。据汪精卫在一封信中谈到，《光华日报》每日行销本埠 400 余份，便可做到"入数足与出数相抵，无岌岌动摇之虑"，见徐市隐：《缅甸中国同盟会开国革命史》（节录），《华侨与辛亥革命》，北京：中国社会科学出版社，1981 年，第 177 页。张永福在陈诗仲辞职后曾亲自办报，他的记载应该比较可信。

(1905 年) 年冬,《图南日报》就被迫停刊了。[①]

《图南日报》停刊后,陈楚楠、张永福"不欲民党喉舌中断"[②],又恰有黄江生来说项,并介绍陈云秋、许子麟、沈联芳、朱子佩等人入股,于是创办了一份新报纸,取名《南洋总汇报》[③]。时距《图南日报》停刊只有两个月左右。《南洋总汇报》创办时入股 2 万,张永福、陈楚楠以《图南日报》的原有机器作股 1 万,另 1 万由许子麟、陈云秋等人出资。张永福、陈楚楠在《南洋总汇报》里担任监督之职,他们便利用职权之便,让《南洋总汇报》鼓吹革命,不用大清年号,直呼光绪帝的名字,大肆攻击清廷,俨然以《图南日报》继承者的面目出现。[④] 如此看来,陈楚楠、张永福创办《南洋总汇报》的初衷就在于继续鼓吹革命,创办之初,该报也确曾以革命党机关报的面目出现。

但是,《南洋总汇报》的股东是由两种政治信仰不同的商人组成的。陈楚楠、张永福等人倾向于反清革命,而陈云秋、朱子佩等人则倾向于维新,因此,陈楚楠、张永福让报纸刊登激烈言论的做法引起陈云秋、朱子佩等人的不满。他们召开股东大会,对陈楚楠、张永福提出警告,如果继续鼓吹革命,就要让他们退职同时退股。[⑤] 陈、张等未听从警告,"仍使编辑人高谈革命如故"[⑥],这就更引起矛盾的激化。到 1906 年春,陈云秋等人提出撤股承让之议,

---

① 冯自由:《新加坡图南日报》,《革命逸史》(初集),北京:中华书局,1981 年,第 174 页;冯自由:《南洋各地革命党报述略》,《革命逸史》(第 4 集),北京:中华书局,1981 年,第 140 页。在《华侨革命开国史》里,冯自由在一处记为乙巳年冬,一处记为乙巳年春,均见《华侨与辛亥革命》,北京:中国社会科学出版社,1981 年,第 60 页。《图南日报》停刊于乙巳年春当为误记。

② 冯自由:《新加坡图南日报》,《革命逸史》(初集),北京:中华书局,1981 年,第 174 页。

③ 冯自由:《华侨革命开国史》,《华侨与辛亥革命》,北京:中国社会科学出版社,1981 年,第 60 页。张永福将报名记为《南洋总汇日报》,见《华侨与辛亥革命》,北京:中国社会科学出版社,1981 年,第 118 页。

④ 张永福:《南洋与创立民国》,《华侨与辛亥革命》,北京:中国社会科学出版社,1981 年,第 118 页。

⑤ 张永福:《南洋与创立民国》,《华侨与辛亥革命》,北京:中国社会科学出版社,1981 年,第 118 页。

⑥ 冯自由:《华侨革命开国史》,《华侨与辛亥革命》,北京:中国社会科学出版社,1981 年,第 60 页。

后来又改为抽签，哪一派抽中就由哪一派接受报业。抽签的结果，是陈云秋一派接受了报业。①

我们有充分的理由证明，《南洋总汇报》落入陈云秋一派手中之后，确实成了康党的宣传机关。冯自由说："云秋接受后，乃约保皇会员某等参股合办，不久是报竟成保皇会之纯粹机关报。"②陈楚楠说，陈云秋一派抽中后，"又招到保皇党朱某加入去合作，《南洋总汇报》遂变成了纯粹保皇党的宣传机关，专和我们革命党作对了"。③ 另有资料表明，该报一落入陈云秋一派手中，便邀请康门弟子欧榘甲来主持笔政。在康党因振华案闹纠纷的时候，叶恩等人在一篇与徐勤辩驳的文章中说道："刘观察士骥，丙午之春，云高与同舟出南洋，刘观察往爪哇视学，云高则为新加坡《总汇报》主笔。"④ 刘士骥为振华公司主要创始人，云高即是欧榘甲。这里很明确地交代了欧榘甲在 1906 年春到新加坡主持过《南洋总汇报》。冯自由在丙午年二月二十六日（1906 年 3 月 20 日）写给陈楚楠、张永福等人的信中有言："总汇报竟为欧贼入寇，恨极恨极。"⑤ 由此可知，在 1906 年 3 月 20 日，冯自由已得到了《南洋总汇报》被欧榘甲"入寇"的消息，这也可以作为欧榘甲在《南洋总

① 冯自由：《南洋华侨与革命运动》，《革命逸史》（第 6 集），北京：中华书局，1981 年，第 173 页。张永福在《南洋与创立民国》中未提以抽签的办法决定《南洋总汇报》命运一事，而说他和陈楚楠是在受了股东大会的严重警告之后主动撤出的："向来不经侮辱的我同楚楠兄，认是鸟兽不可与同群，因被这一激，就毅然拆回五千元股的原本，预备将来恢复我们革命的宣传机关。"见《华侨与辛亥革命》，北京：中国社会科学出版社，1981 年，第 118 页。不过，陈楚楠后来也证实，《南洋总汇报》确实是以"抽阄"的方式被陈云秋等人"夺走"的，见陈楚楠：《晚晴园与中国革命史略》，丘权政、杜春和编：《辛亥革命史料选辑》（续编），长沙：湖南人民出版社，1983 年，第 34 页。还有一种说法，认为《南洋总汇报》是由政府拍卖而落到保皇党手中的，但未交代这种说法的根据。见冯爱群编著：《华侨报业史》，台北：台湾学生书局，1976 年，第 57 页。

② 冯自由：《华侨革命开国史》，《华侨与辛亥革命》，北京：中国社会科学出版社，1981 年，第 61 页。

③ 陈楚楠：《晚晴园与中国革命史略》，丘权政、杜春和编：《辛亥革命史料选辑》（续编），长沙：湖南人民出版社，1983 年，第 34 页。

④ 《叶恩等驳徐勤等布告书》（续），《中兴日报》，1909 年 9 月 16 日，第 1 版。

⑤ 冯自由：《南洋华侨与革命运动》，《革命逸史》（第 6 集），北京：中华书局，1981 年，第 171 页。

汇报》“变色”之初出任过该报主笔的佐证。

《中兴日报》之创刊

《南洋总汇报》在1906年“变色”之后，“南洋之民党喉舌因之喑哑者年余”[①]，直到1907年8月才有《中兴日报》创刊，继续鼓吹革命。我们可以很容易地根据《中兴日报》的创刊号了解到，该报创刊的具体日期是1907年8月20日，即丁未年七月十二日。冯自由说《中兴日报》发刊于7月12日[②]，《华侨与辛亥革命》的编者说《中兴日报》于1907年7月12日发行[③]，显然都是指中历而言。吴庆棠说：“1907年7月12日，陈楚楠召集张永福、许子麟、陈先进、邓子瑜、沈联芳等人合股，许多同盟会员亦热情赞助，终于是年8月20日，创刊出版了《中兴日报》。”[④]很显然，作者把中历的七月十二日误作西历7月12日，从而对《中兴日报》的创刊情况进行了错误的解读。实际上，为创办《中兴日报》，招股的工作从1907年春天就开始了，从筹备到正式出版，其间有几个月的时间。

在《中兴日报》的创刊中，值得花笔墨厘清的一个问题是孙中山与创办这份报纸的关系。

有人认为《中兴日报》的创刊出于孙中山的命令，[⑤]有人则认定《中兴日报》是孙中山一手创办的，[⑥]实则这些说法都不准确。从1906年同盟会新加坡分会成立到1907年8月《中兴日报》出版

---

① 冯自由：《华侨革命开国史》，《华侨与辛亥革命》，北京：中国社会科学出版社，1981年，第60页。

② 冯自由：《华侨革命开国史》，《华侨与辛亥革命》，北京：中国社会科学出版社，1981年，第65页。

③ 冯自由：《华侨革命开国史》，《华侨与辛亥革命》，北京：中国社会科学出版社，1981年，第109页。

④ 吴庆棠：《新加坡华人报业与中国》，上海：上海社会科学院出版社，1997年，第73页。

⑤ 陈民：《张永福》，娄献阁、朱信泉主编：《民国人物传》（第十卷），北京：中华书局，2000年，第196页；胡汉民：《自传》，中国国民党中央委员会党史委员会编：《胡汉民先生文集》（第二册），台北：“中央”文物供应社，1978年，第32页。

⑥ 曾虚白主编：《中国新闻史》，台北：台北政大新闻研究所，1966年，第753页。

这段时间里孙中山写给陈楚楠、张永福的信来看，没有任何关于创办《中兴日报》的命令或指示，在《中兴日报》创刊后的第三天，孙中山写给陈、张的信中才有“《中兴报》旦夕开张，贺甚之！此后星坡又多一文明导线，企予望之”一语与该报相关，[①] 且从“旦夕开张”、“企予望之”等语言判断，孙中山当时还不知道《中兴日报》已于三天前出版。又，如果《中兴日报》系出于他的命令而创办或他亲手创办，则他在信中不应有“贺甚之”这种带有旁观意味的恭贺式语气。另外，孙中山 1908 年 1 月 27 日从越南抵新加坡后，不慊于《中兴日报》的报名，曾为此光火，还是通过胡汉民的解释，说“中兴”是将兴中会名字上下倒转，有汉业中兴的含义，孙中山才表首肯。[②] 如果《中兴日报》是依孙中山的命令或他亲手创办，是不可能出现他对报纸名称不满意这种情况的。

实际情况是，《中兴日报》的创办主要是基于陈楚楠、张永福等人的主动，而不是出于孙中山的命令。

从上文的叙述中，我们已经可以看出，陈楚楠和张永福在创办革命报刊方面确实是很主动自觉的。早在 1904 年，他们就创办了《图南日报》，《图南日报》停刊后，他们又创办了《南洋总汇报》。他们创办《图南日报》的时候，与孙中山尚不相识，创办《南洋总汇报》的时候，虽已与孙中山相识，但也是出于“不欲民党喉舌中断”的初衷，是完全主动自觉的行为，没有外界权威影响的痕迹。

就《中兴日报》的创办而言，陈楚楠、张永福也非常主动。实际上，早在《南洋总汇报》被陈云秋一派夺去的时候，他们就有卷土重来之意。张永福在《南洋与创立民国》中说：“向来不经侮辱的我同楚楠兄，认是鸟兽不可与同群，因被这一激，就毅然拆回五千元股的原本，预备将来恢复我们革命的宣传机关。”[③] 张永福在

---

① 孙中山：《复张永福陈楚楠函》（1907 年 8 月 23 日），《孙中山全集》（第一卷），北京：中华书局，1981 年，第 339 页。

② 张永福：《南洋与创立民国》，《华侨与辛亥革命》，北京：中国社会科学出版社，1981 年，第 110 页。

③ 张永福：《南洋与创立民国》，《华侨与辛亥革命》，北京：中国社会科学出版社，1981 年，第 118 页。

此处虽掩盖了《南洋总汇报》是以抽签的方式为陈云秋一派所得的事实，并把五千元拆股金说成了“五千元的原股”（按筹组《南洋总汇报》时，陈、张原有《图南日报》的机器等作股一万元)，但就其几年来屡仆屡起筹办报刊鼓吹革命的事实判断，这里所说的将此五千元预备将来恢复革命的宣传机关云云，当非虚妄之语。此时距孙中山到新加坡设立同盟分会尚有两个月①，新加坡同盟分会尚未设立，则孙中山不可能以总理身份“命令”、“指示”陈、张。

除陈楚楠、张永福等人向来有主动办报以宣扬革命的自觉以外，他们在处理《南洋总汇报》时的失当和由此而招致的非议②，大概也是促使他们主动承担重组报刊任务的一个原因。从陈、张等人若干年后对此事的叙述，当时孙中山与陈、张等人的通信以及在冯自由等人的相关记载中，我们都看不到孙中山为创办《中兴日报》而作的命令或指示。至于孙中山亲手创办《中兴日报》的说法，也同样找不到任何证据。

二、开　战

如果要分析一场战争是如何开始的，我们马上就会想到这么几个方面：战争的起因是什么？战争开始于何时？是谁打响的第一枪？把清季各派政治势力之间的大辩论比作一场战争，也许不那么贴切，却也有几分神似。虽然不见硝烟，但也能隐约感到千军万马互相冲杀混战的壮阔场景。实际上，论战的参与者就习惯于将之视为战争，如胡汉民就曾经称《民报》与《新民丛报》之间的论战是“革命史中可纪之战争”③。《中兴日报》与《南洋总汇报》论战期间，双方有多次“约战”的举动，

---

① 张永福：《南洋与创立民国》，《华侨与辛亥革命》，北京：中国社会科学出版社，1981年，第118页。

② 据冯自由的记载，《南洋总汇报》落入康党手上之后，“各方同志咸咎陈楚楠、张永福二人措置不善之失策”，见氏著《华侨革命开国史》，《华侨与辛亥革命》，北京：中国社会科学出版社，1981年，第61页。

③ 胡汉民：《自传》，中国国民党中央委员会编：《胡汉民先生文集》（第二册），台北：“中央”文物供应社，1978年，第19页。

颇为类似交战双方所下的战书①，他们将两报开始论战称为“接战”②，称笔为枪，称墨为炮③，或干脆称两报之间的论战为“保皇报与革命报之战争”④。那么，它们之间的这场战争是如何打起来的呢？

就交战的原因而言，乃是因为这两份报纸后面的“权势集团”是敌对的政治势力。《中兴日报》是孙党的喉舌，《南洋总汇报》是康党的鼓吹手，孙党和康党的救国主张不同，这就决定了他们所支持的政论报纸之间难免时生龃龉，甚至发生激烈的战争。同时，由于双方都被清政府赶到外洋，因而都要靠华侨的支持来谋求事业的进展，这就难免会形成竞争。实际上，意识形态的对立和对华侨钱袋的争夺构成了《中兴日报》与《南洋总汇报》之间发生战争的两大原因。

至于此次文字战争开始的时间和谁打响第一枪的问题，相关人士已有论及，不过彼此间出入较大，有必要重新探讨。

关于这两份报纸之间论战开始的时间，冯自由说《中兴日报》“出世未久，即与总汇报为革命论与立宪论之大笔战”⑤。“出世未久”究竟是多久？亓冰峰断言，《中兴日报》创刊半年后正式与

---

① 恨海：《与总汇报书》，《中兴日报》，1908 年 6 月 10 日，第 2 版；《总汇报不战而遁》，《中兴日报》，1908 年 6 月 13 日，第 2 版；恶佞：《告警记者请勿遽骄》，《中兴日报》，1908 年 8 月 1、3、4、5、6 日，均第 5 版；警：《反诘中兴报之记者》，《南洋总汇新报》，1908 年 7 月 11 日，第 1 版；警：《斥中兴报特别之广告》，《南洋总汇新报》，1908 年 7 月 14 日，第 3 版；警：《责中兴报记者之谬妄》，《南洋总汇新报》，1908 年 7 月 16 日，第 3 版；警：《斥中兴报第三次约战之妄言》，《南洋总汇新报》，1908 年 7 月 25 日，第 1 版；警：《大懵广博之骂人大懵》，《南洋总汇新报》，1908 年 7 月 28 日，第 3 版；警：《再斥广博之妄言》，《南洋总汇新报》，1908 年 7 月 29 日，第 1 版；警：《蠢哉广博耻哉广博》，《南洋总汇新报》，1908 年 7 月 30 日，第 1 版。

② 槟城汉裔来函：《与总汇报书》，《中兴日报》，1908 年 7 月 28 日，第 5 版。

③ “笔枪墨炮”，“咄咄逼人”。见照妖来稿：《复中兴报附登之中国民书》，《南洋总汇新报》，1908 年 7 月 10 日，第 1 版。

④ 观战：《保皇党已购得镶面皮机器矣》，《中兴日报》，1908 年 10 月 26 日，第 1 版。

⑤ 冯自由：《南洋各地革命党报述略》，《革命逸史》（第 4 集），北京：中华书局，1981 年，第 143 页。

《南洋总汇报》展开论战①。按《中兴日报》创刊于1907年8月20日，创刊半年，即1908年2月底。亓冰峰的判断是否正确?

关于是哪一方挑起论战的问题，《南洋总汇报》争辩说，是《中兴日报》反复挑战，该报才起而应战的。② 但是，《中兴日报》却一口咬定是《南洋总汇报》开的第一枪。③ 双方都把挑起论战的责任推给对方，颇有一点两国交锋，谁也不愿承认自己是侵略者，而把打响第一枪的责任推给对方的味道。这样做的目的，无非是想在受众面前表明自己的正义形象，赢得受众的同情与支持。问题是，哪一种说法更贴近历史的真实？究竟是哪一方挑起了两报间的争端?

如果允许先将结论简单介绍一下的话，我们想说的是，这两份报纸之间的论战是由《中兴日报》挑起来的。论战开始的时间，不是冯自由所说的《中兴日报》"创刊未久"之时，也不是亓冰峰所推测的1908年2月底，而是1908年6月底，具体地说，是在戊申年六月初一日（1908年6月29日）。

---

① 亓冰峰：《清末革命与君宪的论争》，台北："中央研究院"近代史研究所，1980年，第124页。

② "《中兴报》自前月以来，作种种不入情理、含血喷人之言，本报一则因该报徒事谩骂，无法理之可言，二则怜该报无知，不必逼伊之太甚，三则不欲作无谓之战争，以讨阅者诸君之厌，久矣目笑存之，置诸不屑与较之列，此固阅者所共谅，抑亦为该报所共知者也。乃《中兴报》初一日纪广广［东］水灾一篇，无理取闹，肆口谩骂。本报不忍《中兴报》之病狂，遂起而斥责，以伸公愤而快人心，以顾同胞而全善类。"警：《辟中兴报之疫记者》，《南洋总汇新报》，1908年7月10日，第1版。

③ "康党怙恶不悛，日寻构祸。我诸人悯其愚盲，不忍加戮。彼以为我之可欺也，召徐勤于外而命之将。徐勤乃行大阅，诏其下曰：'师之耳目，在吾旗鼓。新字吾旗也。若见吾旗举，可速战。'夏六月己未朔，遂及《中兴报》战于星洲。……是役也，我《中兴报》诸人，盖亦出于不得已之举，初不敢贪天之功以为己力也。"药石：《夏六月总汇新报及中兴报战于南洋新加坡总师全溃总将徐勤出奔唐山》，《中兴日报》，1908年7月29日，第2版。张永福在《南洋与创立民国》中也认定是《南洋总汇报》打响了第一枪："这回子保皇党的报纸，因我们屡次的失败，他想乘机入寇。他派了主力军络续前来加入《总汇报》方面，对我们作非常的毁谤。而我们呢，历来对谁总不客气，对这寻上门的买卖，当然格外欢迎，不稍踌躇的向他答炮回敬。"见《华侨与辛亥革命》，北京：中国社会科学出版社，1981年，第111页。

《中兴日报》似乎很热衷于寻找一份敌对的报纸进行论战。该报1908年3月3日所刊登的一篇文章中说：

> 吾党所行事，大义昭著于环球，如日月经天，予人以共见，无事回避。然犹恐同胞未尽深明大义，久欲得一反对者，藉此辨明吾党宗旨之正大、事业之光明，普及于同胞，以达其实行之目的。①

从“久欲得一反对者”一语不难看出，《中兴日报》创办后确实有一段寻求对手的时间。在1908年2月，它所寻觅的“反对者”似乎出现了。

该报创刊的时候，王斧和何虞颂两人一起主持笔政，但何虞颂后来跳槽到《南洋总汇报》去了。②《中兴日报》了解到这一情况后，乃于1908年2月17、18两日刊登文章，指斥何虞颂跳槽之非，并要他就君主立宪能否实行于清廷、清廷立宪对汉人是否有利

---

① 《答叻报主笔三十日所复本报书》，《中兴日报》，1908年3月3日，第5版。

② 何虞颂辞退《中兴日报》的编辑职务是在1907年12月21日（丁未年十一月十七日），见《中兴日报》，1907年12月24日第2版所登告白。《中兴日报》曾断言，何虞颂跳槽，是因为《南洋总汇报》的薪水比《中兴日报》高，何为了每月多拿二三十元薪金而去，见广博：《亚警确不自量》，《中兴日报》，1908年7月31日，第5版。《中兴日报》的创始人之一张永福后来回忆，何虞颂是在论战期间受了敌人的贿赂而投向《南洋总汇报》的，见《华侨与辛亥革命》，第111页。这两种说法都认为何虞颂是为钱而去，当然是有一定道理的。何虞颂在《中兴日报》工作的时候，曾致书其友李惠堂，劝其不要来此工作，因为“本处大局甚危，经济不豫，恐有夭折之口”，在另一封信里，他说“如果吉隆报开，则弟辞今职”，可见他确实担心在《中兴日报》工作没有前途，决定他就。见开山：《总汇报记者何虞颂之丑相》（来函），《中兴日报》，1908年5月2日，第5版。不过，笔者认为，我们还可以从何虞颂在《中兴日报》发表的文章内容窥探到一点跳槽的深层原因。早在《中兴日报》第三号上，他就著文曰：“谈民族者以为非覆异族政府无以为治也，言保皇者以为非戴立现在之政府，为之极力效忠以排外难无以为治也。”这里反映出何虞颂对保皇派没有恶感，是与革命派等量齐观的，因而在思想上是可以接受保皇派的主张的，这应该是他后来跑到《南洋总汇报》去工作的一个深层原因。在同一篇文章里，他又说，“谈民族者”与“言保皇者”之所以会有不同的见识，那是因为二者的知识结构不同，并进而提出，挽救现在的时局，关键不在于齐人心，而在于齐“智识”，言下之意即，只要“齐智识”了，“谈民族者”和“言保皇者”便会有相同的见解。文章中还有“过渡时代”的提法，看得出来，他很可能深受梁启超学说的影响。见玄理：《齐心与齐智识说》，《中兴日报》，1907年8月24日，第2版。

等问题发表自己的看法，挑起事端的意图十分明显。①

不过，《中兴日报》的要求并未引起《南洋总汇报》的回应，它在此时似乎无意做《中兴日报》的“反对者”。到2月底的时候，《中兴日报》将假想敌换了一个对象，由《南洋总汇报》变成了《叻报》。

《叻报》在2月26日发表了一篇文章，就“二辰丸案”发表意见。文章说，现在人们都以外辱为忧，但时下真正的大患，“不在外辱而在内忧”。在种种内忧之中，孙党是势力最大的，使“政府所忧者，忧彼党也；官场所防者，防彼党也；吏役所缉者，缉彼党也”。文章介绍了一则传闻，说二辰丸所载军火系由孙党采办而来，准备在粤东起事的。现在该轮被官方缉获，真该“为我粤东幸”②。孙党向来自视为中国的希望，现在却被说成是中国的内忧，当然是它所不乐闻的。因此，这篇文章虽然没有针对《中兴日报》，而只是泛指孙党，但还是引起了“久欲觅一反对者”的《中兴日报》的回应，在报纸上公开致书该文作者何渔古，意欲挑起争端。

对《中兴日报》的挑衅，《叻报》在3月2日进行了回应，但否认2月26日所登文章是针对孙党的，表现出无心论战的低姿态，劝《中兴日报》“自惜羽毛”，不要搞“无谓之争”。③ 但是《中兴日报》不肯罢休，依然想与《叻报》论战，针对何渔古的回信，在3月3日又作一函登报，恭维何渔古“肯尽义务，居反对者之地位，不惜笔战之劳，助吾党速行革命之普及主义”④，并要求何渔古辩明“公仇”之所指，牵入满汉民族主义。

虽然《中兴日报》一心想与《叻报》论战，《叻报》却无心与《中兴日报》过招。在3月4日复《中兴日报》的信中，何渔古说：“贵党成立已久，此中公理天下人早已知之。纵澄之不加其清，扬

① 昆仑起稿：《本报全体主人致总汇报大主笔天山书》，《中兴日报》，1908年2月17、18日，均为第2版。

② 渔古：《阅本报电载日轮私运军火被执书后》，《叻报》，1908年2月26日，第1版。

③ 何渔古：《复中兴报主笔》，《叻报》，1908年3月2日，第1版。

④ 《答叻报主笔三十日所复本报书》，《中兴日报》，1908年3月3日，第5版。

之不加其滓，夫又何劳足下与仆斤斤辩论?”① 《中兴日报》见此后，于3月5日刊登文启，说何渔古3月4日的复信有三点不通，并骂何渔古“狼狈如画”、“可怜可哂”、“盲懵”②。动这么大的肝火，无非是想用激将法引起《叻报》的辩驳。可惜，这一招也没有奏效，《叻报》依然不为所动，并在3月6日的复函中声明“仆此后亦无庸再费笔墨”③，明白宣示，此后不再与《中兴日报》打笔墨官司。此后，虽然《中兴日报》还刊登过几篇文章攻击《叻报》及何渔古④，但对方则三缄其口，不与置辩。《中兴日报》意欲与《叻报》论战的企图就这样落空了。

《中兴日报》在1908年2—3月间两度寻找“反对者”，两次遭到冷遇，似乎有些气馁，所以在一个多月的时间里平静无事，没有向外挑战。到5月2日，《中兴日报》忽然刊登《总汇报记者何虞颂之丑相》一文，再次向《南洋总汇报》挑战。王斧在为该文所写的按语里骂何虞颂是“自私自利的食饭嫖客党”⑤，并将何虞颂与其友李惠堂（当时也在《南洋总汇报》当记者）之间的私人信函登出来，说何虞颂在《中兴日报》、《南洋总汇报》所发表的文章都是抄袭来的，且揭露他逛妓院被骗的丑事。

《总汇报记者何虞颂之丑相》一文见报后，《南洋总汇报》曾刊出一篇通信，为何虞颂辩白。⑥ 针对这一辩白，王斧又作《总汇报记者何虞颂之十大罪恶》一文登报，指斥何虞颂“忘恩”、“做贼”、“欺人”、“无耻”、“昧良”、“骗友”、“阴险”、“狡诈”、“负义”、“心死”等“十大罪恶”，⑦ 人身攻击的色彩非常浓厚。

---

① 何渔古：《再复中兴报主笔》，《叻报》，1908年3月4日，第1版。

② 《答叻报主笔再复书》，《中兴日报》，1908年3月5日，第5版。

③ 何渔古：《予何鲁哉》，《叻报》，1908年3月6日，第1版。

④ 到3月底为止，《中兴日报》又刊登了3篇攻击《叻报》及何渔古的文章：本报不忍老人谨白：《渔古先生鉴》（1908年3月7日第2版）、龙腾：《叻报主笔何渔古之特识》（1908年3月24日第5版）、自主：《狗屁不通之新闻》（1908年3月27日第5版）。

⑤ 开山：《总汇报记者何虞颂之丑相》，《中兴日报》，1908年5月2日，第5版。

⑥ 斧：《总汇报记者何虞颂之十大罪恶》，《中兴日报》，1908年5月5日，第5版。其中有云：“何不此是省，悍然谬托通信，糊涂抵赖。”

⑦ 斧：《总汇报记者何虞颂之十大罪恶》，《中兴日报》，1908年5月5日，第5版。

此后，王斧被《中兴日报》辞退，继续向《南洋总汇报》挑战的任务落到了田桐手里。他攻击《南洋总汇报》的第一篇文章是发表于 5 月 11 日的《清领事承认河口之败》。在这篇文章里，他称《南洋总汇报》是“鼓吹奴隶主义戕贼革命主义的反对党之《总汇报》”①。第二天，他又发表《清官之欺人与总汇报之卑劣》一文，对《南洋总汇报》的攻击更加猛烈：“《总汇报》，奴隶报也，反乎人道之报也，巴结清廷而欲达其丑目的之报也，不欲我同胞享平等自由幸福之报也，安于专制政体下之贱骨头之报也，害革命主义而仇我南洋全体同胞之报也。”② 在 5 月 14 日的《清廷待遇华侨假殷勤之原因》一文中，他又称《南洋总汇报》是“奴颜婢膝，我南洋同胞公敌之《总汇报》”③。

除了这种谩骂式的攻击之外，田桐还就一些实质性的问题向《南洋总汇报》发难。如《南洋总汇报》把孙党在河口的起义称为“云南河口匪事”，田桐则说，不可以称革命军为匪，因为“匪之云者，其目的在金钱，其手段则害及个人，其在于国际法上之效力，各国得而引渡”，④ 而孙党之目的在政治上而不在金钱上，要颠覆的是恶劣的现政府，而不是害及个人，在国际法上得到了外国的特别待遇，各国宣布中立，在此都与“匪”截然不同。当时《南洋总汇报》上正刊登《立宪为今日救国之唯一手段》一文，田桐攻击道，这篇文章的标题都不通，因为立宪是目的，而不是手段。⑤ 他还针对这篇文章向《南洋总汇报》下了一封战书，约定论战的内容和论战的规则：

（一）立宪与革命两问题与一国人民性格及心理有何关系？

（二）今日之中国，与各国当日立宪之时代及人心，果有

---

① 恨海：《清领事承认河口之败》，《中兴日报》，1908 年 5 月 11 日，第 2 版。

② 恨海：《清官之欺人与总汇报之卑劣》，《中兴日报》，1908 年 5 月 12 日，第 2 版。

③ 恨海：《清廷待遇华侨假殷勤之原因》，《中兴日报》，1908 年 5 月 14 日，第 2 版。

④ 恨海：《法国对于革命军之中立及革命军在国际法上之地位》（再续），《中兴日报》，1908 年 5 月 19 日，第 2 版。

⑤ 恨海：《保皇党之狡谋欤抑亦总汇报之不通欤》，《中兴日报》，1908 年 6 月 12 日，第 2 版。

无同异之点？

（三）立宪事业，抑由于政府及二三儒者所愿意而成立乎？抑亦由于一般国民心理之趋向而成立乎？

（四）今日汉人与满人组织立宪政体，必经如何手续而始得成功？

（五）立宪之后汉人得居如何地位，得享如何权利？

附则

（六）答办［辩］不能清翻白描，须根据事实及法理。

（七）答办［辩］不能故延时日，须于《立宪为今日救国之唯一手段》论文后即行登载，敝报之答办［辩］亦如之。

（八）胜败决之于舆论，如以舆论无标准，则可在本坡开会，决之于举手之多寡。

（九）如经众人判断胜败后，败者即行闭门罢业，万一以股东之便宜而不能闭门罢业者，则须即行改变宗旨，以从胜者之所主张（例如《中兴报》败则从《总汇报》鼓吹保皇，《总汇报》败则从《中兴报》之所主张而立论）。①

这封战书的前五条为论战的内容，虽然提到立宪与革命两个问题，但主要条款都是围绕着立宪问题的。出现这种情况，是由于清政府的立宪举措在当时牵动人们的视线，众目所集，全在于此。康党只有在这个问题上把握好了，才能赢得各色人等的支持，孙党也只有将各种君主立宪的主张都推翻了，才能使人们信服自己一派的主张。

战书最后规定，如果《南洋总汇报》对战书中所言各项视而不见，就要视该报为不战而败。《南洋总汇报》没有对田桐的战书作任何回应，于是，他又作《总汇报不战而遁》，讥笑《南洋总汇报》“粮绝”、“营空”。②

田桐这种咄咄逼人的架势最终引起了《南洋总汇报》的回应。最明显的表现，就是该报在 1908 年 6 月 29 日改名为《南洋总汇新报》，“招新东家，请新伙计，添置新机器，改拓新格式，标明新招

① 恨海：《与总汇报书》，《中兴日报》，1908 年 6 月 10 日，第 2 版。

② 《总汇报不战而遁》，《中兴日报》，1908 年 6 月 13 日，第 2 版。这篇文章没有标明作者，但从“彼仍复不但不答吾书，并前日之文不复再续”等文句及上下文脉判断，此文作者无疑是田桐。

牌”①，并且从这一天开始刊登徐勤的《论革命必不能行于今日》，

① 谐客：《更新随笔》，《南洋总汇新报》，1908 年 6 月 29 日，第 3 版。关于《南洋总汇报》在何时改名为《南洋总汇新报》的问题，人们有过悬殊极大的记载。张永福说：“及后我们办两个月的《总汇新报》，皆是向着革命一条路跑”，见《南洋与创立民国》，《华侨与辛亥革命》，北京：中国社会科学出版社，1981 年，第 110 页。按他的说法，似乎从创刊的时候起就叫做《南洋总汇新报》。颜清湟、李恩涵等人则认定，《南洋总汇报》在落入康党手中之后就改名为《南洋总汇新报》了，见颜清湟：《星、马华人与辛亥革命》，台北：联经出版事业公司，1982 年，第 123 页；李恩涵：《辛亥革命前革命派与维新派在新马的思想论战》，革命开国文献编辑小组编：《中华民国建国文献 革命开国文献 第二辑 史著 一》，台北：“国史”馆，1996 年，第 546 页。吴庆棠则认为，《南洋总汇报》是在辛亥革命之后改称《南洋总汇新报》的，见氏著《新加坡华文报业与中国》，上海：上海社会科学院出版社，1997 年，第 283 页。还有一种记载，说直到 1929 年，《南洋总汇报》“始转入广帮侨商之手，改称总汇新报”，见《星洲十年》，收于沈云龙主编《近代中国史料丛刊续编》(第 44 辑)，台北：文海出版有限公司，1977 年，第 853 页。《南洋总汇报》在辛亥革命以后或1929 年才改名为《南洋总汇新报》的说法肯定是错误的，因为从现在依然保存的报纸的缩微胶卷来看，在 1908 年 6 月 29 日以后都是以《南洋总汇新报》为名字的。问题是，1908 年 6 月 29 日以前的报纸现在已经散佚，笔者凭什么判断是从这一天开始改名，而不是如张永福所说的一创办就叫做《南洋总汇新报》，或如颜清湟、李恩涵所言，落入康党手中即改名？除了上文所引《更新随笔》中所说的“标明新招牌”的暗示之外，尚有如下两条理由：其一，其论敌《中兴日报》曾载文曰：“《总汇报》特请来之主笔徐勤，煌煌然于招牌更加一‘新’字，其论说之题大书《论革命必不能行于今日》。”见小坡打铁工人李杰书：《中兴报大胜总汇主帅逃走》，《中兴日报》，1908 年 8 月 1 日，第 5 版。又曰：“《总汇报》自六月初一日乞师于徐勤，自以为东吴得周公瑾，足以运谋主战，决胜于人矣，遂改其名曰《总汇新报》，张其词曰新上阵。”见中国民来稿：《告总汇报宜预备》，《中兴日报》，1908 年 8 月 3 日，第 5 版。这里明确提到改名的时间是六月初一，即 6 月 29 日。翻阅《南洋总汇新报》，不难得知，徐勤的《论革命必不能行于今日》是从这一天开始刊登的。其二，《南洋总汇新报》的一周年纪念日为 1909 年 7 月 17 日，也就是己酉年六月初一日，见贞民：《本报第一周年纪念词》，宪子：《祝总汇新报一周年之纪念》，均载《南洋总汇新报》，1909 年7 月 17 日，第 2 版；记者：《述左领事对于本报纪念之颂词并拓论于后》，《南洋总汇新报》，1909 年 7 月 19 日，第 2 版；叹凤来稿：《看看看地狱变相之中国耶抑海内熙熙之中国耶》，《中兴日报》，1909 年 7 月 20 日，第 1 版。该报第三周年的纪念为 1911 年6 月26 日，即辛亥年六月初一，见傥客：《本报第三周年之纪念》，《南洋总汇新报》，1911 年 6 月 26 日，第 2 版。据此不难判断，《南洋总汇报》更名为《南洋总汇新报》的时间是戊申六月初一 (1908 年 6 月 29 日)。由以上考证可知，《南洋总汇报》更名为《南洋总汇新报》，是在徐勤主持该报之后。崔贵强谓：“关于南洋《总汇报》刊名的问题，原称《南洋总汇报》，但自一九〇八年欧榘甲主持笔政后，即改为《南洋总汇新报》。”见《辛亥革命与南洋华人研讨会论文集》，台北：台湾“国立”政治大学国际关系研究中心，1986 年，第 161 页。此说误。

一开篇即曰："近年来，孙某为日本所逐，穷无所归，窜匿南洋，藉某机关报肆其诪张为幻、招摇撞骗之伎俩，以欺我华侨。"① 此处所云孙某指孙中山，所云"某机关报"显指《中兴日报》。这样，《南洋总汇报》在《中兴日报》的屡次挑战之后，终于更名为《南洋总汇新报》，并开炮还击，宣告了两报论战的正式开始。

① 亦市：《论革命必不能行于今日》，《南洋总汇新报》，1908 年 6 月 29 日，第 1 版。当时人也明确认定 1908 年 6 月 29 日（戊申六月初一）为两报论战开始的日期，如《中兴日报》曾载文曰："贵报（指《南洋总汇新报》，引者）自本月初一日与《中兴报》接战以来，旁观者靡不拭目以待……何期自初一日出阵，至今经月，未见一驳。"见槟岛汉裔来稿：《与总汇报书》，《中兴日报》，1908 年 7 月28 日，第 5 版。

第二章　双方战将

一、《中兴日报》作者群

《中兴日报》的作者群中，首先值得一提的是孙中山。而且，由于孙中山与《中兴日报》的特殊关系，我们可以以他为中心来介绍该报的作者群。

在清季与康党的论战中，孙中山曾两次亲自拿起笔来撰文参加战斗。第一次是在1903年底1904年初，曾撰写两篇文章登在檀香山的《隆记报》上，针对梁启超“名为保皇实为革命”的提法，明确指出“革命、保皇二事决分两途，如黑白之不能混淆，如东西之不能易位”①，以争取檀香山华侨的支持。孙中山第二次亲自参加战斗是在1908年，曾以“南洋小学生”为笔名撰写《平实开口便错》、《论惧革命召瓜分者乃不识时务者也》、《平实尚不肯认错》三篇文章刊登于《中兴日报》②，参与对《南洋总汇新报》的论战。

不过，虽然孙中山在《中兴日报》上发表的文章比在《隆记报》上发表的要多一篇，但这并不意味着他对新加坡论战的贡献比对檀香山论战的贡献大。我们要看到，《中兴日报》所登的论战文

---

① 孙中山：《敬告同乡书》(1903年12月)，《孙中山全集》(第一卷)，北京：中华书局，1981年，第232页。

② 关于这三篇文章的发表顺序，《孙中山全集》第一卷的记载为《论惧革命召瓜分者乃不识时务者也》(1908年9月12日)、《平实尚不肯认错》(1908年9月15日)、《平实开口便错》(1908年10月9日)，这一记载不准确，实则《平实开口便错》为三文中发表最早者，发表时间为1908年9月11日。

章，大小共有三百余篇，《南洋总汇新报》所登论战文章的数量与此相当，孙中山的三篇文章，只是新加坡两报论战的文山论海中的沧海一粟，这与他 1903 年底 1904 年初在檀香山的情况不一样。当时《隆记报》与《新中国报》之间并未形成激烈而长久的文战，孙中山到檀香山后受到《新中国报》的攻诋，想将《隆记报》改组为宣传革命的喉舌，但当时却没有这方面的人才，于是亲自担任主笔，撰《敬告同乡书》，《新中国报》看到这篇文章后刊登《敬告保皇会同志书》予以回驳，孙中山再作《驳保皇报书》逐条驳斥之。当时《隆记报》与《新中国报》论战的内容无多，孙中山的两篇文章乃是双方论战的主体。因此，虽然孙中山在新加坡参战的文章多一篇，但其意义却不如檀香山那两篇文章大。

但孙中山对新加坡论战的影响主要不是表现在亲自撰写文章参与论战，而是表现在对《中兴日报》的经营、论战主题的确定、论战队伍的组织上。

就孙中山与《中兴日报》的经营来看，他对“朝不谋夕”、“终岁不能解决存亡之问题”[①] 的《中兴日报》给予了很大的关注，努力解决该报的经费紧张问题，在他的大力推动下，实现了该报的改组。[②] 而确定论战的主题、由其他人撰写论文，这是他在《民报》与《新民丛报》之间论战的时候就开始了的做法。学者们早已指出，虽然孙党意识形态的主要轮廓是由孙中山提出来的，但详尽阐述革命思想体系的任务则是由别人去完成的[③]。实际上，他在《民报》与《新民丛报》论战期间，未曾写任何文章参与战斗，连发刊

① 徐市隐：《缅甸中国同盟会开国革命史》，《华侨与辛亥革命》，北京：中国社会科学出版社，1981 年，第 177 页。

② 1908 至 1909 年间，孙中山在很多函件里焦虑地谈到改组《中兴日报》的事情，见孙中山：《复邓泽如函》（1908 年10 月10 日），《致邓泽如函》（1908 年 12 月 19 日），《致张永福陈楚楠函》（1909 年 3 月 25 日），《致邓泽如函》（1909 年 4 月 6 日），《致邓泽如函》（1909 年 5 月 2、18 日），《孙中山全集》（第一卷），第 389、400、406、408、412 页。关于孙中山改组《中兴日报》为有限公司的经过，参见彭剑：《孙中山与新加坡两报论战》，胡春惠、薛化元主编：《近代中国社会转型与变迁》，香港珠海书院亚洲研究中心、台湾“国立”政治大学历史系，2004 年，第 362～365 页。

③ ［美］费正清主编：《剑桥中国晚清史（1800—1911）》（下卷），北京：中国社会科学出版社，1985 年，第 548 页。

辞也是胡汉民执笔的[①]，但《民报》所刊文章，则都围绕着他所提出来的民族、民权、民生三大主义展开。在《中兴日报》与《南洋总汇新报》论战的时候，孙中山对论战的主题也有所限定，该报以“专为发挥民族民权二大主义”为编辑宗旨，可能就是出于他的授意[②]。

至于孙中山与《中兴日报》论战队伍的关系，就更加紧密了。实际上，《中兴日报》的主要“主笔”，大都是由他安排的。

《中兴日报》刚创刊的时候，主持笔政的是王斧与何虞颂。何虞颂来《中兴日报》工作前曾在香港《中国日报》服务[③]，很有可能是由冯自由介绍来新加坡的，因为冯自由自己曾经说过，他曾经为《中兴日报》延揽主持笔政之人。[④] 至于王斧，据邹鲁的记载，则是“奉国父命赴新加坡”并担任《中兴日报》主笔的[⑤]。如果此说可信，则可以说，孙中山从一开始就对《中兴日报》的主笔作了安排。让自己的追随者主持笔政，无疑有利于自己的主张在报纸上充分地表达出来。

王斧之外，受孙中山委派而主持《中兴日报》笔政的，还有邓慕韩、田桐、居正、汪精卫、胡汉民等人。

邓慕韩很早就追随孙中山，据说将社会革命冠以“民生主义”的称号，还是他的功劳[⑥]。他曾经担任过《民报》的监督[⑦]，在编

---

① 胡汉民：《自传》，《胡汉民先生文集》（第二册），1978 年，第 17 页；邓慕韩：《追随国父之回忆》，丘权政、杜春和选编：《辛亥革命史料选辑》（续编），长沙：湖南人民出版社，1983 年，第 15 页。

② 《代派中兴日报广告》，《民报》第 19 号，第 60、61 页之间的插页。

③ 斧：《总汇报记者何虞颂之十大罪恶》，《中兴日报》，1908 年 5 月 5 日，第 5 版。

④ “初由冯自由在港代购铅字，并介绍《中国报》记者何子耀充任编辑，何以事辞职，乃改延田桐、王斧承乏。”冯自由：《华侨革命开国史》，《华侨与辛亥革命》，第 65 页。由于资料缺乏，笔者不能断定何子耀即何虞颂。从《中兴日报》的创刊号上，我们可以很清楚地看到王斧的文章，田桐与王斧并非同时进入《中兴日报》，且从别的文献判断，他们二人也不是由冯自由延揽的。

⑤ 王季陆主编：《革命人物志》（第一集），台北：“中央”文物供应社，1969 年，第 134 页。

⑥ 邓慕韩：《追随国父之回忆》，丘权政、杜春和选编：《辛亥革命史料选辑》（续编），长沙：湖南人民出版社，1983 年，第 15 页。

⑦ 邓慕韩：《追随国父之回忆》，丘权政、杜春和选编：《辛亥革命史料选辑》（续编），长沙：湖南人民出版社，1983 年，第 16 页。

辑报刊方面有一定经验。他曾经协助孙中山在1907年举行多次起义，孙中山在1908年初被安南法国殖民当局驱逐出境，遁往新加坡之后，要他前往，他便于1908年去了新加坡①。据他自己回忆，他曾一度担任《中兴日报》的社长兼编辑②。《中兴日报》中署名为“慕汉”的文章，应该都出自他的手笔③。

田桐曾经是《二十世纪之支那》的重要撰稿人，《民报》成立后，积极参与了对《新民丛报》的论战，《民报》上的“恨海”就是他。有人说田桐和居正是在《中兴日报》创刊的时候就被聘请来主持笔政的④，这种说法不准确。实际上，田桐本是应孙中山之召前往河内支援镇南关之役的，但在海防被捕入狱，后经刘歧山等人设法营救得脱，⑤ 然后才往新加坡的。他到新加坡的准确时间是1908年3月15日⑥，其后主持《中兴日报》，亲手挑起了与《南洋总汇新报》的论战。他在《中兴日报》上发表的文章，都以“恨海”为笔名。到新加坡后，田桐在《中兴日报》上发表的第一篇论说文为《泣告同胞之希望立宪者》，发表时间为1908年3月20日至31日。他在《中兴日报》上发表的最后一篇文章是《可怜要求开国会者之穿头路》，发表时间为1908年8月12日。由此可见，

---

① 据邓慕韩自己的回忆，他去新加坡的时候，和田桐、宣野长知同路，见邓慕韩：《追随国父之回忆》，丘权政、杜春和选编：《辛亥革命史料选辑》（续编），长沙：湖南人民出版社，1983年，第17页。

② 邓慕韩：《追随国父之回忆》，丘权政、杜春和选编：《辛亥革命史料选辑》（续编），长沙：湖南人民出版社，1983年，第18页。

③ 在《再斥总汇报造谣兴谤之记者》一文中，作者守常列举了一些《中兴日报》的工作人员，其中有“邓慕汉”，见《中兴日报》，1908年9月14日，第4版。同一个邓慕汉1909年1月在槟城书报社做了一回演讲，在演讲中提到自己曾经留学日本，见槟城书报社来稿：《邓君慕汉演说书报社为华侨教育上之最要》，《中兴日报》，1909年1月27日，第3版。据此可以推断，“邓慕汉”即邓慕韩，慕汉是其笔名。

④ 李恩涵：《辛亥革命前革命派与维新派在新马的思想论战》，革命开国文献编辑小组编：《中华民国建国文献 革命开国文献 第二辑 史著 一》，台北：“国史”馆，1996年，第546页。

⑤ 江介散人（田桐）：《革命闲话》，《太平杂志》第一卷第二号，上海：民智书局，民国十八年（1929年）十一月一日发行，第62～63页。

⑥ 《本报告白》、《记本坡新舞台开第二次演说大会事》，《中兴日报》，1908年3月16日，第2版、第5版。

他在《中兴日报》工作的时间只有半年左右，他自己说与《南洋总汇新报》“文战经年”[①]，这一说法并不准确。

和田桐的情形相似，居正也不是为了担任《中兴日报》主笔而来新加坡的。他来南洋的前因，本是为了支援河口起义，中途失败以后，由孙眉导引，得何畏资助，“买舟向新加坡亡命”[②]，因而于1908年春夏之交来到星洲。其时田桐已在主持《中兴日报》，孙中山命他襄助其事，他于是充当了一回“豹子头先锋”。[③] 居正在《中兴日报》上发表的文章，多以“药石”为笔名。他字觉生，《中兴日报》上有一个笔名为“觉生”，可能是他所用。他在《中兴日报》工作了50天，便接受了仰光华侨的邀请，去仰光发展党务，并主持刚创办的《光华日报》。[④]

胡汉民和汪精卫都是孙中山的亲密追随者，是《民报》和《新民丛报》论战期间孙党方面的得力战将。当孙中山在1908年1月到新加坡的时候，汪精卫正在南洋各埠为国内的武装起义筹款，胡汉民在河口起义失败之后也赶来新加坡汇报情况。孙中山要他们继续注意宣传问题，他们便分工合作，汪精卫写了一本关于外交问题的小册子，胡汉民则写了一本关于立宪问题的小册子。同时，他们还写了大量的文章刊登在《中兴日报》上，参与对《南洋总汇新报》的论战。[⑤]

《中兴日报》的作者群里，除上述诸人而外，尚有陶成章、林时塽、方瑞麟、张绍轩、周杜鹃、何德如、胡伯骧等人，此外，南洋华侨中间，也有不少人投稿该报。当然，《中兴日报》的作者群中，战斗力最强的，还是以前在《民报》参与过论战的那些人。实际上，从上面的简单介绍中，我们也不难看出，

---

① 江介散人（田桐）：《革命闲话》，《太平杂志》，第一卷，第二号，第53页。

② 《居正述参加南洋办报之经过》，《革命逸史》（第五集），北京：中华书局，1981年，第219页。

③ 《居正述参加南洋办报之经过》，《革命逸史》（第五集），北京：中华书局，1981年，第219页。

④ 《居正述参加南洋办报之经过》，《革命逸史》（第五集），北京：中华书局，1981年，第221页。

⑤ 胡汉民：《自传》，《胡汉民先生文集》（第二册），台北：“中央”文物供应社，1978年，第31～32页。

《中兴日报》中的重要撰述者多出自《民报》阵营。这也就决定了发生在新加坡的这一场论战，在一定程度上是日本论战的延续和发展。

《中兴日报》的作者群并不是和谐得没有一点异调的一群。他们在向《南洋总汇新报》吹响号角，发起进攻的时候，步伐基本上是齐整的，但在配合默契的表象下面，却也涌动着内部纷争的潜流。如前文已述，何虞颂是《中兴日报》创刊时的主笔，但由于宗旨不合或其他一些原因，最终离开了该报，并成为《南洋总汇新报》的炮手。又如陶成章，曾经担任过《民报》主编的职务，也曾在《中兴日报》上发表文章，和孙中山、汪精卫、胡汉民等人一起向《南洋总汇新报》发起攻击。但他在 1907 年的时候，已经和章炳麟等一道掀起过一次反对孙中山的风潮，1908 年到新加坡来，也并非为了参加对《南洋总汇新报》的论战，而是为他的“江浙皖赣闽五省革命”筹集经费。① 这一方案，与孙中山的革命方略完全不合拍（孙中山一直主张在边地起义）。他在与《南洋总汇新报》论战的时候，一方面站在革命的立场说话，但同时又宣称“光复会即为同盟会之原”，② 显然是在为光复会争正统，显示了光复会与同盟会之间的矛盾。为了方便筹集经费，他曾向孙中山索取到各埠招股的介绍函，遭到孙中山拒绝，于是愤然离去。③ 如学界所周知，在那以后，他又掀起了一次强劲的倒孙风潮，弄得满洋风雨。连本来是追随孙中山而来的田桐，也受了分裂主义的影响。已有学者指出，他曾参与陶成章等人的反孙活动④。

由于年代久远，我们现在已经不可能将《中兴日报》“编辑部内部”的故事全都考订清楚。但是，我们必须承认，当我们的眼光从报纸上的文字移开，转向更为广阔的背景，努力发掘文字背后的复杂人事关系时，我们对文字本身的看法就会随之而改变。我们不再迷信报纸文本的权威性，而只将它们看作是作者思想的一个侧面。

---

① 《辛亥革命浙江史料选辑》，杭州：浙江人民出版社，1981 年，第 342 页。

② 巽言（陶成章）：《再规平实》，《中兴日报》，1908 年 9 月 14 日，第 2 版。

③ 《辛亥革命浙江史料选辑》，杭州：浙江人民出版社，1981 年，第 342 页。

④ 柳无忌、殷安如编：《南社人物传》，北京：社会科学文献出版社，2002 年，第 71 页。

二、《南洋总汇新报》阵容

从在康党中的地位考虑，《南洋总汇新报》的作者群中，首先应注意到的是康有为。《南洋总汇新报》上首次刊登康有为的文章是在1909年1月27日。这一天刊载的，是他在戊申（1908年）除夕祭奠光绪皇帝后作的两首七律，感怀光绪皇帝的知遇之恩，并抒发自己十年来周游列国而不忘皇恩的情怀。① 但此后一年多的时间里，没有见到他的文章登诸报端，直到1910年5月28日，才刊出了一则他的谈话录。在这次谈话里，康有为一方面表现了对孙党力量的鄙夷，认为孙党所搞的起义“不足患”，另一方面又表现了对君主立宪与民主立宪的通达认识，认为不论君主还是民主“皆是空名”，立宪之后，大权在议会手上。② 此后，康有为在《南洋总汇新报》上发表了6篇文章和2篇诗作。这些文章或讨论自治③、或讨论币制④、或讨论废除行省制⑤、或讨论外官制⑥、或攻击政府办理交涉无能⑦、或号召人们保护古衙⑧，没有一篇是与孙党论战的，向清廷申辩的色彩则比较浓厚。当然，虽然康有为发表于《南洋总汇新报》的文章没有一篇是向孙党论战的，但他却依然是该报的“精神领袖”，该报很多与孙党论战的文章，都是从他几年前所作的《答南北美洲诸华商论中国只可行立宪不可行革命书》等文章

---

① 更生：《戊申除夕祭先帝后望海独立思旧感怀》，《南洋总汇新报》，1909年1月27日，第3版。

② 星侠：《记南海先生与某君之谈话》，《南洋总汇新报》，1910年5月28日，第2版。

③ 更生：《论省城自治制宜勿隶县》，《南洋总汇新报》，1910年8月4日至11日间，均第2版。

④ 更生：《金主币救国议》，《南洋总汇新报》，1910年9月3日至24日间，均第2版。

⑤ 更生：《裁行省议》，《南洋总汇新报》，1911年2月17日至3月16日间，均第2版。

⑥ 更生：《外官制评议》，《南洋总汇新报》，1911年3月18日，第2版。

⑦ 更生：《中国已为立宪国土地人民为国民公有割地弃民政府难专合请即开国会通告文》，《南洋总汇新报》，1911年3月25、29、30、31日，均第2版。

⑧ 更生：《保存古衙论》，《南洋总汇新报》，1911年6月16、17日，均第2版。

中汲取养分的。

在康党里地位仅次于康有为的梁启超，也在《南洋总汇新报》上发表过一些文章。① 综观这些文章，和康有为一样，没有一篇是攻诋孙党的，字里行间所流露的是对现政府的极端不满。梁启超是《民报》与《新民丛报》论战期间康党的主帅，写了大量文章与孙党辩难，他还说过这样的话："今者我党与政府死战，犹是第二义；与革党死战，乃是第一义。"② 有丰富战斗经验并以与革命党死战为第一义的他，在发表于《南洋总汇新报》的文章中，为何没有一篇攻击孙党？这是因为，虽然他在 1906 年底认为与孙党死战是第一义，但到 1907 年 7 月就认为已经取得了对孙党的胜利，应该转移重心，从此全力与政府死战③。同时，当他开始在《南洋总汇新报》发表文章的时候，孙党喉舌《中兴日报》已经关门大吉，没有辩论的对手。当然，虽然梁启超没有攻击孙党的专文刊于《南洋总汇新报》，但我们仍可看到他对两党在新加坡论战的影响。《南洋总汇新报》上所刊与孙党论战的文章，借鉴他在《新民丛报》上的文章之处所在多有。

《南洋总汇新报》的作者群里，举起康党大旗回应孙党挑战的第一人是徐勤。徐勤，字君勉，是康有为长兴里十大弟子之一，为人豪爽，乐善好施，在草堂读书期间，就常常周济同窗之贫寒

---

① 从 1910 年 4 月 16 日到 1911 年 7 月 10 日，他在该报共发表了 9 篇文章：沧江：《改用太阳历法议》，《南洋总汇新报》，1910 年 4 月 16 日，第 2 版；沧江：《国民筹还公债问题》，《南洋总汇新报》，1910 年 4 月 18、19、20 日，均第 2 版；沧江：《西藏戡乱问题》，《南洋总汇新报》，1910 年 4 月 21、23 日，均第 2 版；沧江：《陈学士授职感言》，《南洋总汇新报》，1910 年 5 月 14 日，第 2 版；饮冰：《为阻挠国会事论现政府敌视人民谋危皇室之罪》，《南洋总汇新报》，1910 年 8 月 12 日至 9 月 5 日间，均第 2 版；沧江：《朝鲜灭亡之原因》，《南洋总汇新报》，1910 年 10 月29、31 日，11 月 1 日，均第 2 版；饮冰：《梁任公寄呈南海先生诗稿》，《南洋总汇新报》，1911 年 4 月 25 日，第 6 版；沧江：《桂园曲》，《南洋总汇新报》，1911 年6 月 24 日，第 6 版；沧江：《论政府非法借债诿过君上之罪》，《南洋总汇新报》，1911 年 7 月8、10 日，均第 2 版。

② 梁启超：《与夫子大人书》（光绪三十二年十一月），丁文江、赵丰田编：《梁启超年谱长编》，上海：上海人民出版社，1983 年，第 373 页。

③ 梁启超：《与南海夫子大人书》（光绪三十三年六月八日），丁文江、赵丰田编：《梁启超年谱长编》，上海：上海人民出版社，1983 年，第 409 页。

者①。时人对徐勤评价甚高，称他是“康有为弟子中首屈一指之运动家”，是“新党第一煽动家”②。“新党第一煽动家”的称号对徐勤而言可能有些过誉，就当时的影响而言，他的言论煽动功夫应该远逊于梁启超。不过，就连他的论敌胡汉民也说他善于雄辩③，则他即使不是“新党第一煽动家”，由他主持《南洋总汇新报》，也必然会使论战激烈非凡。

徐勤1908年到新加坡后，改组《南洋总汇报》，将报纸名称改为《南洋总汇新报》，并刊登长篇论文《论革命必不能行于今日》，宣告了《中兴日报》与《南洋总汇新报》对垒的开始。《论革命必不能行于今日》一文14续其稿，虽文未终篇，但就已刊发的部分来看，已有一万五千多字，实已充分显示出了徐勤的才华，打出了《南洋总汇新报》的气势。

徐勤主持《南洋总汇新报》的时间并不很长。到《南洋总汇新报》任职前夕，他曾派蔡俊卿往暹罗办报纸，这就是后来的《启南报》。为了《启南报》顺利面世，他在1908年7月底回到香港，为该报聘请主笔，购买机器，并赴暹罗收缴报纸股银。④ 因此，徐勤主持《南洋总汇新报》实际上只有1个月左右的时间。

《启南报》开办后，徐勤以“弘毅”为笔名⑤，将《论革命必不能行于今日》刊登其上，只是将标题改为《论革命断不适用于今日之中国》。到1909年初，《南洋总汇新报》又转载了《启南报》的这篇文章，于是引来《中兴日报》的丑诋⑥。这是徐勤引起的《中兴日报》与《南洋总汇新报》对垒的又一波。

《南洋总汇新报》还刊登过徐勤在香港孔子圣诞纪念会上的演

---

① 陈汉才：《康门弟子述略》，广州：广东高等教育出版社，1991年，第18页。

② ［日］田野橘次：《最近支那革命运动》，上海：新智社，光绪二十九年(1903年)，第105页。

③ 胡汉民：《自传》，《胡汉民先生文集》(第二册)，1978年，第32页。

④ 《徐勤致刘士骥函稿》（清光绪三十四年九月三十日），《中兴日报》，1909年8月21日，第1版。

⑤ 《保皇党徐勤又到》，《中兴日报》，1909年2月16日，第2版。

⑥ 绍轩：《有是总汇新报亦应有是启南新报》，《中兴日报》，1909年1月15日，第1版。

说词[①]，以及他在1909年重返新加坡时的一篇演讲稿[②]等，但未引起什么争论。

康门的另一位弟子伍庄在论战期间也曾主持过一段时间的《南洋总汇新报》。不过，虽然《南洋总汇新报》在1908年10月就刊登了他在香港孔子圣诞纪念会上的演说词[③]，但他直到1909年才出任该报主笔。并且，他也不是专为主持《南洋总汇新报》而来新加坡的。与康有为、梁启超、徐勤等逃亡海外的草堂师弟不同，伍庄在万木草堂被封之后没有逃亡海外，而是师从简朝亮，潜心经史、掌故、性理、辞章之学。1900年，还曾参加过顺天乡试。他虽然在1904年以后加入了保皇会，并协助徐勤办香港《商报》，与康党联系密切，但仍有很强的"官方"背景。1909年初，他被广东劝业道陈望曾委任为实业专员，派赴南洋慰问华侨，顺便"暂主《南洋总汇新报》笔政"[④]。正因为他南来的目的在于谋求实业的发展，因此，他到新加坡后在《南洋总汇新报》上发表的第一篇文章是《创办中华振兴工艺会及工艺公司敬告海外华商》，鼓吹"物质救国"[⑤]。伍庄在《南洋总汇新报》上发表的文章共有12篇，其中鼓吹立党救国的两篇引起了《中兴日报》的回应[⑥]。

欧榘甲是康门的又一位弟子，早在1891年就入万木草堂学习。[⑦] 他在《南洋总汇报》"变色"之初曾主持过该报笔政，关于这一点，上一章已有交代。问题是，《中兴日报》与《南洋总汇

---

① 徐君勉：《孔子圣诞纪念会演说词》，《南洋总汇新报》，1908年10月21日至24日，均第3版。

② 《徐君勉演说词》，《南洋总汇新报》，1909年2月17、19、25日，均第1版。

③ 伍宪子：《香港圣诞纪念会演说辞》，《南洋总汇新报》，1908年10月5日至19日间，均第3版。

④ 刘绍棠主编：《民国人物小传》（第六册），台北：传记文学出版社，1984年，第28页。

⑤ 伍宪子：《创办中华振兴工艺会及工艺公司敬告海外华商》，《南洋总汇新报》，1909年1月28日，第1版。

⑥ 这两篇文章是《论救中国不能不归党》、《申论立党救国之理》，《南洋总汇新报》，1909年7月6、9日，均第1版，署名"宪子"。

⑦ 陈汉才：《康门弟子述略》，广州：广东高等教育出版社，1991年，第47页。

新报》之间开始对垒之后，他有没有作为一员战将参与其中？张永福在《南洋与创立民国》中称："敌方又接二连三添派许多战将，区渠甲（原文如此，引者）、袁寿民、陈介叔下总攻击令，拼命再进攻前来。"① 据此，则欧榘甲在论战期间主持过《南洋总汇新报》。新加坡学者崔贵强在《〈中兴日报〉：新加坡同盟会的喉舌（1907—1910）》一文中说，《南洋总汇报》"自一九〇八年欧榘甲主持笔政后，即改为《南洋总汇新报》"。② 据此，则欧榘甲在论战之初主持过《南洋总汇新报》。不过，就我们所掌握的材料来看，张永福和崔贵强的记载都是不准确的。

按欧榘甲1906年在《南洋总汇报》任职一段时间之后，感到保皇运动无望③，同时有感于华人因为国内实业不振而流寓海外备尝艰苦，于是有创办实业的决心。他与刘士骥等人合作，创办振华公司，并于戊申（1908年）四月末抵香港，准备与刘士骥等人一起去美洲招股。由于"船位连期皆满，遂待至六月初六乃行"④。由此可知，欧榘甲在戊申（1908年）四月末至六月初六一直呆在香港。如前一章所述，《南洋总汇报》改名为《南洋总汇新报》并正式与《中兴日报》交手的时间是戊申六月初一。因此，崔贵强所云《南洋总汇报》"自一九〇八年欧榘甲主持笔政后，即改为《南洋总汇新报》"是不准确的。又，此次招股一直到1909年春才结束，其间欧榘甲奔走美洲各埠，鼓动华侨投资振华公司，心力全在于此，不可能主持远在新加坡的《南洋总汇新报》。招股归来之后，刘士骥被刺，由此引发康党内部的又一轮纷扰，欧榘甲、叶恩等人与康有为、徐勤等人互相指责，宛若仇雠，闹得满洋风雨。在内争之中，欧榘甲被康有为等人指为叛徒、"逆贼"⑤，并被康有为告上一状⑥。

---

① 冯自由：《华侨与辛亥革命》，北京：中国社会科学出版社，1981年，第111页。

② 台湾"国立"政治大学国际关系研究中心编：《辛亥革命与南洋华人研讨会论文集》，台北：台湾"国立"政治大学国际关系研究中心，1986年，第161页。

③ 陈汉才：《康门弟子述略》，广州：广东高等教育出版社，1991年，第51页。

④ 《叶恩等驳徐勤等布告书》（续），《中兴日报》，1909年9月16日，第1版。

⑤ 康有为：《强盗巡抚张鸣岐受贿卅万包庇逆贼欧榘甲据商谋乱刺杀刘道买凶诬仇证书》（1910年），《康有为与保皇会》，上海：上海人民出版社，1982年，第341～347页。

⑥ 康有为：《请查拿乱首欧榘甲等禀》（1910年底），《康有为与保皇会》，上海：上海人民出版社，1982年，第334～340页。

在这种情况下，欧榘甲是不可能染指康党机关报的。又，在内争之中，欧榘甲等人指责康有为等人的文章都是刊登在《中兴日报》等孙党报刊上的。这也可作为欧榘甲在1909年招股回国后未曾主持《南洋总汇新报》的证据。综合以上理由，笔者认定，欧榘甲虽主持过《南洋总汇报》，但那是在交锋之前，两报对垒期间，他并未担任过《南洋总汇新报》之主笔。

除上述康有为、梁启超、徐勤、伍庄诸人外，康门徒侣中在《南洋总汇新报》任过职或撰文于该报的可能还有一些人①，但由于多用笔名，现在已经很难弄清楚相关的情况。

除康门徒侣外，从《中兴日报》跳槽过来的何虞颂及其好朋友李惠堂对《南洋总汇新报》的贡献也很大。何虞颂的有关情况前文已有所交代，至于李惠堂，我们所知并不多。从王斧所披露的他与何虞颂之间的信函判断，他们二人之间关系非常好②。他曾经在香港《中国日报》馆工作过，担任校对之职③。到南洋后，曾经想通过何虞颂的关系在《中兴日报》获得一个职位，何虞颂则告诉他，王斧当时在《中兴日报》“大不理于人口”，他可能有机会过来接替王的职务④。不过，这一计划没有能够实现。后来，何虞颂去了《南洋总汇新报》，而李惠堂也在该报馆找到了工作。在1908年12月初的《中兴日报》里，我们可以看到“诛李”、“丑惠”的笔名连在一起使用⑤，可以断定这两个笔名是针对李惠堂而取的，由此可以进一步推断李惠堂此时尚在《南洋总汇新报》任编辑，参与对《中兴日报》的论战。李惠堂的事例表明，他本身并没有很鲜明的政治信仰。如果他在《中兴日报》谋求任职获得了成功，他就可能成为《中兴日报》的一名斗士，向《南洋总汇新报》发起攻击。《中兴日报》没有接受他，《南洋总汇新报》向他敞开了一扇门，他

---

① 冯自由说，《南洋总汇报》被保皇党“入寇”之后，“所聘记者均属康门徒侣”，见冯自由：《华侨革命开国史》，《华侨与辛亥革命》，北京：中国社会科学出版社，1981年，第60页。这话虽不一定属实，但仍可概见康党在该报的势力之大。

② 开山：《总汇报记者何虞颂之丑相》，《中兴日报》，1908年5月2日，第5版。

③ 广博：《与总汇报亚警书》，《中兴日报》，1908年8月3日，第5版。

④ 开山：《总汇报记者何虞颂之丑相》，《中兴日报》，1908年5月2日，第5版。

⑤ 在1908年12月2日《中兴日报》的“杂报”栏，登载了《胆大报》、《笑死鬼》两篇短文，笔名分别是“诛李”、“丑惠”。

便成为《南洋总汇新报》的一名炮手，向《中兴日报》发炮开火。这一事例具有典型性，它使我们意识到，论战期间报纸的作者，不尽全是在为“主义”而战，也有一些只是把办报当作一种谋生的手段，他们本人并没有什么意识形态性。人们常说，孙、康两党在对垒的时候宛若敌国，如果我们把这个比喻的说法稍微扩充一下，则可以说，捍卫这两国疆土，在前线冲锋陷阵的，不仅有出于爱国热忱的本国武士，也有把作战当作一种职业的雇佣军。在《南洋总汇新报》一方，徐勤等人无疑是康党的武士，而李惠堂则是谁愿意给薪水就为谁作战的雇佣军。

在《南洋总汇新报》的作者群里，康门师弟为一种类型，李惠堂为一种类型，唐璆则代表另一种类型。

唐璆以“平实”为笔名在《南洋总汇新报》上共发表了9篇文章①，引起了孙中山、汪精卫、胡汉民、陶成章等人的围攻，形成了一场关于时势与革命的精彩辩论。虽然他在与《中兴日报》论战的时候显得振振有词，但阵脚却有些乱。比方说，他虽然一出场就抛出“今日时局止可立宪救国万无革命之理”的论调②，但后来在字里行间又不自觉地流露出对革命的理解，视主张革命的人为以公理救国者，与以法理救国的君宪派等量齐观③。又如，他虽然在文章里丑诋革命党，骂孙中山为海盗④，骂《中兴日报》记者汉雄为“汉雄蠢子”⑤，但是，他对汪精卫则称“精卫君”⑥，对陶成章则称“巽言君”⑦、“足下”⑧。凡此种种，均显示出其“对敌斗争”

---

① 关于“平实”系唐璆的笔名及唐璆的生平，请参见拙文《与孙中山论战的“平实”系唐璆考》，《近代史学刊》，第5辑，华中师范大学出版社，2008年。

② 平实：《论今日时局止可立宪救国万无革命之理》，《南洋总汇新报》，1908年9月5日，第1版。

③ 平实：《论国民宜预备实力以救国》，《南洋总汇新报》，1908年9月17日，第1版。

④ 平实：《革命党之真相》(续)，《南洋总汇新报》，1908年9月8日，第1版。

⑤ 平实：《汉雄莫猖狂且看尔党之行为》，《南洋总汇新报》，1908年9月14日，第1版。

⑥ 平实：《论革命不可强为主张》，《南洋总汇新报》，1908年9月9日，第1版。

⑦ 平实：《论革命党宜反己自修》，《南洋总汇新报》，1908年9月16日，第1版。

⑧ 平实：《正巽言》，《南洋总汇新报》，1908年9月15日，第1版。

的不彻底性。

为什么会出现这种情况呢？原因在于，他刚刚放弃了革命的主张，投向康党的阵营，武力革命与君主立宪两种思想尚在胸膛中斗争。唐璆是一个关心时局、富有爱国心的人。[①] 甲午战争之后，他“访豪杰，结壮士”，准备做“破坏之先锋”[②]，甚至主张以排外的方式来救国[③]。义和团运动以后，他抛弃了“扶清”的思想，转而同情革命派的“灭清”主张，于是“尽毁家资”，奔走两湖三江，结纳豪杰壮士，“以谋暴动”[④]。他后来又考察了云贵两广，并赴日本结纳志士。就是这次日本之行，使他在看了孙党的一些内幕之后，产生了暴动革命难于成功的想法，于是“翻然变计”[⑤]，抛弃了革命的信念，转而主张君主立宪，并来到新加坡，参与对孙党的论战。

唐璆的事例提醒我们，双方阵营的将士中，除了那些义无反顾、一往无前者而外，还有一些人显得举棋不定、进退维谷。孙党、康党之间人员的对流，反映了国人在救国道路方面的两难抉择，而这种两难反映到文章中间，便会出现唐璆那种现象。这也使我们意识到，论战期间的许多文章，反映的只是作者当时的想法，而不是他们一生的政治主张。

“锄”、“勇”、“贞民”、“观潮生”等人也是《南洋总汇新报》的重要作者，在论战中扮演了相应的角色，但惜于资料方面的原因，笔者无从确认他们的真实身份。另外，和《中兴日报》一样，《南洋总汇新报》也有一个自己的读者群，读者中也有不少人投文于该报，成为该报的作者，发表自己的见解，参与论战之中。

从整体上看，《南洋总汇新报》的作者群阵营不如《中兴日报》强大有力。一方面，康党的首领康有为虽曾刊文于《南洋总汇新报》，但他却没有参与对孙党的论战，而孙党的首领孙中山则亲自

---

① “我行年三十余矣，奔走国事者亦十余年。”平实：《论今日时局止可立宪救国万无革命之理》，《南洋总汇新报》，1908 年 9 月 5 日，第 1 版。

② 平实：《正巽言》，《南洋总汇新报》，1908 年 9 月 15 日，第 1 版。

③ 平实：《论革命不可强为主张》（续），《南洋总汇新报》，1908 年 9 月 10 日，第 1 版。

④ 平实：《论革命不可强为主张》（续），《南洋总汇新报》，1908 年 9 月 10 日，第 1 版。

⑤ 平实：《正巽言》，《南洋总汇新报》，1908 年 9 月 15 日，第 1 版。

投入对康党的论战之中。另一方面，《中兴日报》作者群的核心人物，都是《民报》的原班人马，都是孙党中的能文之士，对他们而言，论战已是驾轻就熟的事情，而《南洋总汇新报》作者群中虽有《新民丛报》的主帅梁启超，但梁也只乐于与清廷抗辩，无心向孙党开火，而其他作者，论辩经验不如梁启超，辞采文章也逊于梁启超。

三、笔名是武器

分析《中兴日报》与《南洋总汇新报》作者群的时候，不可避免地要涉及两报众多的笔名。在 1908 年 6 月 29 日到 1911 年 12 月 22 日的《南洋总汇新报》里，共有笔名 120 多个，《中兴日报》从创刊到终刊，共有笔名 300 多个。

《中兴日报》笔名一览表（[ ] 中为使用该笔名的人）

A	哀谐、哀音
B	拔剑狂呼客、百砺、半痴子、半亩移、抱查、悲、辩奸 [胡汉民]、槟城游客、槟岛汉裔、病禅、博、博郎、博浪生、伯、伯夔 [汤增壁]、不惧子、不平子
C	残刀毫血、苍茫、沧浪居士、沧桑 [何虞颂]、沧桑旧主 [何虞颂]、成佛、成轩、痴珠、持平、持平子准理氏、斥非、敕、丑惠、楚歌、楚狂 [康荫田]①、泚西醉侯、聪
D	大哀、大浦汉余生、澹、德如 [何德如]、得已、帝民、帝裔、棣 [黄世仲]、东京心汉、东鲁重九郎、东尧、独立、钝夫
E	恶佞
F	法界众生、方斧、非兼、非圣、匪石、飞刀、汾汤生、愤满生、讽保、凤兮、佛平、浮寄、福建铁血子、斧 [王斧]、伏魔、父

---

① 从下表可知，《南洋总汇新报》也有以“楚狂”为笔名的，但是，《中兴日报》上的楚狂是康荫田，而《南洋总汇新报》上的楚狂则不是他。根据如下：康荫田发表文章多以楚狂署名，给朋友写信时也常以此落款，因此大家对他用楚狂为笔名这一点很熟悉。《南洋总汇新报》上刊出署名楚狂的文章后，康荫田的一些老友写信来责怪康，问他为什么在该报发表文章，康则登报声明，他素持民族主义，“于保皇立宪主义为宗旨上之反对”，《南洋总汇新报》上的楚狂不是他。见《康荫田来书》，《中兴日报》，1908 年 11 月 7 日，第 3 版。

续 表

G	公生明、巩汉、观战、广博、广府不平子、光华、国民一分子、过客
H	哈哈笑、海石、海啸、憨、汉杰、汉节、汉民［胡汉民］、汉生、汉侠、汉雄、汉余生、航苇［林航苇］、好汉、豪侣、恨海［田桐］、宏汉、红杏词人、猴史氏、虎军［王斧］、瓠尊泛隐、华亭过客、怀汉、槐庭、桓公、黄魂、悔余、惠、讳奴、晦生、慧刀
J	辑、骥、嘉应大瘦生、稼轩、剑花、剑生、诘奸［胡汉民］、金津、精卫［汪精卫］、菊堂、剧、鹃魂、军［王斧］、觉生［居正］
K	开来子、勘黎、看剑、看剑室、可人、克复、克服子、昆仑
L	勒生、冷、冷笑生、冷眼、理生、廖燕、龙、龙虎汉、龙辑、龙腾、绿轩、乱西
M	美魂女士［陈树人］、蒙裔之多分子、民帝、民醒、民意［汪精卫］、闽生、慕汉［邓慕韩］
N	那铎、南冠、南国行人、南洋不知死者、南洋小学生［孙中山］、拈手
O	欧
P	排满一郎、攀猿、旁观冷眼人、辟伪、辟妖、癖疫、萍、平良心、平子、扑、扑满［汪精卫］、扑面者
Q	启明［可能是周作人］、谦、前人、戕匪、樵、琴孙、擎天氏、瞿园、去非［胡汉民］
R	燃［吴敬恒］、荛［黄世仲］、认公、刃奸、如是尊孔者
S	三东、芟莠、尚武、韶乐、少父、少兰、伸、神骥、神宵真逸、十龄童子、适周、世［黄世仲］、视、守常、寿松、述、顺德游子、思汉、思华、似询、苏、苏民、燧公、岁寒
T	台湾伤心人、太平洋钓叟、太岁、太虚、汤氏遗民、棠、陶、套调、天汉、天汉世民［何虞颂］、天民［吕志伊］、天民氏、天南遁叟、天南叟、天声、田鹤、铁［可能是雷昭性］、铁汉、铁民、铁僧、铁血、通、痛闽、吞胡、讬
W	万缕、王剑士、望潇湘馆主、微言、伟、温太郎、我佛山人［吴沃尧］、我怀如是、无为、无谓、无畏、悟

续 表

X	希、希侠［林希侠］、牺骨、西河侠次郎、西林［张绍轩］、侠、侠民、夏、仙俦、香洲、小坡哈哈笑、笑保、心汉、惺惺、星州过客、兴黄、醒嘅、徐家瑞、玄理、绚宸、巽言［陶成章］
Y	亚华、亚庐、药石［居正］、耀汉、耀星、一旅、一之、义黄、义声、意公、毅、逸亭迁客、颖儿、永贞、友刀、又我、虞裔、寓巴罗华侨一份子、玉仙、御胡次郎、元元、云
Z	凿、乍、宅仁、湛国居士、赵州师范、照醒、哲、真醒堂主人、枝头抱香客［汪精卫］、指郎、至公、中国民、诛保、诛李、诛奸、诛妖、竹天、壮、壮夫［可能是刘成禺］、准理生、卓启堂、子永、自由来稿、自主、尊我

《南洋总汇新报》笔名一览表（［ ］中为使用该笔名的人）

A	爱群女士
B	毕、补读书楼主人、不党
C	沧江［梁启超］、超超、惩革、惩汪、持平、锄、楚狂、慈悲、次云
D	大公、吊云、独立、咄咄、铎声
E	谔、谔士
F	愤言、奋豫、讽革、讽中
G	敢、革革生、更生［康有为］、更谐、观潮生、果
H	哈哈、海东、海客、酣睡生、好笑、呵笑、呵呵、喝公、慧观
J	击石、寂、记者、甲、讲心、椒员、警、镜、旧民
K	狂生、坤箴
L	冷、冷眼、理卿、联盟痛、六六、僇
M	明、明公、明水［汤叡］、明我、灭胡、某
P	平情、平实［唐璆］
Q	求是人、劝、劝善、群
R	忍俊、容均
S	骚、少民、师籀、十四龄童子狂生、菽园［丘炜萲］
T	说客、铁龛、廷翰、通变、同谐
W	望、乌乎、无偏

续　表

X	嘻、嘻嘻、溪生、侠佛、宪子［伍庄］、啸、啸歌、啸天、谐、谐客、星侠、醒公、醒师、性恂、选、选婴、雪
Y	亚叱、亚冷、亚矛、亚笑、一士、亦痴、亦国民、亦市［徐勤］、亦谐、奕叟、饮冰［梁启超］、勇、又吊、舆之、援弓
Z	照妖、真、珍公、贞民、知我、质直、翥青、转坤

这些笔名中的一部分肯定是由孙、康两党主持报纸笔政的人所用，但也有相当一部分是由投稿者所用。同时，考虑到当时流行一个人用多个笔名①，我们基本上可以断定，虽然《中兴日报》与《南洋总汇新报》上的笔名共有400多个，但这些笔名的主人并不会特别多。然而，由于年代久远，加上我所见不广，上表所列笔名，目前大都不能确认曾经由谁使用，这方面的工作，只能留待高明或俟诸异日了。我在这里想指出的一点是，笔名的判断不仅仅在今日是个难题，就是在论战期间，人们要准确判断笔名也颇不容易。“南洋小学生”在《中兴日报》上发表了3篇文章，《南洋总汇新报》就没有能判断这一笔名是孙中山所用，而把“南洋小学生”误认作汪精卫了。② 何虞颂和李惠堂同在《南洋总汇新报》工作，《中兴日报》的作者们就猜不透“警”这个笔名究竟是由他们中的哪一个所用。③ 两报之间互相猜测对方笔名由谁所用的例子很多，

---

① 温雄飞在谈及《美洲少年》时说：“撰稿人本来不多，初时只有自己的社员写稿，如果一个人写有两三个稿件时，就多用几个笔名来发表，这样，好似有很多人写稿，其实骨子里只有我们几个社员。”见温雄飞：《回忆辛亥前中国同盟会在美成立的过程》，《华侨与辛亥革命》，北京：中国社会科学出版社，1981年，第209页。

② 惩汪：《再告为乱党辩护者》，《南洋总汇新报》，1908年9月12日，第3版。

③ 猜测“警”是何虞颂的笔名的文章有：槟城汉裔来函：《与总汇报书》，《中兴日报》，1908年7月28日，第5版；神骥：《七复总汇新报记者警书》，《中兴日报》，1908年7月29日，第5版；广博：《亚警可谓廉耻丧尽》，《中兴日报》，1908年7月30日，第5版；广博：《亚警确不自量》，《中兴日报》，1908年7月31日，第5版。这些文章或攻击“警”由革命党转而为保皇党，或攻击“警”为了多拿二三十元薪金就背弃了革命宗旨，这些无疑都是《中兴日报》所掌握的何虞颂的资料。猜测“警”是李惠堂笔名的文章有：广博：《亚警舍反问则无词可答》，《中兴日报》，1908年7月29日，第5版；广博：《亚警之面皮可谓厚夹硬》，《中兴日报》，1908年8月1日，第5版；广博：《与总汇报亚警书》，《中兴日报》，1908年8月3日，第5版。

我们无需在此一一罗列。①

饶有兴味的是，《中兴日报》与《南洋总汇新报》上的很多笔名，不仅仅是一个代号，同时还是一件杀人的武器。笔名往往有一定的寓意，暗藏着杀机，或标榜自己，或诋毁论敌。

有的笔名是针对论敌全体的。孙党以革命救国相标榜，《南洋总汇新报》上的有关笔名就专门讥刺这一点。“革革生”这一笔名明显地在说自己是革革命者之命的人，而其文章更是嬉笑怒骂，表面上推崇孙党，实则贬损之，说孙党不足成事②。“讽革”意在讽刺革命党，“惩革”则意指惩罚革命党。

虽然康党在《南洋总汇新报》上不以保皇党相标榜，但孙党则依然视之为保皇党，并用“笑保”、“诛保”、“讽保”等笔名加以攻伐。“笑保”者，讥笑保皇党也；“讽保”者，讽刺保皇党也；“诛保”者，诛戮保皇党也。

孙、康两党还倾向于把对方妖魔化，自己则无形中居于与妖魔斗争的神圣了。《南洋总汇新报》上以“照妖”为笔名的文章有 20 多篇，观其内容，所照之“妖”全都是孙党。《中兴日报》上以“诛妖”、“辟

---

① 既然当事人就猜不透笔名的归属，后来的学者在考证的时候，差错也就在所难免。如《中兴日报》有一个号为“龙腾”的作者，曾作《驳政闻社宣言书》一长文，对梁启超的《政闻社宣言书》进行了一定的驳斥（该文发表于《中兴日报》，1907 年 12 月 2 日至 11 日间）。颜清湟认定龙腾是胡汉民的笔名（颜清湟：《星、马华人与辛亥革命》，第 214 页），后来李恩涵沿用了这一说法，也认为龙腾是胡汉民（李恩涵：《辛亥革命前革命派与维新派在新马的思想论战》，革命开国文献编辑小组编：《中华民国建国文献 革命开国文献 第二辑 史著 一》，第 547、557 页）。我们虽然不能判断龙腾究竟是谁，但可以断定，龙腾并非胡汉民的笔名。理由如下：1.“龙腾”第一次出现于《中兴日报》是在 1907 年 11 月 14 日。在是日《中兴日报》第 5 版里，有两篇署名“龙腾”的文章，一篇是《虎头蛇尾》，是一篇杂评，一篇是《大媒》，是一篇谐谈。1907 年 11 月的时候，胡汉民正坐镇安南谋划起义，不太可能登文章于《中兴日报》。并且，《虎头蛇尾》和《大媒》是谐部文字，胡汉民不可能在戎马倥偬之中作这类文字，综观其生平，也未见他作过谐部文章。2. 从 1907 年11 月 14 日起，“龙腾”这两个字就频频出现在《中兴日报》上，不但有论说性文字，还有为其他人的论说加的按语，以及为新闻加的按语等。这种情况表明，龙腾在担任《中兴日报》的编辑之职，这种工作是只有坐镇报馆才能完成的。胡汉民一直到河口起义失败之后才到新加坡来，在此之前是不可能担任《中兴日报》编辑职务的。

② 单单生来稿：《北京消息》，《南洋总汇新报》，1908 年 7 月 7 日，第 3 版。

妖”、“刃奸”等笔名所作的文章，矛头所指，则全都是康党。

清政府是孙、康两党都要讨伐的对象，有些笔名就是专门针对清政府而取的。《南洋总汇新报》上的“忧愤生”所忧愤的是外交界交涉无力，丧权辱国①；“惧亡生”所惧的是媚外卖国的政府使中国沦亡②；“联盟痛”所痛的是政府中那些主张与日本结盟的人③。《中兴日报》上的“诛奸”所诛者为清末重臣张之洞④，“愤满生”所愤恨者自然是入主中原的满人⑤，“吞胡”所欲吞灭的“胡虏”也是满人⑥，“扑满”更加寄托了孙党“驱除鞑虏，恢复中华”的壮志雄心⑦。

有些笔名是针对论敌个人的。上文述及的《中兴日报》上的“诛李”、“丑惠”两个笔名，显然是针对李惠堂而取的。这两个笔名表明作者对李惠堂要笔诛之、丑诋之的心理倾向。

胡汉民和汪精卫受孙中山指派参与论战，虽“只以余事应之”⑧，但火力十分猛烈，因而引起《南洋总汇新报》的反弹，“灭胡”、“惩汪”两个笔名就是专门为攻击他们而取的。“灭胡”者，剿灭胡汉民也，以此为笔名的几篇文章，无不以胡汉民为进攻对象⑨。

---

① 忧愤生：《为安奉铁道事敬告我国民》，《南洋总汇新报》，1909 年 9 月 26 日，第 2 版。

② 惧亡生：《救亡危言》，《南洋总汇新报》，1910 年 1 月 7、8、13 日，均第 2 版。

③ 联盟痛：《泪书》，《南洋总汇新报》，1910 年 8 月 23 日，第 2 版。

④ 诛奸：《张之洞死》，《中兴日报》，1909 年 10 月 13 日，第 1 版。

⑤ 愤满生寄：《神户英字新闻对于安奉线之公评》，《中兴日报》，1909 年 9 月 8、11 日，均第 1 版。

⑥ 吞胡来稿：《答童子》，《中兴日报》，1909 年 7 月 19、20 日，均第 4 版。

⑦ 《中兴日报》上以“扑满”为笔名的文章有：《满清政府始终误国误己》（1909 年 8 月 27 日，第 1 版）；《满虏授外人瓜分铁路之失》（1909 年 5 月 20、22 日，均第 1 版）；《呜呼可悲可惨可痛可哭者今日之中国》（1909 年 7 月 28 日，第 1 版）；《中国人不自哀他国人为我哀之》（1909 年 8 月 5 日，第 1 版）；《波斯专制之已倒与满洲政府之必亡》（1909 年 8 月 14、17、18、29 日，均第 1 版）；《有希望满清政府立宪热者盍听诸》（1909 年 10 月 16、19 日，11 月 3 日，均第 1 版）。

⑧ 胡汉民：《自传》，《胡汉民先生文集》（第二册），台北：“中央”文物供应社，1978 年，第 32 页。

⑨ 《南洋总汇新报》上以“灭胡”为笔名的文章有如下几篇：《斥中兴报之狂吠》（1908 年 9 月 5 日，第 1 版），《中兴报记者之愚谬》（1908 年 9 月 7 日，第 1 版），《讨枭獍》（1908 年 9 月 8 日，第 1 版），《拔乱党之舌》（1908 年 9 月9 日，第 1 版）。

"惩汪"者，严惩汪精卫也，以此为笔名的文章多以攻伐汪精卫为能事①。

有些笔名是针对论敌报纸的。《中兴日报》上没有攻伐《南洋总汇新报》的笔名，《南洋总汇新报》则有三个是针对《中兴日报》的笔名。"不愿中兴报污眼帘者"很直白地表明了对《中兴日报》的恶感，其文章则更进一步丑诋《中兴日报》，并鼓励《南洋总汇新报》将它彻底击败②。"讽中兴也"也非常直白，讥讽的就是《中兴日报》。在此笔名下有两篇谐谈，极尽挖苦之能事③。"讽中"无疑也是针对《中兴日报》及以之为据点的孙党而取的笔名④。

除了正面攻击敌手以外，有的笔名也着意于标榜自己的公正、中立、无党派。《南洋总汇新报》上的"大公"想以此表明自己的公正；"不党"则想给人留下自己既不属于康党，也不属于孙党的中立印象；"无偏"无非想证明自己所言没有偏向任何一方。《中兴日报》上的"持平"、"至公"、"平良心"、"平心论"等笔名也无不以这些美好的字眼来向人表明自己所言是多么公允、无偏颇。

但是，粉饰的目的在于遮掩。双方都如此竭力粉饰自己，实际上都包藏着掩盖自己真实意图的用心。那位自称"大公"的《南洋总汇新报》作者，却痛诋孙党是"伪革党"，诋毁孙党行事是"伪革命"⑤，"公"在何处？"不党"称《中兴日报》为"骂报"，骂

---

① 《南洋总汇新报》上以"惩汪"为笔名的文章包括：《为乱党辩护者之欺人》(1908 年 9 月 7 日，第 3 版)，《忠告为乱党辩护者》(1908 年 9 月 9 日，第 3 版)，《再告为乱党辩护者》(1908 年 9 月 12 日，第 3 版)，《三告为乱党辩护者》(1908 年 9 月 15 日，第 3 版)，《为乱党辩护者之谬妄》(1908 年 9 月 17 日，第 3 版)。

② 《不愿中兴报污眼帘者来书》，《南洋总汇新报》，1908 年 7 月 13 日，第 3 版。

③ 讽中兴也：《革命解》、《革履譬》，《南洋总汇新报》，1908 年 8 月 18 日，第 3 版。

④ 讽中：《阴界之革命党》，《南洋总汇新报》，1908 年 9 月 26 日，第 3 版；《王伦》，《南洋总汇新报》，1908 年 9 月 28、29 日，均第 3 版。

⑤ 大公来稿：《愤愤愤伪革党之阴毒》，《南洋总汇新报》，1908 年 7 月 20 日，第 1 版。

《中兴日报》诸人"其心已死"①，显然有党派之见。《中兴日报》的"持平"自称"宅心忠厚，素不喜訾人短处"②，却在文章中骂《南洋总汇新报》记者为妓女，其心显未能平。在这些自我标榜的笔名下面，没有一篇文章做到了真正的客观公正、心平气和，这些笔名不过是一支支浸染了毒汁的暗器，其目的无非是致敌手于死地。

从这两份报纸上所使用的笔名，我们已能深刻感受到这场论战的热烈气氛。当然，这种气氛也可以从两报的文艺栏和新闻栏的很多文章中领略到。因此，在讨论这两份报纸的政论文所展现的各方论战之前，我们准备先用一章的篇幅来介绍一下两报文艺栏和新闻栏的情况。

---

① 不党来稿：《请看中兴报诸人死心塌地》，《南洋总汇新报》，1908 年 7 月 28 日，第 3 版。

② 持平来稿：《表彰总汇新报谐记者之功》，《中兴日报》，1908 年 7 月 28 日，第 5 版。

第三章 文艺类及新闻类文字中的较量

一、版面设计与报纸栏目

《中兴日报》与《南洋总汇新报》的版面设计颇为相似，这大概跟《南洋总汇新报》系由孙党喉舌“变色”成为康党机关报这一事实有关。和当时的所有报纸一样，它们都采用竖排的方式。但跟新加坡的另一份著名侨报《叻报》那种用长行直行的排版方式不同，这两份报纸的排版，将每一个版面分成6个小格①，这样，读者阅读起来就比较方便一些。这种版面设计可能是受了香港《中国日报》的影响。据冯自由的记载，将一版分成数格的做法是《中国日报》的创造②。

就报纸的栏目而言，《中兴日报》与《南洋总汇新报》的安排也颇有近似的地方，大致而言，可以分为政论类、新闻类、文艺类三种。此外，两报每天都刊发大量广告、声明、告白，这对补充报纸的经费是必要的。

---

① 从1909年7月17日（一周年纪念日）起，《南洋总汇新报》改为每版分成4格。《中兴日报》改组成有限公司之初（从1909年5月20日起），曾试图将版面设计重新调整，将每一版分成左右两半，每一半又分成6格，后因这种做法使“阅者颇称不便”，于是从1909年6月2日起仍用以前的方法，见《中兴日报》，1909年6月2日，第1版。

② “从前各地中文报纸排印俱用长行直行，独《中国日报》首仿日本报式，作横行短行，令读者耳目一新。”冯自由：《华侨革命开国史》，《华侨与辛亥革命》，北京：中国社会科学出版社，1981年，第7页。

《中兴日报》、《南洋总汇新报》栏目一览表①

	《中兴日报》	《南洋总汇新报》
政论类	论说、外论、译论、代论、短评、时评等	论说、外论、短评、闲评、辨丛、时评等
新闻类	闽粤②、内国、外国、电音、本坡、南洋各埠、欧洲通信、日本通信、调查等	祖国、州府③、本坡、本馆特电、海外要闻、海外杂闻、广东、福建、实录、调查、通信等
文艺类	杂文、小说、谈丛、词林、谐谈、谐文、谐评、班本、史谈、史传、粤讴、杂俎、南音、趣评、文苑、纸鸢声、歌谣、杂录等	粤讴、南音、班本、歌谣、文苑、小说、小曲、龙舟歌、诗界、杂说、风俗谈、杂俎、传记、谈丛、杂文等
其　他	专件、各种广告、声明、告白、清谕等	专件、上谕、广告、告白等

如果我们稍作分析便可发现，《中兴日报》与《南洋总汇新报》的栏目虽有很多相同的地方，但还是有一些微妙的差别，而这些微妙的差别足以显示两份报纸及其背后的“权势集团”之间的巨大分歧。如两报都有专门报道国内各省新闻的栏目，这个栏目在《南洋总汇新报》被称为“祖国”，在《中兴日报》则被称为“内国”，虽只一字之别，但反映了两报的不同政治态度和历史观。康党承认满清统治中国为合法统治，因此称之为“祖国”，而在孙党看来，满人入关标志着中国的亡国，“祖国”早已不存在，等待着他们去恢复，因而称之为“内国”。又如，两报都有刊登清廷谕旨的栏目，这一栏目的名称，在《南洋总汇新报》为“上谕”，在《中兴日报》则为“清谕”。这一名称的差别也同样反映了两党的政治分歧。康党承认清廷统治为合法，故视君上的谕旨为“上谕”，孙党视清政府为伪政府，清帝所发号令只代表清廷的意见，用“清谕”为栏目正表现了孙党对满人统治中国的合法性的否认。总之，从栏目的名

① 此表所列，是《中兴日报》与《南洋总汇新报》曾经出现过的栏目，并非每一天的报刊都有所有这些栏目。

② 第一号称为“闽粤新闻”，表中的“内国”、“外国”、“电音”、“本坡”各栏在第一号分别是“内国要闻”、“外国要闻”、“各国电音”、“本坡新闻”。“闽粤”栏后来分为“福建”、“广东”两个栏目，“内国”栏后来为“各省”栏所取代。

③ “州府”栏所登均为南洋各埠之新闻。

称我们也可以看出孙、康两党的分歧。

对于论战而言，论说栏目无疑是非常重要的。孙、康两党的政治主张，最集中地在论说栏目里反映出来。从论说栏目的各种政论文章里，我们可以看到，这些文章有非常明显的“三面出击”的特点。一方面，作为孙、康两党的言论机关，两报都自然地把矛头瞄准对方，形成孙、康两党论战的重要战场。另一方面，孙、康两党又都是清政府的通缉犯，它们与清政府都有很深的矛盾，因而两报的政论文章又都把矛头指向清廷，形成孙党与清廷、康党与清廷论战的局面。同时，由于内部有思想的差异、利益的冲突，内部矛盾难以避免，因此，某些政论文章也会以剪除内部冲突为己任。

政论类栏目的文章在以后各章会给予比较集中的关注，本章准备将注意力集中在新闻类和文艺类栏目的文章上。新闻类和文艺类的文章是不是没有什么火药味，新闻类栏目只是客观地报道各地新近发生的事情，而文艺类的栏目则只刊登各种纯粹的文学作品？我们相信，对这两类栏目所刊文章的简单分析，将有助于加深我们对这场论战的理解。

二、文艺作品中的暗箭明枪

文艺作品向来就不仅仅是用来愉悦身心的，人们经常利用各种体裁的文艺作品来寄托某种抱负，或讥评时政，或讽谏当朝。在文网森严的中国，这种情况尤其明显。《中兴日报》与《南洋总汇新报》上都有大量体裁各异的文艺作品，这些作品中虽有一些是“为文艺而文艺”的，但就主体而言，则主要是孙、康两党攻击敌手、捍卫自我的暗箭明枪。

在《中兴日报》的文艺栏里，康党常被描绘成一副谄媚异族、官瘾十足的模样。有一篇《保皇说》，仿照《爱莲说》的句式行文，对康党进行辛辣的讽刺：

保皇说

爱国保种之事，可主者甚繁，鲁孔丘严夷夏之辩［辨］，自近世以来，时人多主张民族主义，予独恨保皇党之假爱国以为名，媚满虏以为事，升官发财，无时或忘，棍诈百出，受者屡屡，真可鄙而不可近焉。噫！夷夏之辩［辨］，孔后鲜有闻，媚异族之举，除保皇党外有几人？民族主义之说，宜乎众矣。①

在另一些文艺作品里，康党的保皇主张被讥评为“保囊主义”②，保皇会被称为“保蝗会”③，保皇党被称为“保皇妖党”④、“保皇疫党”⑤，帝国宪政会被戏谑为“帝国害政会”⑥。康党的事业被认定为已经失败，君宪之路走不通：“保皇政策已成空，立宪还教末路穷。”⑦

康党首领康有为所受攻击甚多。如在1907年10月3日的“谐谈”栏里有两则谐谈，以比较孔子与康有为的形式行文：

孔圣生日

虎

明日乃孔子生日，庆祝者大不乏人。然圣人不死，大盗不止，祝其死之之不暇，又何苦而庆其生？虽然，吾有所感于所谓圣人，因略写其生日以为谈柄。孔子生日，讲学杏坛，弟子甚众。且曾为鲁司寇，摄行相事。尝微服过宋，后以道不行，乘桴浮于海，从彼者其子路。生平著作，有外夷之义，以严种族。

康圣生日

军

康圣生日，则讲学万木草堂，弟子亦众。且曾为满主事，摄行新政。尝伪诏过日，后以术不行，乘轮船往别埠，从彼者其某某。生平著作，有保夷之义，以淆种族。

按：孔系山东人，康系广东人，生日事迹颇相同，惜彼则严种族，此则混种族，一香一臭，判若天渊也。⑧

康有为推崇孔子，自己也以孔子学说继承人自居，这两篇谐文则讥

---

① 《保皇说》，《中兴日报》，1909年2月10日，第3版。

② 《保囊主义》，《中兴日报》，1908年11月14日，第3版。

③ 辟伪：《姚崇杀蝗论》，《中兴日报》，1908年1月13、14日，均第5版。

④ 凿：《说望》，《中兴日报》，1908年2月7日，第5版。

⑤ 胡北恒来稿：《祭保皇疫党文》，《中兴日报》，1908年2月20日，第5版。

⑥ 辟伪：《害政会》，《中兴日报》，1908年1月6日，第5版。

⑦ 恨海：《吊保皇党》，《中兴日报》，1908年6月12日，第5版。

⑧ 虎：《孔圣生日》，军：《康圣生日》，《中兴日报》，1907年10月3日，第5版。

评之，认为孔子严夷夏之辨，有种族思想，康有为臣事满清，淆乱种族界线，一香一臭，判若天渊。在其他一些文艺作品中，康有为遭到了众多的讥评。他的《官制议》被戏谑为“官瘾议”[①]，他的名字被解释为“安有作为”、“宁有作为”[②]，或被谐谑为“空有为”[③]。在一篇短篇小说里，他被描绘成离间光绪母子、失败后逃亡海外的怪物[④]。在一些文艺作品里，他被称为“老学究蓝亥”[⑤]、“康蔡公”[⑥]、“巨骗”[⑦]、“狂人”[⑧] 等。

梁启超曾是与孙党论战的一员骁将，《中兴日报》对他的攻击也不少。《中兴日报》称他为“文妖”，所登《文妖传》一篇，故意将他所办的《清议报》写成“议清报”，将《新民丛报》写成“丛民新报”以示讥讽，并称他与“某文报”（显指《民报》）文战一败涂地，只得往文岛卖文为生。[⑨]

《南洋总汇新报》上的文艺类栏目也毫不示弱，将矛头指向孙党，把孙党描写成“乱党”、“伪志士”[⑩]，把孙党的排满事业说成是痴人说梦[⑪]。

1908 年 6 月，新加坡振武善社召开两周年纪念大会，当徐勤演说涉及立宪问题时，孙党在台下叫“打”，破坏会场秩序，使徐勤鼓吹君宪的计划无以实现。[⑫] 对这一事件，《南洋总汇新报》曾以歌谣的形式记载下来，表达对孙党的恼怒。这一歌谣以《伪革党破坏振武社》为题，一个“伪”字点出了作者对孙党的态度。在正文中，歌谣没有就事论事，而牵涉孙党平日行事，指斥孙党一向妄

---

① 虎军：《官制》，1907 年 9 月 13 日，第 5 版。
② 帝裔：《康有为》，1907 年 9 月 9 日，第 5 版。
③ 《苦哉保皇党》，《中兴日报》，1909 年 7 月 30 日，第 4 版。
④ 慕汉：《说怪物》，《中兴日报》，1908 年 6 月 15 日，第 5 版。
⑤ 辟伪：《姚崇杀蝗论》，《中兴日报》，1908 年 1 月 13、14 日，均第 5 版。
⑥ 龙腾：《康蔡公》，《中兴日报》，1908 年 1 月 18 日，第 5 版。
⑦ 辟伪：《巨骗传》，《中兴日报》，1908 年 1 月 24、25、27 日，均第 5 版。
⑧ 龙腾：《狂人一错错到底》，《中兴日报》，1908 年 1 月 27 日，第 5 版。
⑨ 虎军：《文妖传》，《中兴日报》，1907 年 11 月 5 日，第 5 版。
⑩ 谐：《真乱党》、《伪志士》，《南洋总汇新报》，1908 年 8 月 10 日，第 3 版。
⑪ 谐：《新到冇谱》，《南洋总汇新报》，1908 年 9 月 23 日，第 3 版。
⑫ 冯自由：《居正述参加南洋办报之经过》，《革命逸史》（第 5 集），北京：中华书局，1981 年，第 220 页。

作非为，虽自称文明，却行为野蛮，骗人钱财，驱人入死地。述说孙党破坏会场经过时，歌谣隐去了徐勤在演说烟毒问题时牵涉君宪问题这一点，只说徐勤演讲至一个小时后遭到破坏，这就给孙党加了破坏公益的罪名，而掩盖了党派相争的真相。①

《中兴日报》是《南洋总汇新报》的对头，因而《南洋总汇新报》攻诋《中兴日报》的文艺作品也特别多些。向《中兴日报》应战的第二天，《南洋总汇新报》就把《中兴日报》称为“终衰报”，所登《终衰报广告》一文对《中兴日报》极尽诋毁之能事②。后来，《南洋总汇新报》继续以“衰”字攻击《中兴日报》，如《衰到咁样》③ 等。像诋毁整个孙党不关心公益一样，《南洋总汇新报》也攻击《中兴日报》不关心粤省灾黎④，而《中兴日报》的许多记者，如田桐、居正也都遭到了《南洋总汇新报》的冷嘲热讽⑤。在《南洋总汇新报》的文艺栏里，《中兴日报》被描绘成“欲掩弥彰说未工，支离慌［荒］谬漫称雄”的“井蛙”⑥，是一只“才说交锋便倒枪”的纸老虎⑦，不堪一击。

孙、康两党除了互相冷嘲热讽之外，还同时将矛头指向清廷。与两党在国内的报纸必须用隐讳的方式抨击朝政不同，由于《中兴日报》与《南洋总汇新报》都发刊于新加坡，天高皇帝远，使它们攻击清廷的语言也常常锋芒毕露。如果说在对待清廷方面，国内两党的报纸是“暗箭”多于“明枪”，《中兴日报》与《南洋总汇新报》则是“明枪”多于“暗箭”。

《中兴日报》文艺栏的作品明目张胆地制造“二百余年九世仇，国亡无笔作春秋”⑧、“陆沉惨剧痛神州，匝地群黎哭未休”⑨ 的悲

---

① 照妖来稿：《伪革党破坏振武社》，《南洋总汇新报》，1908 年 7 月 1、2、3 日，均第 3 版。

② 警：《终衰报广告》，《南洋总汇新报》，1908 年 7 月 1 日，第 3 版。

③ 群：《衰到咁样》，《南洋总汇新报》，1908 年 7 月 10 日，第 3 版。

④ 群：《中兴报是何居心》，《南洋总汇新报》，1908 年 7 月 10 日，第 3 版。

⑤ 如照妖来稿：《问药石病》，《南洋总汇新报》，1908 年 7 月 8 日，第 3 版；亚叱：《恨海记》，《南洋总汇新报》，1908 年 7 月 8 日，第 3 版；乌乎：《药石无灵愁自叹》，《南洋总汇新报》，1908 年 7 月 9 日，第 3 版。

⑥ 平情：《因阅某报有感》，《南洋总汇新报》，1908 年 7 月 1 日，第 3 版。

⑦ 观战员喝公：《即事二律》，《南洋总汇新报》，1908 年 7 月 16 日，第 3 版。

⑧ 佚名：《附仿前体二首》，《中兴日报》，1908 年 5 月 26 日，第 5 版。

⑨ 子永：《寄友》，《中兴日报》，1908 年 8 月 5 日，第 5 版。

感气氛，并大声疾呼人们起来排满兴汉。有一首《纸鸢声》，共分为六节，每一节都以“扶汉扶汉”开头，又都以“扶汉扶汉”结尾，一咏三叹，很有鼓动性。①

在《中兴日报》的文艺栏里，清廷的立宪被比附为画饼充饥之举②，或被讥评为“立宪膏药”③。清廷的融合满汉政策则被谑称为“美人计”④，因为消除满汉畛域的举措中有准许满汉通婚一条。

《中兴日报》的文艺栏还拿清政府中的人的名字开玩笑，加以戏谑丑诋，以此显示自己对清廷的蔑视，并培养读者对这些人的恶感。慈禧太后被丑化得最厉害，曾被比附于妓女⑤，被称为“犬后”⑥、“狐太后”⑦、“吕母那太夫人”⑧、“牝狐”⑨、“媪狐”⑩等。光绪帝载湉被戏称为“醉甜”⑪、“小狐酋”⑫、“小狐”⑬等。袁世凯被称为“猿”⑭、“蠢猿”⑮、“猿功豹”⑯、“猿世害”⑰。张之洞被谑为“獐”⑱、“张痴铜”⑲、“獐痴铜”⑳。“岑运佳”是岑春煊㉑，

---

① 无谓：《纸鸢声》，《中兴日报》，1908年9月26日，第5版。
② 虎君：《题糕》，《中兴日报》，1907年10月16日，第5版。
③ 铁：《立宪膏药》，《中兴日报》，1907年10月14日，第5版。
④ 看剑：《美人计》，《中兴日报》，1907年8月31日，第5版。
⑤ 虎军：《改邪归正》，《中兴日报》，1907年10月8日，第5版。
⑥ 虎军：《捉庚》，《中兴日报》，1907年10月18日，第5版。
⑦ 虎军：《兽婚兽》，《中兴日报》，1907年10月22日，第5版。
⑧ 虎军：《讣音》，《中兴日报》，1907年11月15日，第5版。
⑨ 虎军：《普告》，《中兴日报》，1907年11月15日，第5版。
⑩ 猴史氏来稿：《猿功豹传》，《中兴日报》，1908年1月15日，第5版。
⑪ 虎军：《保黄》，《中兴日报》，1907年10月7日，第5版。
⑫ 猴史氏来稿：《猿功豹传》，《中兴日报》，1908年1月15日，第5版。
⑬ 猴史氏来稿：《猿功豹传》，《中兴日报》，1908年1月15日，第5版。
⑭ 虎军：《为岑运佳复獐猿笺》，《中兴日报》，1907年10月28日，第5版。
⑮ 虎军：《讣音》，《中兴日报》，1907年11月15日，第5版。
⑯ 猴史氏来稿：《猿功豹传》，《中兴日报》，1908年1月15日，第5版。
⑰ 虎军：《捉庚》，《中兴日报》，1907年10月18日，第5版。
⑱ 虎军：《为岑运佳复獐猿笺》，《中兴日报》，1907年10月28日，第5版。
⑲ 虎军：《捉庚》，《中兴日报》，1907年10月18日，第5版。
⑳ 虎军：《獐痴铜太不懂事》，《中兴日报》，1907年11月25日，第5版。
㉑ 虎军：《为岑运佳复獐猿笺》，《中兴日报》，1907年10月28日，第5版。

"吕联鸎"是李莲英[①]，"庆旺"则是庆亲王奕劻[②]。

不惟个人，有关机构也被丑化，如中央政府被谑为"猪栏"[③]、皇宫被呼为"狗窦"[④]、军机处被称为"麇麂处"[⑤]。

《南洋总汇新报》对清廷的丑诋不如《中兴日报》那么厉害，但有时措辞也颇激烈。如有一则题为《述政府之口头禅》的谐评，描述清政府官员在各种情形下常用的口头禅，措辞辛辣，描摹逼肖。[⑥]皇族内阁出台后，康党深表失望，曾在文艺栏刊登《新内阁铭》一文，仿刘禹锡《陋室铭》体例，虽不甚工整，但反映了康党对现政府的极端不满：

> 位不在高，有老则名，制不在新，有朽则灵。斯是新阁，惟吾得享。势力我独张，权衡我自操。谈笑惟三人，往来皆私丁。可以专政令、制百姓。有改革之形式，无立宪之真相。变态军机处，化形政务处。人佥云："何新之有？"[⑦]

贬损他人，往往在于抬高自己。《中兴日报》与《南洋总汇新报》不仅通过攻诋论敌的方式来抬高自己，还时常在行文中吹捧自己。河口起义期间，《中兴日报》屡次刊登诗歌，夸张地放大革命派取得的成功，一派革命即将成功的景象。"义师忽报连期捷，民贼当教一扫空"[⑧]、"从兹直捣黄龙府，四亿同胞庆再生"[⑨]，诸如此类的诗句，一方面表现了孙党的革命乐观情怀，另一方面也确实有点吹嘘的味道。《中兴日报》还曾刊登一篇名为《新西游》的短篇小说，以孙行者指代孙中山，以孙行者最终夺取了天宫暗喻孙党将取得最后胜利。[⑩]在《南洋总汇新报》的文艺类栏目里，我们也可以看到很多自我标榜的文章。比如，它曾以联语的形式表现自己战胜

---

① 虎军：《讣音》，《中兴日报》，1907年11月15日，第5版。

② 虎军：《捉庚》，《中兴日报》，1907年10月18日，第5版；虎军：《獐痴铜太不懂事》，《中兴日报》，1907年11月25日，第5版。

③ 虎军：《猪栏铭》（并序），《中兴日报》，1907年11月8日，第5版。

④ 猴史氏来稿：《猿功豹传》，《中兴日报》，1908年1月15日，第5版。

⑤ 猴史氏来稿：《猿功豹传》，《中兴日报》，1908年1月15日，第5版。

⑥ 《述政府之口头禅》，《南洋总汇新报》，1909年10月8日，第6版。

⑦ 《新内阁铭》，《南洋总汇新报》，1911年6月2日，第6版。

⑧ 望速成功者：《闻革命军捷报》，《中兴日报》，1908年5月27日，第5版。

⑨ 巩汉：《和鲁生原韵二绝》，《中兴日报》，1908年6月4日，第5版。

⑩ 《新西游》，《中兴日报》，1909年3月26日，第3版。

《中兴日报》[①]，自诩本报的小喽啰就能压倒《中兴日报》的大元帅[②]，并曾以小说体裁、用夸张的形式表现《中兴日报》记者对《南洋总汇新报》的畏惧[③]。

人们习惯把孙党报刊上带有政治色彩的新戏曲、粤讴、南音、龙舟歌等栏目称为"革命性的文艺"[④]，那么，康党报纸上同性质的文章又该怎么称呼呢？是不是可以称为"保皇性的文艺"？"革命性的文艺"也好，"保皇性的文艺"也好，因为都有很强的政治倾向性，我们不妨统称之为"政论性文艺"。文艺栏目的政论化值得我们重视，它使我们意识到，除了论说栏的互相征伐之外，文艺栏实际上也形成了互相攻伐的局面。

三、新闻栏中的意识形态

依常识，新闻栏只是对新近发生的事情作客观报道，只是陈述一个事实，不会有意识形态的东西掺杂其间。在《中兴日报》与《南洋总汇新报》的新闻栏里，确实有很多只陈述事实的新闻报道，但是，其中也不乏带有政治倾向性的新闻穿插其间，使读者在了解国内外时事的同时，不知不觉地成为孙党或康党意识形态的俘虏。

就《中兴日报》而言，其所刊登的新闻，常常会在客观公允的外表下面暗藏杀机。请先看该报1908年3月6日"内国"栏一则新闻的正文部分：

> （北京）北京消息云，满人椿碌，近诱骗同院街坊何瑞之十一岁幼女名爱子，诓入屋内，吓禁声张，硬行强奸。幼女啼哭，诉于父。何瑞愤甚，据情控之。现经满清官吏验明属实，惟对该满人尚未究办云。[⑤]

这则新闻陈述了一个诱奸案件，基本符合新闻的一般特点，不过对诱奸者所属民族的强调依然给人印象深刻，而末句"现经满清

---

① 照妖来稿：《战舰无用》，《南洋总汇新报》，1908年7月8日，第3版。

② 警：《文场战纪》，《南洋总汇新报》，1908年7月11日，第3版。

③ 劝：《吓坏留学生》，《南洋总汇新报》，1908年7月7日，第3版。

④ 温雄飞：《回忆辛亥前中国同盟会在美成立的过程》，《华侨与辛亥革命》，北京：中国社会科学出版社，1981年，第186页。

⑤ 《满人又强奸汉女》，《中兴日报》，1908年3月6日，第2版。

官吏验明属实，惟对该满人尚未究办”也给人想象的空间，令人觉得满清官吏可能会袒护本民族的作恶者。如果我们注意到该新闻的标题，则会进一步发现，该新闻并非简单地陈述一个事实。该新闻的标题是《满人又强奸汉女》，很显然，编辑这则新闻的“主笔”有意将这一事件与满汉矛盾挂钩，以此激起汉人的义愤，培养读者对满人的恶感，以利于孙党“排满兴汉”事业的进行。因此，仅仅从这则新闻的标题，我们已经可以很清楚地看到，这则新闻在陈述一个事实的同时，还在暗中灌输一种意识形态。当我们读完编辑“辟伪”为这则新闻写的按语，编者的用心就更加明白如画了：

> 辟按：满人之强奸汉女，岂仅一何爱子哉。自入寇中原以来，汉女汉妇之被其强奸以死者，不知凡几也。我闻满人强奸何爱子之事，我忆起满人入寇中原以来强奸我无量数汉女汉妇之事。以故，我益愤，我益提倡革命，我益大声疾呼曰：“排满！排满！”①

如果说这则新闻的标题暗示了满汉矛盾，新闻的主体在陈述事件本身的同时，也偷偷地强调了满人对汉人的欺凌和满人对满人的袒护，那么，按语则以一种非常直接的语气将这一案例与满清入关时强奸汉族妇女的历史相提并论，并观点鲜明地表明自己的反满立场。表明自己的反满立场，目的正在于引起读者的共鸣，使读到这则新闻的人产生满汉矛盾势不两立的联想，从而产生非灭此鞑虏不足以救中国的见解，变为孙党的同路人。

《中兴日报》里像《满人又强奸汉女》那样，表面上陈述一个事实，骨子里则鼓吹排满的新闻非常多，没有必要一一胪列。这种类型的新闻，往往会有一个或明或暗地包藏着深心的标题。正文部分看起来只是报道一个事实，但字里行间依然流露出对满人的厌恶，使读者容易生出对清廷的恶感。“按语”有时有，有时没有。如果有按语，则往往是一段正面的说教。即使没有按语，读者也可以从标题和正文里受到熏染，成为孙党意识形态的俘虏。

除了满汉矛盾的话语系统外，《中兴日报》的新闻还用种种方式来动摇清政府在人们心中的地位，希图引起人们对清廷的恶感。

---

① 《满人又强奸汉女》，《中兴日报》，1908 年 3 月 6 日，第 2 版。

从《中兴日报》的新闻栏中我们可以获致如下的印象：清朝大员对革命党充满畏惧，惟恐徐锡麟式的人物就在自己身旁①；清政府根本无心保护华侨②，其所派遣的领事也保护不了华侨③；清廷的立宪完全是欺骗汉人的，其所颁布的宪法是“岂有此理之宪法”④，其所颁布的立宪大纲是“非鹿非马”的立宪大纲⑤。这些新闻的言外之意很明显：既然清廷无心无力保护侨民，那么，南洋的华侨为什么还要对它忠心耿耿？既然清廷的君主立宪是伪立宪，那么，人们就应该起来探索民主立宪的真立宪。既然满清官吏都如此惧怕革命党，那么，革命党执政后肯定能比满清执政有威力。总起来说就是，人们应该相信孙党并支持孙党，一举推翻清廷，建立民主共和政体。

莫里斯（Charles Morris）的符号论或许可以借用来分析《中兴日报》新闻栏中的语言，因为很显然，语言是符号里非常重要的一种。莫里斯认为，所有符号都有所指性、评价性和规范性三种要素。所指性要素把人们引向具体的物体或特定的所指对象，评价性要素把人们引向所指物体的具体特质，这使得人们对物体作出评价或鉴定，规范性要素则使人们以某种方式作出反映⑥。仍以《满人又强奸汉女》一则新闻为例。在这则新闻里，“所指性要素”是满人春碌诱奸汉女这一事实，“评价性要素”是使人觉得满人可恶，而规范性要素则在于使读者产生仇满的心理，采取排满的行动。这也就证明了《中兴日报》在传播新闻的时候，确实有几个不同层次的意图：让读者知道某事只是最浅的一层意图，使读者产生对清廷的厌恶则是较深一层的意图，而以上两个意图都服从于更高一个层次的意图：使读者投身于反清的行列，或出资，或出力，以实现孙

---

① 《苦哉一般满奴之前途》，《中兴日报》，1907 年 8 月 23 日，第 2 版；《大员恐怖党人之状况》，《中兴日报》，1907 年 8 月 28 日，第 3 版。

② 《西贡华侨一斑》，《中兴日报》，1907 年 8 月 31 日，第 2 版。

③ 《此等领事果能保民耶》，《中兴日报》，1907 年 9 月 18 日，第 2 版。

④ 《岂有此理之宪法》，《中兴日报》，1908 年 9 月 17 日，第 2 版。

⑤ 《非鹿非马巩固专制之伪立宪大纲将出来臭人矣》，《中兴日报》，1909 年 9 月11 日，第 2 版。

⑥ ［美］斯蒂文·小约翰：《传播理论》，北京：中国社会科学出版社，1999 年，第 115 页。

党的政治理想。

《中兴日报》的新闻不仅对清廷有攻击性，对康党也时加袭扰。从《政闻社员即乱党》①、《政闻妖无请开国会资格》②、《梁启超末路可怜》③、《保皇党之含血喷人》④、《被梁启超污了革党二字》⑤、《阴界保皇》⑥ 等新闻标题中我们就可以看出，《中兴日报》刊发这些新闻，主要的目的不在于让人们了解相关时事，而在于培养人们对康党的恶感。和针对清廷的新闻一样，针对康党的新闻也会在新闻的主体部分暗藏杀机，在字里行间表现出对康党的鄙夷，有时也会有编者的按语，以更直接的方式攻击康党。如《政闻社员即乱党》一则新闻，其按语比正文部分要长一倍：

> 七月十七日有清谕云：近闻沿江沿海南北各省，设有政闻社名目，内多悖逆要犯，广敛资财，纠结党类，托名研究时务，阴图煽乱，扰害治安。若不严行查禁，恐将败坏大局。著民政部、各省督抚、步军统领、顺天府严密查访，认真禁止，遇有此项社伙，即行严拿惩办，勿稍疏纵，致酿巨患。云云。
>
> 按：政闻社员与保皇党朋比为奸，自外表观之，似为虏廷尽忠效力矣，无如虏廷之仇视更甚于革命党，盖虏廷早已洞悉其奸也。夫革命党名正言顺，以种族革命为目的，以民权主义为主义，欲驱逐胡虏，恢复山河，在虏廷视之，以为乱党，悬赏购缉，自在意中。不谓该政闻社员日以请虏廷之开国会为事，效忠于虏廷，可谓至矣尽矣，而虏廷竟以乱党仇视之，曰政闻社“内多悖逆要犯”，又曰“广敛资财，纠结党类，托名研究时务，阴图煽乱”，并有“遇有此项社伙，即行严拿惩办”之语。彼党之机关报尤以乱党骗财谓人，今无异自写其照也。哈哈，竟有（以）请愿书巴结虏廷之政闻社，而七月十七日之清谕亦指为敛财煽乱者。我华侨鉴诸。⑦

---

① 《中兴日报》，1908 年 9 月 3 日，第 2 版。
② 《中兴日报》，1908 年 9 月 8 日，第 2 版。
③ 《中兴日报》，1908 年 9 月 29 日，第 1 版。
④ 《中兴日报》，1908 年 12 月 1 日，第 1 版。
⑤ 《中兴日报》，1908 年 12 月 8 日，第 2 版。
⑥ 《中兴日报》，1909 年 2 月 26 日，第 2 版。
⑦ 《中兴日报》，1908 年 9 月 3 日，第 2 版。

这则新闻的正文部分是对清廷查封政闻社谕旨的抄录，而按语则充满火药味，一面对康党得不到清廷认可冷嘲热讽，一面对孙党的主张大加标榜。康党常讥讽孙党为乱党，按语则反唇相讥，说康党就是乱党；康党说孙党骗人钱财，按语则讽刺说，骗人钱财乃是康党的自我写照。

饶有兴味的是，有的新闻，其内容本与康党毫无关系，却也被编辑者附会到康党身上。

有一则新闻的正文部分如下：

> 坤甸新钉埠，赖某甲者，潮籍人也，平日以驾舢板为活，以勤以俭，积有余资。去年九月间迁往该埠开张什货生理，获利虽逊于昔，而握算持筹，居然商界中一流人物。邻居有张某乙之妻某氏，年方少艾，明眸皓齿，自是动人。惜前头鹦鹉，不敢少诉相思，然甲之一缕情魂，早被胭脂虎摄将去矣。于是日居月诸，淫心愈炽，遂于本月某夜，侦其夫外出，从狗窦潜往该氏房中。氏遽起呼贼，甲细语曰："勿作声，吾手中有和银十盾，任卿取携，乞一亲肌肤。"氏正色曰："吾岂贪人黄白物者？吾宁饿死，不愿作谓他人夫妇。若不速去，吾鸣捕差矣！"甲知志不可夺，复抱头鼠窜，从狗窦而出。①

对于这么一个故事，人们大概会想到用《贞妇可风》一类的标题比较贴切，但是，这则新闻的标题是《保妖闻之愧死》。这一标题显然与正文内容不合，但是，编者还是努力将两者挂上钩，于是，在上述正文之后加了这么一句："噫！区区一妇人，尚能辨别义利，彼保皇党认贼作父，日以诱骗同胞膏血为事，对此妇人，能无愧死！"在这里，是把康党之"变节"臣事满清与该新闻中那位妇女的守节形成对照，从而向康党发起攻击。

如何看待这类新闻？一方面，这类新闻的存在，表明孙党在想方设法找机会攻击康党；另一方面，这种传播方式的效果如何则颇可置疑，因为这类新闻本来与康党没有任何干系，虽然编辑者进行了一些附会，依然给人无中生有无根捏造的感觉。

与对清廷、康党展开讥评不同，《中兴日报》的许多新闻对孙党会在"不经意间"做一些宣传。孙党在 1907—1908 年间发起了

---

① 《中兴日报》，1909 年 10 月 6 日，第 2 版。

一系列武装起义，以今天的眼光看来，没有一次是取得成功的，但是，在《中兴日报》的新闻里，我们看到的全是好消息：《革命军之多助》说孙中山所获资助不下一千万，“其党军所得薪金甚优”①，《有两省价值之头颅》说清政府愿意以滇、桂两省向法国交换孙中山②，《革命党之价值》则说清政府悬赏20万缉拿孙中山③。这类新闻暗示孙党首领有影响力，神通广大。《清军又被革党击败》④、《革命军势如破竹》⑤、《革命军告捷》⑥、《革命军四次获胜》⑦、《钦军声势浩大》⑧ 这些标题真给人留下孙党无往不胜的印象。《钦州党军秋毫无犯》⑨、《革党文明主义之传播》⑩ 等新闻则刻意渲染孙党起义时之文明。《孙文与法吏》⑪、《法报赞颂革命军得胜》⑫ 等新闻则给人以孙党的反清革命已得到第三国认可的观感。

综合起来看，虽然新闻栏相对来说是比较中性一些的栏目，但是，《中兴日报》的新闻报道则为读者建构了这么一幅景象：清廷贪残无道，康党骗人钱财，只有孙党欣欣向荣，能够决定中国将来的命运。这幅图像，与《中兴日报》在政论文中所构筑的并没有什么不同。

下面来看一看《南洋总汇新报》的新闻栏。

首先我们看到，《南洋总汇新报》对孙党似乎颇为关注，在其新闻报道里经常会有孙党出现。但是，它的新闻栏里的孙党形象与《中兴日报》新闻栏里的孙党形象有很大不同，甚或可以说完全相反。从《中兴日报》的新闻栏里，我们看到的是孙党的蓬勃发展，

---

① 《中兴日报》，1908年3月2日，第4版。
② 《中兴日报》，1907年8月30日，第2版。
③ 《中兴日报》，1908年3月13日，第4版。
④ 《中兴日报》，1907年12月18日，第2版。
⑤ 《中兴日报》，1908年1月9日，第2版。
⑥ 《中兴日报》，1908年4月30日，第6版。
⑦ 《中兴日报》，1908年4月30日，第6版。
⑧ 《中兴日报》，1908年5月2日，第6版。
⑨ 《中兴日报》，1908年5月12日，第6版。
⑩ 《中兴日报》，1908年6月1日，第2版。
⑪ 《中兴日报》，1908年3月27日，第6版。
⑫ 《中兴日报》，1908年5月7日，第2版。

而从《南洋总汇新报》的新闻栏里，我们看到的却是孙党的衰败景象。如有一则题为《革党衰败之现状》的新闻，其内容如下：

> 某报云，今日革匪衰败更甚，因谈革命者多属无赖，人皆鄙之。现调查中国在外洋之革匪人数如下：旧金山约七百人，暹罗约三百人，窗斯哇约二百人，温哥华约三百人，安南约二百人，新嘉坡约二百人，东京、横滨约五十人，神户约五十人，斐列滨约六十人，巴黎约二十人，爪哇约四十人，伦敦约四五人。噫！革党衰败如是，将来声消迹灭，自在淘汰中，奈之何尚以邪说惑人也。①

从这则新闻里，我们看到的孙党自然是衰败到了极点。但是，我们有必要意识到，《南洋总汇新报》刊登这则新闻，不仅仅是为了让读者了解这一“事实”，更有其他深心在。如果我们继续借用莫里斯的符号理论，则不难判断，这则新闻的“所指性要素”是孙党之现状，“评价性要素”是引起人们产生孙党将“声消迹灭，自在淘汰中”的评价，而“规范性要素”则是要人们不支持孙党的事业，而支持康党的事业。

《中兴日报》标榜说，孙党举动文明，《南洋总汇新报》的新闻报道则暗示，孙党内部互相争夺小利②，在地方上又扰害治安③，甚至逛妓院都赖账④，一旦起事，还会给地方上的百姓和经济造成无穷的祸患⑤，哪里有文明的迹象？

《中兴日报》的新闻报道给人留下孙党节节胜利清廷束手无策的印象，《南洋总汇新报》的新闻栏报道则显示，清军不但镇压了孙党，还取得了一些颇有成效的根除措施⑥。《中兴日报》的新闻予人以孙党起事获得了大量外国认可的观感，《南洋总汇新报》的

① 《南洋总汇新报》，1909年7月8日，第1版。

② 《革党兴争》，《南洋总汇新报》，1908年9月7日，第1版；《哈哈革党争饭食》，《南洋总汇新报》，1909年2月16日，第2版。

③ 《又拿革命党》，《南洋总汇新报》，1909年4月26日，第2版，等等。

④ 《呵呵革命党之行为毕竟如是》，《南洋总汇新报》，1909年3月25日，第2版。

⑤ 《革命党之累人》，《南洋总汇新报》，1911年8月14日，第2版。

⑥ 《滇粤桂三省请办边匪之计划》，《南洋总汇新报》，1908年8月29日，第1版；《清除革党除此别无善法》，《南洋总汇新报》，1909年10月15日，第5版。

新闻则显示孙党的活动很容易引起外人干涉①，与法国军队更是屡起冲突②。

与《中兴日报》把一些跟康党原本没有干系的事情挂到康党名下一样，《南洋总汇新报》有时也把一些与孙党没有干系的事情算到孙党头上。如有一则题为《革党行骗之怪状》的新闻，其文如下：

> 吉隆坡流春阁校书陈意，年近花信，貌颇可人，近与黄德结不解缘，且订白头之约。黄固业种植为活者，血汗所嬴[赢]，积资不菲，亚意知之已久，故于月之十七日径往黄之菜园，邀黄到护署，为之脱籍。及到署时已正午，护署内人役等均回寓午膳，陈因亦回寓。旋有革党甲乙二人（甲已剪发易装者）同至黄寓，声言伊等系暗差，侦知陈已择主，惟并未将原日牌照缴销等语，多方恐吓，意欲索贿。陈不堪其扰，乃给银五员[圆]，使之去。甲少之，且谓衙门先生等亦须十员[圆]八员[圆]。陈给至六员[圆]，甲亦不允，卒予至十员[圆]然后去。有顷，适黄之邻居巫人乌毛诣黄寓，乌毛前曾充暗总差，今受太平粮者。黄告以故，乌毛默念暗差岂敢如此猖獗，乃带同黄、陈二人至暗差巡捕所诉之于暗差长。暗差长问陈能否认识其人，陈答云能认识，并将其面部一一说出。暗差长乃传集各暗差到署，令陈认识。陈一一认识，并无其人。华暗差长即带同黄、陈二人至护署，将各员役认识一遍，当场指出某甲为行骗索贿之人，即被逮。当黄、陈至署时，并有其邻居乌毛之妇同行，甲见妇即私语曰"昨日索贿事，万求秘密不宣，事后当以廿员[圆]为报"等语，不转瞬已被陈指出。昨日到裁判所问官，展期十月八号即八月廿四然后研讯。闻乌毛妇出而为之证。果尔，甲恐难免于罪矣。噫！革命党之行骗，岂特甲一人已哉！此不过略见其端耳。③

很显然，勒索钱财的两个人是护署的员役，而不是什么革命党。这则新闻认定两人是革命党的唯一证据是某甲已经"剪辫易装"，这

---

① 《革命亦为外人干涉耶》，《南洋总汇新报》，1908年9月9日，第1版。

② 《革党与法兵复起冲突》，《南洋总汇新报》，1908年10月2日，第1版。

③ 《南洋总汇新报》，1909年10月5日，第3版。

当然是不足为据的。

总体来看，《南洋总汇新报》新闻栏的有关报道，不仅解构了《中兴日报》新闻栏为孙党建构的形象，而且重构了一副孙党的形象。重构的孙党形象与《中兴日报》所建构的孙党形象形成了鲜明的对比，没有战斗力，没有外国援助，招来干涉，破坏秩序，骗人钱财，且一日比一日衰败颓弱。

孙党的事业日渐衰败，那么康党的事业又如何呢？《南洋总汇新报》的新闻栏向我们展示的是康党事业的如日中天。康党事业的核心，在于通过君主立宪实现民权政治，而从《南洋总汇新报》的新闻栏来看，君主立宪的形势一片大好。自改名为《南洋总汇新报》第一日起，该报就在“祖国”栏内用大量篇幅报道国会问题，关于国会问题的新闻有时会占去“祖国”栏的大部分篇幅。如1908年7月22日该栏共有新闻11条，其中国会问题占9条，同月27日该栏有新闻11条，其中国会问题占10条。“祖国”栏而外，“州府”栏内也常常有南洋各埠侨民要求速开国会的报道①。该报新闻栏中有关国会问题的报道给人留下的印象是，权贵中有人主张开国会，地方大员中有不少人电请开国会，各地绅民更是掀起了请愿速开国会的浪潮，甚至连北京城里的各国公使也希望中国早日立宪②，海外各埠的侨民也在纷纷要求速开国会，国会的召开、宪政的实行似乎已是指日可待的事情。有意渲染立宪为时代的潮流，其用心是多方面的，一则借居庙堂之权贵、地方大员以及各地绅民的速开国会消息在华侨面前展示国内立宪的蓬勃趋势，诱导华侨支持这一事业；一则借海外各埠侨民的速开国会主张以及外国人士的观感向清廷暗示，速开国会实行宪政乃是天下民心之所向，只有顺此民意，才能确保长治久安；一则借上下同心推行宪政的各类消息打击孙党。

对于清廷，康党确实有必须借重之处，所以《南洋总汇新报》涉及清廷的新闻，行文往往比较客气，不像涉及孙党时那般火气

---

① 如《吉隆坡商会电请速开国会》，《南洋总汇新报》，1908年7月25日，第1版；《吡叻为要求开国会事会议详志》，《南洋总汇新报》，1908年8月10日，第1版。

② 《驻京各公使盼望立宪》，《南洋总汇新报》，1908年10月20日，第1版。

大。并且，鉴于当时的华侨多心向清廷，将自己打扮成“体制内”人员的样子，比以叛逆的形象出现更容易获得华侨的支持。但是，由于康党毕竟是逋逃之客，清廷的许多施政举措每多与其政治主张抵牾之处，官场的黑暗也多有令其不堪忍受的地方，因而，在《南洋总汇新报》的新闻栏里也常常会出现暗讽清廷的新闻报道。如关于国会问题，对那些赞同速开的官员，《南洋总汇新报》的新闻报道里往往会流露出赞赏之情，而对于反对开国会或主张缓开国会的官员，则会毫不留情地加以攻诋。于式枚曾数次上奏朝廷，主张缓开国会，《南洋总汇新报》便对他不客气，曾以“按语”的方式加以贬斥，说他“富贵热中，丧心病狂”、“胡言乱语”①。资政院开议之后，其工作多有令人不满意的地方，《南洋总汇新报》上所刊登的关于资政院的新闻便多有贬损之词，《资政院之大笑话》②、《气象凄凉之资政院》③、《支支节节之资政院》④、《瓦缶雷鸣之资政院》⑤ 等新闻无不表达了这种倾向。

对于官员的贪鄙、朝政的腐败，《南洋总汇新报》上的新闻栏也多有报道。如在 1909 年 8 月 3 日的新闻栏里就刊登了 6 则反映官场腐败的新闻⑥。这样的新闻频繁出现，容易引起人们对现政府的不满。不过，《南洋总汇新报》并无意帮孙党造势，他们在新闻及其他文体中攻击现政府，目的在于向人们表明现政府无人，只有起用戊戌党人，尤其是流亡海外的康党，才能将国家治理好。

综上可知，在《南洋总汇新报》的新闻栏文章里，也同样有很强的意识形态性。在表面客观的新闻栏报道背后，深藏着贬抑敌对势力、抬高康党的用心。和《中兴日报》的新闻报道所暗示的只有孙党才是中国的希望不同，《南洋总汇新报》的新闻报道在字里行间提醒人们，孙党是无用的，清廷是无能的，只有康党才是中国的

---

① 《南洋总汇新报》，1908 年 7 月 22 日，第 1 版。
② 《南洋总汇新报》，1911 年 2 月 3 日，第 6 版。
③ 《南洋总汇新报》，1911 年 2 月 6 日，第 6 版。
④ 《南洋总汇新报》，1911 年 2 月 7 日，第 6 版。
⑤ 《南洋总汇新报》，1911 年 2 月 11 日，第 6 版。
⑥ 这六则新闻是：《袁杨其终亡家破产乎》、《腐败首屈一指之学部》、《北京之嫖界》、《著名之衣食衙门》、《瑞良运动老庆之得法》、《河南大宪多病夫》，见《南洋总汇新报》，1909 年 8 月 3 日，第 3 版。

救星。

本来应该是相对中性的文艺栏和新闻栏的文章尚且如此充满火药味，努力宣扬本党的“主义”并向敌人投以“带毒的标枪”，政论性栏目中的文章自然会更加富有“战斗性”了。如此一来，我们似乎可以得出结论，在论战中的《中兴日报》与《南洋总汇新报》上，其实没有绝对中立的版面，没有绝对中立的文章，论战期间的这两份报纸上的文章，充满了“暴力倾向”。

下面，我们将集中探讨政论性栏目中所展现的围绕着宪政道路而展开的论争。

第四章　孙康两党关于宪政道路之争（上）

一、根本分歧：君宪还是民宪

在结束君主专制之后，中国是走君主立宪之路还是走民主共和之路，是孙、康两党之间的根本分歧。作为两党的机关报，《中兴日报》与《南洋总汇新报》分别为两党的政治目标鼓吹，一主张民主共和，一主张君主立宪，形成两军对垒的局面。关于这一问题的辩论是从《中兴日报》批判《政闻社宣言书》开始的。

《政闻社宣言书》是政闻社的纲领性文件，刊于《政论》第一期。该宣言书结合时势说明了成立政闻社的原由，并宣布其四条"主义"：实行责任制度建设责任政府、厘定法律巩固司法权之独立、确立地方自治正中央地方之权限、慎重外交保持对等权利。最后宣言书还表示，政闻社愿意不断壮大，成为一大政党，或与其他政治团体结合组成一大政党，推动中国立宪政治的发展。①

《中兴日报》所登批驳《政闻社宣言书》的文章是《驳政闻社宣言书》，洋洋八千言，共驳斥了《政闻社宣言书》中的 13 种说法，但对宣言书的四条纲领则未一一辩驳，对政闻社给自己的定位也无所置评，因此依然显得针不对锋，文不尽意。总体来看，《政闻社宣言书》的每一个论证都指向一个论点：不要排去君主，可以在保留君主的情况下实现宪政，而《驳政闻社宣言书》的每一个论证都指向另一个论点：必须排去君主，实行共和，才能得到真正的

---

① 《政闻社宣言书》，见张枬、王忍之编：《辛亥革命前十年间时论选集》（第二册下卷），北京：生活·读书·新知三联书店，1963 年，第 1055～1064 页。

宪政。康党立论的基点是，将君主和政府分开，让人们把矛头指向政府，让君主躲在众矢之外，从而保存君主。而孙党立论的起点则是，将专制君主和恶劣政府捆绑在一起，视政府为君主的代理人，因此，要改造政府，必先排去君主。

刊发《驳政闻社宣言书》的时候，《中兴日报》与《南洋总汇新报》尚未开战。与《南洋总汇新报》交手之后，《中兴日报》也常常批判君主的合理性，认定不论是哪一民族的人为皇帝，都必须排而去之，实行共和，君主立宪的方案是荒谬的①，君主是不会给人民让权的②。不容许有任何君主存在，意味着必须革命，且在革命之后只能实行民主共和而不能推行君主立宪，这也就否定了康党的政治方案。于是，康党阵营中有人站出来，为本党的政治方案辩护，试图以“力”的分配来证明，君主专制和民主共和都不及君主立宪，君主立宪是最为美善的制度：

> 且国家之大力有三，曰权力，曰才力，曰财力。专制之国，三力皆聚于上，共和之国，三力皆操于民，立宪之国，上操其一，而民操其二，上以其一而制民，民以其二而制上，上下相制而得其平，此国家之所以强也。③

就这样，作者一拳打倒君主专制，一拳打倒民主共和，而只拥抱君主立宪制度。这种情形与《民报》、《新民丛报》论战时有所不同。《民报》与《新民丛报》论战期间，双方都表现了民主立宪优于君主立宪的倾向。

孙党还从世界潮流的趋势入手立论，认为在20世纪国民的权利自由应当得到圆满解决，各国立宪之事都倾向于民主，因此，在中国实施民主立宪制度乃是“时势所趋、公理所在”④。

关于时势的问题，康党虽然没有反驳孙党所说的世界各国立宪的潮流趋向于民主立宪这一点，但他们却从国内的形势得出结

---

① 燃：《皇帝》，《中兴日报》，1908年11月11日，第1版；欧：《新年之感言》，《中兴日报》，1909年1月27日，第1版。

② 诘奸：《平民与君主》（续），《中兴日报》，1909年4月28日，第1版。

③ 平实：《论国民宜预备实力以救国》，《南洋总汇新报》，1908年9月17日，第1版。

④ 绍轩：《满清立宪实成专制》（五续），《中兴日报》，1909年1月16日，第2版。

论，说当日之时局是救亡的时局，在此时局之下，只可立宪救国，绝对不能走革命共和的道路。① 他们还争辩道，那时的民心，并不像孙党所宣称的那样倾向于革命，而是倾向于君主立宪的②，举国上下当时都已知道立宪的好处，相信君主立宪足以起衰救亡③。

不过，虽然“君宪”、“民宪”的道路之争构成两党分歧的根本之点，双方在《中兴日报》与《南洋总汇新报》上的论战都是围绕这一点展开的，但如同双方在别处的论战一样，其论战的文章，从学理的层面入手讨论“君宪”、“民宪”两种政体优劣的甚少，而基本上是借用时事和感情作鼓吹。在“君宪”问题上，集中于争论国会的优劣和可否通过请愿实现速开国会；在“民宪”问题上，则集中于争论革命是否必要以及通过革命是否可以实现预期的目标。虽然召开国会在当时被视为君主立宪政体的最关键部分，而革命的目标则在于民主共和，但论战中忽视学理的倾向还是使论战容易陷入意气之争。以上是双方在《中兴日报》与《南洋总汇新报》上论战的主体，是本章专门讨论的对象。另外，双方的论战还涉及政党问题，以及究竟是由于追求“君宪”还是追求“民宪”造成了当时的瓜分危局、究竟是追求“君宪”的康党还是追求“民宪”的孙党有功于中国的历史并代表中国的方向。这三个论题，可以说是两党论战的偏锋，意气的成分更多，学理的成分更少，我们将在下一章加以讨论。关于两党论战的胜负与意义，我们也将在下一章发表自己的意见。

二、关于君主立宪问题的论战

（一）康党的国会万能论与孙党的驳斥

清廷在 1906 年宣布“仿行宪政”的国策之后，国会问题成为人们关注的一个焦点。由于清廷没有宣示开国会的时间，从 1907 年开

① 平实：《论今日时局止可立宪救国万无革命之理》，《南洋总汇新报》，1908 年 9 月 5 日，第 1 版。

② 灭胡：《中兴报记者之愚谬》，《南洋总汇新报》，1908 年 9 月 7 日，第 1 版。

③ 勇：《正告反对国会者》，《南洋总汇新报》，1908 年 9 月 18 日，第 1 版。

始，便有人上书请愿，要求速开国会。作为康党的机关报，《南洋总汇新报》为了呼应请愿速开国会风潮，积极地担负起鼓吹手的任务，大肆渲染立宪制度的好处和速开国会的必要。在这种宣传之中，康党表现出了明显的国会万能论倾向，引起孙党的驳难。

1908 年 7 月 8 日，《南洋总汇新报》刊登了一篇题为《敬告国民宜以全力要求国会》的论说，认为从 19 世纪末开始帝国主义飞扬跋扈，在这种情势之下，要想立国于“上天下地之间”，就必须开设国会。如果不开设国会，则“纵使励精图治，百度维新”，也只是“雕文龙于朽木，只驱其腐，筑高台于松壤，只速其倾”，无法达到救亡、强国的目的。① 7 月 29 日，该报刊登了同一作者的另一篇鼓吹国会的论文。在这篇文章里，作者特别强调中国时局的危急，而要挽救时局的危亡，只有速开国会一条路行得通：“中国时至今日，如孤军被陷于重围，非国会不足以免溃败；如孤舟遇飓风于大海，非国会不能以达彼岸。国会之期限一日不决，即中国之命脉一日不安。”② 显而易见，康党为了实现自己的政治抱负，把通过速开国会以实现君主立宪政治说成是挽救时局危亡、促进国家富强的一味良药了。

1908 年 8 月 1 日到 8 日刊登的《论国会之趋势》一文对国会的宣传更加露骨，表现出明显的国会万能论倾向。一则说“国会者富强之基础也，治安之本原也，国会立则宪政可成，宪政成则百废俱举”，再则说“国会之成立，可以转弱为强，由贫致富，拨乱反治，举危措安，内之可以防煽乱之莠民，外之可以救外交之失败，近之可以挽阂隔之颓风，远之可以结涣散之团体，如饥者之得食，如寒者之得衣，如枯木之逢春，如久旱之时雨”③。在作者笔下，只要国会一成立，“征兵之举，指顾可成，海军之捐，顷刻而集”④。总

---

① 甲：《敬告国民宜以全力要求国会》，《南洋总汇新报》，1908 年 7 月 8 日，第 1 版。

② 甲：《敬告主张国会者》，《南洋总汇新报》，1908 年 7 月 29 日，第 1 版。

③ 锄：《论国会之趋势》，《南洋总汇新报》，1908 年 8 月 1 日，第 1 版。

④ 锄：《论国会之趋势》（五续），《南洋总汇新报》，1908 年 8 月 7 日，第 1 版。

之，“中国今日，欲求所以救亡之策，舍国会其末由矣”①。这种对国会的热情确实有些过火，近乎宗教的狂热。

对康党的这种狂热，孙党浇之以冷水。胡汉民的《驳总汇报论国会之趋势》就是专门针对《论国会之趋势》而作的。文章一开头就批评《论国会之趋势》“以国会为万能”的毛病，并给它下了一个总评：“该论全文，颠倒错乱，无条理之可言，但闻一片嚣声，狂呼开国会之有益与反对者之为害而已。”② 说该文颠倒错乱、无条理可言，这并不正确，因为此文条理十分清晰，说理也能自成一家之言，行文也颇优美可读，富有煽动性。不过，说它全文的核心在于“狂呼开国会之有益与反对者之为害”则是非常准确的，说它有以国会为万能的毛病也是切中要害的。

不过，孙党的驳斥并没有使康党有所收敛。他们继续鼓吹道：“欲救中国今日之危亡，惟有速行立宪，上下一心，改良政治，以固国家之基础，庶足以图存。”③ “今日欲强中国以弭瓜分之惨祸，惟有速开国会以改良政治而已。”④ 从 8 月底开始刊登的《论定期开设国会为中国自强之基础》一文从国会与政府之关系、国会与军事之关系、国会与国家财政之关系、国会与君主之关系四个方面入手，洋洋洒洒万数千言，论述了国会与富强之间的关系，国会万能论的倾向一仍其旧。

《论定期开设国会为中国自强之基础》还没有刊完，孙党即加以痛诋，《正总汇报定期开设国会为中国自强之基础》一文劈头就是一句：“国会者，为关于一国政治法律事件之提议或决议者也，自强者，为能以武力屈服他人者也，国会与自强，可谓风马牛之不相及。”⑤ 给了康党的国会万能论当头一棒。

---

① 锄：《论国会之趋势》（六续），《南洋总汇新报》，1908 年 8 月 8 日，第 1 版。

② 去非：《驳总汇报论国会之趋势》，《中兴日报》，1908 年 8 月 10 日，第 2 版。

③ 勇：《驳中兴报论革命不致召瓜分之祸》，《南洋总汇新报》，1908 年 8 月 18 日，第 1 版。

④ 勇：《驳中兴报论革命不致召瓜分之祸》（三续），《南洋总汇新报》，1908 年8 月 22 日，第 1 版。

⑤ 宅仁：《正总汇报定期开设国会为中国自强之基础》，《中兴日报》，1908 年 9 月 16 日，第 2 版。在正文里，作者具体从国会地位的局限性、众议院与贵族院及内阁之间的冲突、众议院之失势等方面说明国会绝不如康党所说的那般神妙、与一国之自强有那么大的关系。

君主立宪是康党为中国开的一剂救时药方。无疑地，康党对这一“药方”的“疗效”是深信不疑甚至有些迷信的。康党认为中国当日的贫、弱、乱、亡等“病症”，只要引进君主立宪制度，颁行宪法，召开国会，便可“药”到病除。这种观点显然有失偏颇，带有严重的“制度迷信”色彩。孙党对国会万能论的批判，表明它对这一“药方”的“疗效”不怎么看好，甚至有些不屑一顾。

（二）“要求”还是“乞求”

康党为中国贫弱危乱的时局所开的药方是君主立宪，而他们所推出的促进君主立宪的方案则是“要求”。在与《民报》辩论期间，梁启超曾经提出：“我国民对于现政府所当行者，本有两大方针：一曰劝告，二曰要求。”① 怎么“要求”呢？他说：“吾惟悬一政治之鹄焉，得此则止，不得勿休。有时对于彼几谏焉，如子之于其父母；有时对于彼督责焉，如父母之于其子。然此犹言而已，若其实行，则对于彼而要索焉，如债权者之于债务者，不得，则尽吾力所能及，加相当之惩罚以使之警”。② 也就是说，为了实现君主立宪的政治目标，要反复进谏，不断“要求”。《民报》认为这种方式是不可能有好结果的，汪精卫撰文说：“夫要求者有所挟而求之谓也，故凡言要求，必有实力。要求之际，实力固已具矣，特未发现耳。要求而不获，则实力遂显。是故要求云者，其表面为请愿书，其背面则哀的美敦书也。”③ 汪精卫认为，“要求”必须以实力为后盾，表面上为请愿书，骨子里则是最后通牒，这样才能有效果，如果像小孩子对父母一般，则不是“要求”而是“乞求”，而如果像父母对子女、债权人对债务人一般，那就必须有相当的实力，但是，“论者试思今日人民对于政府力足以制之否？力不足以制而言要求，能有效乎？”④ 因此，“要求”的手段是行不通的。

《中兴日报》创刊后，也大力非难康党的“要求主义”。梁启超

① 梁启超：《答某报第四号对于本报之驳论》，《新民丛报》，第 79 期，1906 年 4 月，第 48 页。

② 《开明专制论》，《新民丛报》，第 75 期，1906 年 2 月，第 47 页。

③ 精卫：《驳新民丛报最近之非革命论》，《民报》第 4 号，第 35 页。

④ 精卫：《驳新民丛报最近之非革命论》，《民报》第 4 号，第 36 页。

在讨论“要求”的时候曾经说过这么一句话：“要索必当量彼所能以予我者，夫然后所要索为不虚。”① 孙党驳斥道，这种说法表明梁启超是在请求、乞求、哀求，而不是在要求，真正的要求，在实质上与革命无异：“以俗语解之，革命则直兵之，要求则先礼而后兵耳。”② 他们带着讥讽的口气说，“保皇妖党”的“要求主义”是卑贱对尊贵、仆隶对主人用的方法，用这种方法的人是自甘为卑贱、自甘为仆隶的。③ 汪精卫反复申述他在《民报》上驳斥梁启超时所提出的要求“是有所挟而求”，要求一定要有武力作后盾，否则会沦为乞求的观点。④ 他还从满汉矛盾的角度立论，认为要求有“三不可”⑤，并拿“要求”与“革命”相比，认为用要求的方法必然无法实现立宪的目标，因为其一，革命只须得到全体国民的同意，而请愿则不仅要得到国民的同意，还要得到政府的同意⑥；其

① 梁启超：《开明专制论》，《新民丛报》，第 75 期，1906 年，第 47 页。

② 龙腾：《驳政闻社宣言书》（八续），《中兴日报》，1907 年 12 月 11 日，第 2 版。饶有兴味的是，后来徐勤在《论革命必不能行于今日》中也表达了和梁启超在《开明专制论》中相同的观点：“且夫要索之道，当量彼能予我，然后要索之愿乃可偿。”见《南洋总汇新报》，1908 年 7 月 11 日，第 1 版。对于徐勤的这一说法，《中兴日报》没有专门驳论，大概是因为徐勤此文的其他方面吸引了孙党的注意力吧。

③ 辟伪：《一般抱要求主义以争捕权路矿权者盍悟》，《中兴日报》，1908 年 1 月 9 日，第 2 版。另一作者也贬低持“要求主义”的人的品格，称他们是“无耻之辈，醉心利禄，哀乞立宪”。帝民：《葡王被杀与满政府之惊恐》，《中兴日报》，1908 年 3 月 5 日，第 2 版。

④ 精卫：《正保皇党之罪》，《中兴日报》，1908 年 8 月 26 日，第 2 版；精卫：《要求开国会者宜有最后之武力》，《中兴日报》，1908 年 10 月 10 日，第 1 版。

⑤ 汪精卫关于要求立宪“三不可”的观点大致如下：260 年前清国就像今天的俄国、法国、日本一样是中国的“外国”，如果今日向清廷表忠顺要求立宪，则他日也可以向俄国、法国、日本等国表示忠顺。忘记中国是中国人的中国，不可。要求立宪者认为立宪可以调和满汉两族的感情，但满人以少数而居于统治者的地位，汉人以多数而处于被压制的地位，两族绝无调和之理。须先解决种族间的矛盾而后方可立宪，欲借立宪调和种族感情，不可。即使满汉能融合，也需要相当长的时间才能做得到，但今日中国之危亡问题必须在最短的时间内解决。想用要求立宪的方法来挽救民族的危亡，不可。见精卫：《申论革命绝不致召瓜分之祸》（十七、十八续），《中兴日报》，1908 年 8 月 7、15 日，均第 2 版。

⑥ 精卫：《忠告联名上请愿书于满洲者》，《中兴日报》，1908 年 9 月 3 日，第 2 版。

二，革命是凭实力进行的，而请愿则徒“托空言”[1]。田桐曾以土耳其革命的事例说明在中国决不可走要求立宪的道路[2]，另一位作者则在陈景仁事件后振振有词地说，自从有“请愿开国会”一词出现，他就料到请开国会的结果只有两种可能，或政府曲从民意，召开有名无实的国会以粉饰国人，或对请愿者加以干预朝政的罪名严加申斥[3]。不论是哪种结果，都得不到真正的立宪政治。“要求主义”不仅不能使中国得到良善的政治，解救当时中国的危亡，甚至还会召来瓜分的惨祸。[4]

孙党对“要求主义”的猛烈攻击容易对读者产生影响，使读者不支持康党的事业，这对当时如火如荼的请愿速开国会运动是不利的，因此，康党一再在《南洋总汇新报》上刊发文章，捍卫“要求主义”，驳斥孙党对请愿运动的非难。

孙党丑化“要求主义”，称之为“乞求”，康党则争辩说，国民合力要求、上书请愿，是向政府表示国民想速开国会的意见。这种表达是非常重要的，能向政府表明，国民的智识已经开通，不可再坚持专制的作风。“未有全国民之心理咸反对政府之专制，而政府孤立于上，犹可以支撑其专制之末运者”[5]，请愿不是乞求，而是革专制之命的利器。

孙党攻击要求者的人格，康党则说，破数千年专制之旧风，易之以宪政，这是非常之事，“非常之事，倡之者必为非常之人，行之者必有非常之识”[6]，言下之意很明显，请愿速开国会者就是那“有非常之识”的“非常之人”了。在康党笔下，请愿速开国会者

---

① 精卫：《忠告联名上请愿书于满洲者》（再续），《中兴日报》，1908年9月7日，第2版。

② 恨海：《土耳其革命大成功》（下），《中兴日报》，1908年7月31日，第2版。

③ 棣：《陈景仁之被革与请开国会之失败》，《中兴日报》，1908年8月17日，第5版。

④ 精卫：《申论革命绝不致召瓜分之祸》（十八续），《中兴日报》，1908年8月15日，第2版。

⑤ 勇：《论国会与乱党之关系》，《南洋总汇新报》，1908年8月12日，第1版。

⑥ 锄：《陈景仁之革职不足为国会阻力》，《南洋总汇新报》，1908年8月13日，第1版。

都是品格高尚、志行坚定的人："艰难险阻，已在意中，富贵功名，置之度外。……孔子所谓求仁得仁者，何以过耶？"[①]

汪精卫从满汉矛盾的角度立论提出要求立宪有三不可，康党则根据自己所抱持的民族观加以驳斥，认为汪说无一成立，针锋相对，据理力争。[②] 孙党说用要求、请愿的方式肯定得不到好结果，康党则指出，要求立宪已经成为人们的共识，"翕然从风"[③]，大势已成。只要坚持要求，"强聒不舍"[④]，就终有达到目的的一天。

总体来看，康党对"要求主义"的捍卫是有一定道理的。在中国由"秦政"到宪政的转轨途中，不论是逃亡海外的康党还是国内的士绅，都作出了自己的贡献。他们中间，确实有众多品格高尚的人士，真诚地想以请愿的方式和平地颠覆几千年来的专制政治，为早日在中国实现宪政而奔走呼号，孙党对他们人格的否定是失之偏激的。而且，就当时的形势来看，和平请愿的方式也确实有成功的希望，而并非孙党所说的那样前景黯淡。不过，孙党反复致意的应凭借实力以实行要求的主张是颇有见地的，确实点到了和平请愿的要害。部分地是由于论战的影响，也许更重要的是时势使然——1911 年 5 月，"皇族内阁"出台，国内外的"要求主义"者大失所望——在 1911 年 7 月 28 日的一篇文章里，康党不再提"要求"政府立宪，而用了"逼"政府立宪这一说法。[⑤] "逼"与"要求"相比，显得火药味强多了，有点接近孙党在辩论中所主张的以实力为后盾的要求了。

三、关于革命共和问题的论战

（一）革命的理由，不革命的理由

孙党提出需要革命的理由有两个：一个是从"革专制之命"的

---

① 锄：《陈景仁之革职不足为国会阻力》，《南洋总汇新报》，1908 年 8 月13 日，第 1 版。

② 勇：《驳中兴报论革命不致召瓜分之祸》（五续），《南洋总汇新报》，1908 年 8 月25 日，第 1 版。

③ 锄：《论国会之趋势》，《南洋总汇新报》，1908 年 8 月 1 日，第 1 版。

④ 勇：《论国会与乱党之关系》，《南洋总汇新报》，1908 年 8 月 12 日，第 1 版。

⑤ 《代论》，《南洋总汇新报》，1911 年 7 月 28 日，第 2 版。

角度出发，认为要得到美善的宪政，必须实行革命，另一个是从“革异族之命”的角度立论，认为满人入关表明中国已亡国，必须恢复汉人的国家。对这两个理由，康党都进行了一定的辩驳。

先看“革专制之命”的问题。

要不要因为专制而革命？孙、康两党的态度针锋相对。从刊登于《中兴日报》与《南洋总汇新报》的文章来看，两党之所以会在这一问题上给出完全相反的答案，与他们所持的自由观念的微妙差异有关。孙党基本上持自然权利说，认定人的自由权利是与生俱来的，是“天赋”的①，康党则不怎么认可自然权利说，认为自由并不是由“天”赋予的，而是由法律赋予的②，因而特别强调制度的重要性，鼓吹从制度方面保障人的自由权利。在他们看来，立法、司法、行政三权分立的制度安排足以发展国民的权利，裁抑政府的专横③，议院制度、自治制度等都是用来保护人民的自由的④，这正是他们大力鼓吹在中国早日实现立宪制度的思想基础。

孙党则不这么认为。在他们看来，中国的“君权专制政体”强固于西方各国，西方各国尚有“自由”一词，而中国则连“自由”一词都没有。“中国人种有进步，而教育能改良，习尚能废革，一切可换新面目，足以自存其种者，全赖自由之发达”⑤，而要想自由发达，就必须毁灭君权，重塑人民的灵魂，因为以中国君主专制的传统，可知君主绝对不会容允人民有自由，人民的自由不可能在君权尚存的情况下发达起来。这样，为了人民的自由，就必须推翻专制君主。

孙党由自由问题而主张革命的另一说法是，自由，除个体的自由之外，还有民族的自由。满人入主中原，夺了汉民族的自由，必

---

① 帝民：《清政府之限制华侨》，《中兴日报》，1908年5月5日，第2版；欧：《新年之感言》，《中兴日报》，1909年1月27日，第1版。

② “自由权者，绝非若自然法派所谓未有国家以前天赋之自由，亦非若生理学上所言人间动作之自由，盖自由权之实质范围无不由法律规定而成，个人对国家之自由经国家之承认而成为法律上之自由，故特载于神圣不可侵犯之宪法。”秀：《论法律与自由权之关系》，《南洋总汇新报》，1909年7月27日，第2版。

③ 勇：《论定期开设国会为中国自强之基础》（四续），《南洋总汇新报》，1908年9月17日，第1版。

④ 望：《论地方自治》，《南洋总汇新报》，1909年4月9日，第1版。

⑤ 燃：《皇帝》，《中兴日报》，1908年11月11日，第1版。

须推翻满清的统治，以恢复汉族的自由，这样，人民的自由权利才会有保障。[①] 孙党这种在汉族自由的名义下革满清之命的主张遭到了康党的驳斥。他们说，政治的好坏与哪一个民族执政没有关系。如果政治不良，即使是汉人操纵权柄也无济于事。今日中国，只要改良政治，速开国会就好，不要将矛头指向满族。[②] 要革命，也应当革除数千年来专制政体之命，而不必斤斤于革除满清之命。革专制之命的方法在于立宪，而不在于暴力革命。通过立宪，就能将君主的权力裁抑下来还给国民。[③]

从“革专制之命”一点的驳难来看，孙党的革去专制之命以恢复人民自由的论点显得振振有词，但康党的观点也并非全无道理，因为当时最大的问题确实是革除中国数千年来相沿袭的专制政治之命，而革专制之命的手段，从世界各国的情况来看，确实不一定要借助暴力革命。在保留君主的情况下推行宪政，用三权分立的方法防止权力集中，的确是革除专制之命的巧妙方法。

就“革异族之命”一点而言，孙党除上述在“自由”的名义下表明要革满清之命的理由之外，还提出了另外两条理由，一是在异族统治的情况下无法实行君主立宪，二是满人灭了汉人的国家，必须“光复”汉人的故国。

孙党的志士们认定，在一个国家只有一个种族的情况下，才有可能实行君主立宪，如果一个国家之内有两个或多个种族，则不能实行君主立宪，因为哪一个种族的人为君主，必定会对本族人偏心，而其他种族的权利就会受到侵害。[④] 他们认为，满清朝廷主持的立宪即使成功了，对汉人也是有害而无益[⑤]。如果说民主立宪与

---

① 绍轩：《自由幸福》（续昨），《中兴日报》，1909年2月3日，第1版；德如：《论自由》，《中兴日报》，1909年3月22日，第1版；诘奸：《平民与君主》（续），《中兴日报》，1909年4月28日，第1版。

② 勇：《驳中兴报论革命不致招瓜分之祸》，《南洋总汇新报》，1908年8月22日，第1版。

③ 勇：《论定期开设国会为中国自强之基础》（十一续），《南洋总汇新报》，1908年10月20日，第1版。

④ 昆仑：《天下古今之无廉耻当以今尚希望清廷立宪者为最》，《中兴日报》，1908年2月10、11日，均第2版。

⑤ 恨海：《泣告同胞之希望立宪者》（续昨），《中兴日报》，1908年3月21日，第2版。

君主立宪是程度关系，那么，要求满清立宪与创立汉人的民主政体则是“向背之关系”。① 立宪政治确实是好政体，但“舍种族而专言政治，亦犹画饼充饥、望梅止渴”②，是不会有好结果的。既然在多种族国家内不能实行君主立宪，那就只有用革命手段推翻异族专制君主了。

对于孙党这种一定要推翻满族统治而后在中国实行宪政的主张，康党自然无法苟同。他们指出，“种族相排论”是不可提倡的，这种论调会给国家带来祸患。③ 从西方各国的情况来看，以异族或小族之人为君主而得宪政善果者并不少见，那种满人为君不能立宪的说法是没有道理的。④ 今日的立宪，“为中国的立宪，既非满而亦非汉，事昭昭，理灼灼”⑤，又何必强分满汉？

孙党意欲通过“不同种族间不能行君主立宪”的说教来证明革命的必要，这种做法，在《民报》与《新民丛报》论战时就有过了。⑥ 不过，他们所说的并非完全在理。虽然康党所倡的立宪国的君位只相当于公司中的总办一说不甚贴切⑦，但像孙党那样胶执于异族君位更是不可取的。君主立宪和民主立宪是程度关系，在宪政这一本质上是相同的。与立宪政治构成向背关系的，很显然是专制政治，而孙党为了证明革命的必要性，非要说满人立宪与汉人立宪是向背关系。这种说法，不合乎宪政的精神，必然难以令人信服。

---

① 恨海：《民族精神与其制度之关系（附驳总汇报）》（续昨），《中兴日报》，1908年6月16日，第2版。

② 《无保皇则中国必强》（三续）（录《华暹新报》），《中兴日报》，1909年2月25日，第3版。

③ 吴冠英：《关于立宪融合种族之方法》，《南洋总汇新报》，1908年7月31日，第4版。

④ 亦市（徐勤）：《论革命必不能行于今日》（续前稿），《南洋总汇新报》，1908年7月9日，第1版。

⑤ 少民：《论组织政党为今日必要之理由》（续），《南洋总汇新报》，1909年7月21日，第2版。

⑥ 如汪精卫在《驳新民丛报最近之非革命论》中就提到了“不为种族革命者则不能立宪”的观点，见《民报》第4号，第12页。在《希望满洲立宪者盍听诸》（续第3号）中，汪精卫对此有较详论列，见《民报》第5号。

⑦ 亦市（徐勤）：《论革命必不能行于今日》（续前稿），《南洋总汇新报》，1908年7月9日，第1版。

相反，康党所说的立宪是中国的立宪，既不是满人的，也不是汉人的，倒是更加合乎情理。

孙党提出的另一条要革满清之命的理由是满人灭了汉人的国家，中国已亡国200多年，今日之中国早已不是汉人的中国，而是满人的“清国”①。既然已经亡国，那就应该“仇复九世”②，谋求复国，革命是不可避免的。《中兴日报》的刊行，就寄托了“中国当兴”的意思③。该报所鼓吹的一个重点，就是光复故国的“光复主义”④。对于孙党鼓吹的这种“亡国论”，康党痛下针砭。他们论道，中国自黄帝以来就是融合各民族而成的⑤，清王朝取代明王朝并不能算是一国消灭一国，因为满洲在明朝的时候是中国的领土，并未建立一个独立的国家。⑥ 他们指出，论敌错谬的根本点即在于认为入关前的满洲是一个独立的国家。⑦ 易代之际，桂王逃至缅甸的时候曾致函吴三桂，函中还称新朝、旧朝，可见明王朝至终都没有承认满洲是一个国家⑧。因此，孙党所倡的“亡国论”是不能成立的。他们还指出孙党在逻辑上的一个漏洞：既然说中国已经亡国，那么汉人就是无国之人，不应有国民的称谓，论敌的文章中又怎么一再出现“国民”一词？这岂不是承认中国并未亡国么？⑨

① 希侠：《警告华侨》，《中兴日报》，1907年11月20日，第2版；绍轩：《新年即作呓语耶——正总汇报与阅报诸君贺年书》，《中兴日报》，1909年2月1日，第1版。

② 友刀：《祝中兴报出版文》，《中兴日报》，1907年8月26日，第5版。

③ 天汉世民：《中兴报出版慨言》，《中兴日报》，1907年8月20日，第5版。

④ 豪侣：《丁未年本报之尾声》，《中兴日报》，1908年1月27日，第5版。

⑤ 亦市：《论革命必不能行于今日》（续前稿），《中兴日报》，1908年7月6日，第1版。

⑥ 勇：《斥中兴报》，《南洋总汇新报》，1908年8月27日，第1版。

⑦ 勇：《纠中兴报之奇谬》，《南洋总汇新报》，1908年9月1日，第1版。

⑧ 灭胡：《斥中兴报之狂吠》，《南洋总汇新报》，1908年9月5日，第1版。

⑨ 勇：《驳中兴报论革命不致召瓜分之祸》（五续），《南洋总汇新报》，1908年8月25日，第1版。勇的这一说法是针对汪精卫《申论革命绝不致召瓜分之祸》的第十七、十八续而作的，汪精卫在此文中讨论要求立宪之“三不可”，文中屡有“国民”一词出现。见《中兴日报》，1908年8月7、15日，均第2版。勇在《驳中兴报论革命不致召瓜分之祸》一文的五续稿中专门针对“三不可”，并指出汪精卫逻辑上的这一漏洞。

对于康党的驳斥，孙党进行了大量回驳①，不过所用证据多是《民报》的旧料②，在这里没有必要一一罗列。总之一句话，孙党认为康党的驳论是无效的，革命依然是不可免的。

孙党不仅持“亡国论”不放，还不停地鼓吹“第二次亡国论”。满清入关，中国已经亡过一次国了，现在满清朝廷已成了列强的傀儡，中国将从满人手里再次亡国，满清的亡国，就是汉人的第二次亡国。③ 为了避免第二次亡国，就必须实行革命，推翻满清的统治，然后再与列强作斗争。④

由“亡国”的问题又牵扯到“爱国”的问题。在孙党看来，既然中国已亡于满洲，则其爱国的含义就与别的国家有些不同。对于一般国家而言，爱国指爱现在的国家，对中国人而言，爱国则指爱已亡的国家。爱现在之国者谋进步，爱已亡之国者则

---

① 如汉民：《正总汇报之奇谬》，《中兴日报》，1908 年 8 月 28、29 日，均第 2 版；汉民：《驳总汇报惧革命召瓜分说》（再续），《中兴日报》，1908 年 8 月 22 日，第 2 版；汉民：《总汇报词穷之可怜》，《中兴日报》，1908 年 8 月 27 日，第 2 版；汉民：《再正总汇报之奇谬》，《中兴日报》，1908 年 8 月 31 日，第 2 版；精卫：《三告欲为驳论者》，《中兴日报》，1908 年 8 月 26 日，第 2 版；龙腾：《锄可谓全无心肝》（三续），《中兴日报》，1908 年 10 月 23 日，第 1 版。

② 如胡汉民在《再正总汇报之奇谬》一文中就自承所引都是“吾友韦裔君之作”。见《中兴日报》，1908 年 8 月 31 日，第 2 版。按韦裔在《民报》第 14、15、18 号刊登了《辨满人非中国之臣民》一长文，是孙党论证这一问题最详尽的一篇。思古《论满洲当明末时代于中国为敌国》（《民报》第 20 号）则专门讨论满洲为明之敌国的问题。对于康党指责的既然亡国就不得再有国民的称谓一问题，胡汉民解释说，虽已亡国，但仍称国民，这是从心理的国家不亡一义而说的，并建议论敌去读《民报》第 21 号上的《心理的国家主义》一文。见汉民：《总汇报词穷之可怜》，《中兴日报》，1908 年 8 月 26 日，第 2 版。

③ 龙腾：《急逐满虏为今日救亡之无二法门》，《中兴日报》，1908 年 1 月 24 日，第 2 版；虎军：《呜呼间岛》，《中兴日报》，1907 年 10 月 21 日，第 5 版；悲观：《呜呼中国复将亡于满人之手》，《中兴日报》，1909 年 11 月 4 日，第 1 版；德如：《中国人之特别思想》（续），《中兴日报》，1910 年 1 月 13 日，第 1 版；精卫：《申论革命绝不致召瓜分之祸》（十七续），《中兴日报》，1908 年 8 月 7 日，第 2 版；骥：《中国人今日宜重气节》，《中兴日报》，1909 年 11 月 20 日，第 1 版。

④ 龙腾：《驳政闻社宣言书》（续昨），《中兴日报》，1907 年 12 月 3 日，第 2 版；龙腾：《急逐满虏为今日救亡之无二法门》，《中兴日报》，1908 年 1 月24 日，第 2 版；绍轩：《警警亡中国之满清政府》，《中兴日报》，1909 年 9 月 9 日，第 1 版；德如：《中国人之特别思想》（续），《中兴日报》，1910 年 1 月 13 日，第 1 版。

应当谋光复。①

康党既然不苟同于孙党所说的满清入关代表中国亡国的说法，则对孙党据此而演化出来的“第二次亡国论”和“爱国主义”的种种观点自然都不会赞同。但可惜的是，在《南洋总汇新报》上却没有看到对这两个问题的驳难。

孙党由“亡国论”到“第二次亡国论”，且号召人们要爱已亡的“中国”，不要爱现在的“清国”，连篇累牍，听起来振振有词，实则并不在理。从历史的实际情况来看，显然如康党所驳论的，满清在明朝并非一个独立的国家，满清入主中原并不能算中国灭亡。孙党为了论证革命的必要，硬把清朝取代明朝说成是满人灭了汉人的国，又宣扬种族优越论，把汉人说成是“神明胄裔”，把满人丑化为“腥膻贼种”②，说他们“批毛戴角蠢如鹿豕”③，认为满人统治中国是劣等民族统治优等民族④。更有甚者，在种族优越论的基础上鼓吹种族灭绝论，叫嚷着要杀尽满人⑤。这种思想和言论是极端有害的。

（二）革命能不能得良果

孙党认定暴力革命是可以获得成功从而实现其民主共和的政治理想的。虽然现在人心未齐，但可以用激进主义的方式齐人心。人

① 精卫寄稿：《华侨之爱国心》，《中兴日报》，1908年1月4、6、7、8日，均第2版；精卫旅行寄稿：《爱国心与惧祸心之调和》，《中兴日报》，1908年12月17、28日，1909年1月14日，均第1版。

② 绍轩：《粤东之民气》，《中兴日报》，1909年9月16日，第1版。

③ 斧：《想入非非》，《中兴日报》，1907年8月20日，第5版。

④ 扑满：《有希望满清政府立宪热者盍听诸》，《中兴日报》，1909年10月16日，第1版。

⑤ 徐勤对这种种族灭绝主义有所批判：“使满人之仇而当复也，则亦歼厥渠魁，赦其协从可矣，岂有于五百万同国之人而可尽杀之耶？”见亦市：《论革命必不能行于今日》（续前稿），《南洋总汇新报》，1908年7月11日，第1版。不过，孙党中也有清醒之士，并非人人都有种族灭绝思想。如胡汉民就说：“使彼虏元凶大憝既伏其罪，则汉人之仇斯复，非必一一计量于扬州嘉定之被杀者而反诸虏族五百万人也。”见汉民：《总汇报强辨之可怜》，《中兴日报》，1908年8月24日，第2版。又说：“所谓排满，非必剪灭其族类之谓，乃不使统治之权握于彼族，以压制我汉人之谓也。”见汉民：《告吾国人之注意地方自治者》，《中兴日报》，1909年2月9日，第1版。

心一齐，势力自然充足。① 并且，与清政府相比，革命的势力是很充足的。清军饷项支绌、人才缺乏、调拨不敷，不识天时、不知地利、不得人和，革命军则有众多的响应军②，大有“大义日明、同声相应”的势头③。河口起义爆发后，孙党全力以赴地制造声势，说这次起义的响应军特别多④，革命军进展神速，“我军进攻北京，直破虏巢，指顾间事耳”⑤，一派革命即将成功的景象。但是，和此前的多次武装起义一样，河口起义也很快就被清政府镇压下去了，因此遭到康党的讥评。康党说，从萍乡之役到钦廉之役、镇南关之役，以至河口之役，孙党都“不能一战，再败屡败”、“无尺寸之功”⑥，哪有成功的希望？对于这种论调，孙党争辩道，革命的形势每一次都比前一次有进步，“惠州之役优于潮州，钦廉之役伟于惠州，镇南之役视钦廉为进步，而河口之役则又盛于镇南”⑦，说明革命势力在一天天壮大。对此，康党表示否定，他们针锋相对地提出：“惠州之役无以异于潮州，潮州之役又无以异于钦廉，而镇南之役视钦廉为尤弊，河口之役，其为害更甚于镇南。”⑧

革命派宣称，革命已获得交战团体资格，列强在起义者与清军之间保持中立，如田桐的《法国对于革命军之中立及革命军在国际法上之地位》一文如此写道：“云南之中华革命军，已成堂堂正正交战团体。法国政府之态度既如此，法之新闻（安南各新闻）又颂

---

① 精卫寄稿：《革命之激进主义》，《中兴日报》，1907 年 12 月 24、26、27、28 日，均第 2 版。

② 西河希侠次郎：《西省清兵之近状》（再续、三续），《中兴日报》，1908 年 1 月6 日、1 月 8 日，均第 2 版；恨海：《革命军与响应军》，《中兴日报》，1908 年 5 月4 日，第 2 版。

③ 《辽东义军檄文》（再续）之“记者按”，《中兴日报》，1908 年 6 月 9 日，第 2 版。

④ 恨海：《革命军与响应军》，《中兴日报》，1908 年 5 月 4 日，第 2 版。

⑤ 恨海：《革命军神速之原因》，《中兴日报》，1908 年 5 月 6 日，第 2 版。相似的语言还出现在恨海的《云南革命军之战捷》（《中兴日报》，1908 年 5 月 1 日，第 2 版）、《云南国民军之前途》（录《中国报》，《中兴日报》），1908 年 5 月 25 日，第 2 版）等文章中。

⑥ 果：《革命党畏葸之真相》，《南洋总汇新报》，1908 年 8 月 15 日，第 1 版。

⑦ 精卫：《革命之决心》，《中兴日报》，1908 年 9 月 4 日，第 2 版。

⑧ 惩汪：《为乱党辩护者之欺人》，《南洋总汇新报》，1908 年 9 月 7 日，第 3 版。

扬其举动之文明合于国际法，日本各新闻亦如之，本坡昨日西报又之复如之，欧美各新闻，目下虽未得见，然天下之公理，一而已矣。”① 对孙党的这种论调，徐勤曾予以驳斥。他指出，如果列强真的已承认起义军为交战团体，那么，镇南关之役后的60名起义者就不应该被法国当局驱逐出安南，河口之役后的那些起义者也不应该被禁止进入安南境内。② 他继续论道，中国的革命是得不到西方人支持的，因为中国和欧洲有人种的差别，又有语言方面的悬隔，他们对中国人没有感情。③

康党进而从人才方面否定革命能获得成功。他们认为，革命是要有大圣人、大英雄才能成功的事业④，但是，孙党里面是没有这种大圣人、大英雄的：“该党之党人，无一非《水浒传》吴用、宋江之人才，即无一非吴用、宋江之人格，而其举动又无一非梁山泊之举动”⑤。孙党并不否定自己的阵营里没有圣人和英雄，但他们搬出“国民革命说”来对抗“英雄革命说”，认定革命是国民的责任，而不是英雄的事业：“论者无平等之观念，乃以革命之事为圣人与英雄所专任……革命为国民责任，非英雄事业也。”⑥ 显然，孙党的“国民革命说”比康党的“英雄革命说”更令人信服一些，

---

① 恨海：《法国对于革命军之中立及革命军在国际法上之地位》（再续），《中兴日报》，1908年5月19日，第2版。引文中“本坡昨日西报又之复如之”一语，原文如此，第一个“之”字当为衍文。

② 亦市：《论革命必不能行于今日》，《南洋总汇新报》，1908年6月29日，第1版。

③ 亦市：《论革命必不能行于今日》（续前稿），《南洋总汇新报》，1908年7月1日，第1版。

④ 平实：《论今日时局止可立宪救国万无革命之理》，《南洋总汇新报》，1908年9月5日，第1版。

⑤ 惩汪：《为乱党辩护者之欺人》，《南洋总汇新报》，1908年9月7日，第3版。另一位作者则认为孙党是“无赖之徒，叩以天下大势而不知，问以中外历史而不识”，“蠢如猪鹿，狠于狼虎”。见次云：《煽乱者之无用》，《南洋总汇新报》，1908年7月23日，第1版。更有人将孙党分为“愤恨派”、“野心派”、“邪僻派”、“盲从派”、“虚伪派”五类，指斥孙党中“无一智勇深沉、统筹全局以为预算者”。见平实：《革命党之真相》，《南洋总汇新报》，1908年9月7、8日，均第1版。诸如此类的说词很多，不一一罗列。

⑥ 精卫：《革命者国民之责任非英雄之事业》，《中兴日报》，1908年9月8日，第2版。

康党对孙党人物的品评也有很深的意气之见，不合事实。

康党认为革命必然得不到好结果的另一条理由是，当日的时局决定革命是不可行的。他们认为，当日的时势决定，即使有大圣人、大英雄，革命也是行不通的，只能走立宪救国的路。① 他们说，有清一代，革命的最佳时期有两次，一次是咸丰八年，一次是光绪二十六年。这两次机会错过了，以后就没有革命的时机了。②他们还持一个老掉牙的陈腐观点不放，认定“欧洲自后膛枪出，而民间无革命之事”③。对于这种无稽之谈，孙党痛下针砭。他们说，既然现在火器盛行，那么人人都可得而有之，加以利用，后膛枪出而革命不能成功的说法是荒谬的，只能拿来骗无知无识的人。④ 土耳其革命的成功也能证明这一说法是站不住脚的。⑤ 至于革命的时机问题，他们也否定康党的革命最佳时期已经错过的说法，认为当时就是革命的最佳时期。因为当时各国在华势力尚未均衡，趁此机会革命，则不会有招致外国干涉的风险。⑥ 并且，革命还必须在近期内进行，因为各国正在扩充军备，军备扩充之后，中国必被瓜分，中国应该在各国军备未扩张之日举行革命。⑦ 中国革命不但有

① 平实：《论今日时局止可立宪救国万无革命之理》，《南洋总汇新报》，1908 年 9 月5 日，第 1 版。

② 亦市：《论革命必不能行于今日》（续前稿），《南洋总汇新报》，1908 年 7 月13 日，第 1 版。

③ 亦市：《论革命必不能行于今日》（续前稿），《南洋总汇新报》，1908 年 7 月17 日，第 1 版。持相同见解的还有：锄：《论排革命实以救中国》（再续），《南洋总汇新报》，1908 年 10 月 23 日，第 1 版。该文认定，在几十年前，电线未设、铁路未通，所以倡乱者容易坐大，现在电线如梭、铁路如织，一处起事，警报四闻，巢穴未成，援兵踵至，绝难成事。欧洲各国的革命都发生在火器不盛行之时，现在火器盛行，不但在中国，就是在世界各国，革命也是行不通的了。

④ 希：《总汇报实冀中国之瓜分》，《中兴日报》，1908 年 8 月 21 日，第 5 版。

⑤ 恨海：《土耳其革命大成功》（上），《中兴日报》，1908 年 7 月 29 日，第 2 版。

⑥ 精卫：《申论革命绝不致召瓜分之祸》（十七续），《中兴日报》，1908 年8 月 7 日，第 2 版。

⑦ 绍轩：《和平耶武装耶吾国民谛听》（三续），《中兴日报》，1909 年 3 月 29 日，第 1 版。孙党曾提出过另一条必须在近期内革命的理由，那就是满人近来的专制术进步很快，如果不在近期内革命，则将会永无革命的机会。这里反映的，是孙党与清廷之间的竞争。见精卫：《革命之激进主义》（三续），《中兴日报》，1907 年 12 月28 日，第 2 版。

时机可用，而且与西方各国的革命相比，中国革命更易取得成功，因为各国革命都是因政治问题引起，国民的分化比较厉害，很难统一，而在中国，只要国人都认识到满汉之不共戴天，人心便能齐一，革命便可成功。①

在革命能否获得良果的争论中，孙党的言论多有造势的成分，康党的言论则多有贬损的成分。造势的目的自然在于为自己一派的事业营谋，贬损对方的目的也在于抬高自己，利害之见都很深。由于辩论中夹杂着利害之见，所以很难达致建设性的结果。一方认定革命是不懂医术的庸医给病人下的一剂致命的药方②，不但得不到好结果，反而会导致亡国，一方则认定革命是一剂起死回生的圣药③，能使中国免于危亡④，能使中国得到真正的宪政⑤，能使人民获得真正的自由⑥，甚至官场的贪刁之习也会在革命之后消除⑦。双方各持一说，谁也说服不了谁。

---

① 德如来稿:《读三州府华民政务司全年报章之感言》(再续),《中兴日报》,1909 年 6 月 25 日，第 1 版；德如:《中国人之特别思想》(续),《中兴日报》,1910 年 1 月 13 日，第 1 版。

② 平实:《论革命不可强为主张》,《南洋总汇新报》,1908 年 9 月 9 日，第 1 版。

③ 绍轩:《规正贞民》(四续),《中兴日报》,1909 年 3 月 16 日，第 1 版。

④ 辟伪:《一般抱要求主义以争捕权路矿权者盍悟》,《中兴日报》,1908 年 1 月9 日，第 2 版。

⑤ 欧:《权利心》,《中兴日报》,1908 年 12 月 11 日，第 1 版；绍轩:《新年即作呓语耶——正总汇报与阅报诸君贺年书》,《中兴日报》,1909 年 2 月 1 日，第 1 版。

⑥ 《檀香山自由报出世之始声》,《中兴日报》,1908 年 10 月 15、16 日，均第 3 版；诘奸:《平民与君主》,《中兴日报》,1909 年 4 月 24、28 日，均第 1 版。

⑦ 《满洲总督侵吞赈款状》(录《民报》太炎稿),《中兴日报》,1909 年 1 月 11、12 日，均第 1 版。

第五章　孙康两党关于宪政道路之争（下）

一、关于政党问题的交锋

政党是伴随着宪政的发展而出现的，因此在人类历史上属于比较晚近的事物。[①] 随着立宪政治在世界范围内的发展，政党也渐渐普及，以致有人说，到 19 世纪末，民主政治就意味着政党政治了。[②] 中国是在宪政浪潮冲击全世界的背景下开始接触西方政治制度的，因此，对政党的关注也就成了题中应有之义。不过，由于中国历来将结党悬为禁令，因此，早期介绍宪政的贤哲们对政党有明显的抵拒倾向。到甲午战争之后，特别是庚子拳乱之后，国人才开始着意介绍政党制度。[③]

有趣的是，虽然甲午之后政治性党派日益增多，对政党制度的介绍也日渐深入，但无论是在戊戌变法前关于宪政是否适合中国的论战中，还是在《民报》与《新民丛报》关于中国该走何种宪政道

---

① 有人说世界上第一个现代政党是 1670 年建立的，到 1770 年的时候，已有第一部捍卫政党的著作，即柏克所著的《论当前不满的原因》。见大卫·伍顿：《平等派》，[英] 约翰·邓恩编，林猛等译：《民主的历程》，长春：吉林人民出版社，1999 年，第 94 页。有人则认为，最早的政治党派出现于 18 世纪的美国以及稍后的法国。见 [美] 亨廷顿著，王冠华等译：《变化社会中的政治秩序》，北京：生活·读书·新知三联书店，1989 年，第 84 页。

② [美] 查尔斯·S·迈耶：《法国大革命以来的民主》，[英] 约翰·邓恩编，林猛等译：《民主的历程》，长春：吉林人民出版社，1999 年，第 162 页。

③ 张玉法：《清季的立宪团体》，台北："中央研究院"近代史研究所，1985 年再版，第 27 页。

路的辩论中，都没有关于政党问题的辩驳。在孙、康两党之间旷日持久的论战中，唯一涉及政党问题的，发生在《中兴日报》与《南洋总汇新报》之间。长期没有关于政党问题的论战，是因为中国的立宪政治尚在萌芽阶段，在相当长的时间里，人们还意识不到组织政党以问鼎政权的必要性。而之所以在《中兴日报》与《南洋总汇新报》的论战中会涉及政党问题，也与时势密切相关：预备立宪已开始几年，钦定宪法也已颁行，请愿速开国会的运动正如火如荼，君主立宪的政治制度似乎马上就要在中国实现了。在这种情势之下，对康党而言，组织政党以促进宪政的实现并为以后执掌政权作准备就成了非常迫切的需要。因此，像康党的其他机关报一样，《南洋总汇新报》加大了组织政党的宣传。正是《南洋总汇新报》的这种宣传引发了论战。

早在 1908 年 7 月 10 日，《南洋总汇新报》就刊文呼吁组织政党，宣扬应以政党促进宪政的观点。① 不久，又刊印了日本前自由党总理板垣退助为政闻社机关报《政论》作的序言，该文宣称政闻社是中国政党之萌芽。② 1909 年 2 月到 3 月间，《南洋总汇新报》刊登了《论爱国当知二大种》。该文所宣扬的两大爱国之举，一为修明物质，二为组织政党。作者将西彦“政党者，立宪政治之产物”改为“立宪政治者，政党之产物”，③ 宣扬宪政为果，政党为花，鼓励人们组织政党。是年 5 月 31 日所登《论官僚政治》一文则比较了官僚政治与政党政治，认为二者各有所长，也各有所短，反映出作者对政党政治的思考已经比较深入。④

《南洋总汇新报》所登诸如上述的关于政党的文章都没有引起《中兴日报》的辩驳，引起驳论的是 1909 年 7 月 6 日和 9 日所刊登的伍宪子的《论救中国不能不归党》及《申论立党救国之理》两篇文章。

伍宪子的文章之所以会特别受到“青睐”，跟他在字里行间所

---

① 甲：《敬告国民宜以全力要求国会》（续），《南洋总汇新报》，1908 年 7 月 10 日，第 1 版。

② 板垣退助：《政论序》，《南洋总汇新报》，1908 年 7 月 14 日，第 4 版。

③ 贞民：《论爱国当知二大种》（七续），《南洋总汇新报》，1909 年 2 月29 日，第 1 版。

④ 观潮生：《论官僚政治》，《南洋总汇新报》，1909 年 5 月 31 日，第 1 版。

表现出来的倨傲神气有关①，也与他将中立无党派的人称为“无用废民”有关。在《论救中国不能不归党》一文里，伍宪子开篇即说：“今日救中国，不可不有党也，无党派而中立者，质言之，无用之人而已矣。”② 文章中间又说：“今日而不言党，谓我无党派，我中立，则是自放弃其言论权，自放弃其政治权，甘为无用之废民而已矣。”③ 伍宪子的这种说法是不明智的。当时孙、康两党正在努力争夺群众，以“君子不党”为美德的中国人，在20世纪初年有党派观念的毕竟居于少数，伍宪子将中立无党派者称为无用废民，等于骂倒一大片，是不利于康党争夺华侨群众的。伍宪子的本意，也许在于以这种危词鞭策人们倾心于政党政治，但论敌却反其意而用之，以此作为争夺侨众的一个好机会。

《论救中国不能不归党》发表的第二天，《中兴日报》就刊登了胡汉民的文章，该文根据各国的情况指出，在欧美、日本教育普及之国，“中立党”的名目也都是有的，指责中立党是无用废民，乃是“违心之论”。④

受到攻击之后，伍宪子于7月9日抛出《申论立党救国之理》为他的“废民说”辩护：“何以谓不归党而中立，是为无用之废民也？盖立宪之国，最贵者有选举权与被选举权，无选举权与被选举权者不得为公民，不得为公民，即废民也。”⑤ 在这里，伍宪子没有把道理讲得太清楚，给人留下不入党派的人没有选举权与被选举权的感觉。论敌正是借此发起攻击的。

《申论立党救国之理》发表的第二天，胡汉民就抛出《总汇报无耻记者宪子之巧言虚饰》。在介绍了西方立宪国家的选举法之后，

---

① 如他在文中动辄以“宪子曰”起头，显得自大。在《申论立党救国之理》中又自比为大将、主人，将与他驳论的人称为走卒、婢子，都引起人们的攻击。德如：《论立宪国之政党（附斥总汇新报记者宪子）》，《中兴日报》，1909年7月12日，第1版；刃奸：《请看保皇总汇报之出丑》（续），《中兴日报》，1909年7月13日，第1版。

② 宪子：《论救中国不能不归党》，《南洋总汇新报》，1909年7月6日，第1版。

③ 宪子：《论救中国不能不归党》，《南洋总汇新报》，1909年7月6日，第1版。

④ 诘奸（胡汉民）：《胡思乱想之保皇党竟发此奇论》，《中兴日报》，1909年7月7日，第1版。

⑤ 宪子：《申论立党救国之理》，《南洋总汇新报》，1909年7月9日，第1版。

作者指出："选举自选举，政党自政党，一国之民，即不在政党之列，苟不与选举法相背驰，则在政党之中固可选举也，即不居政党之中亦可选举也。"① 作者进而指出，如果按照伍宪子的逻辑，凡没有选举权的都是废民，则中国将有三亿九千六百万废民，因为清政府的《咨议局章程》所规定的选举为限制选举，符合选举条件的，全国最多只有400万人。何德如则在总结英国政党制度的运作方式之后指出，在英国，除了妇女和未成年男子，只要有选举权，都有投票选举的权利，没有归附于一定政党者"多矣众矣"，但并未被视为"无用废民"。② 此外，张绍轩等人也驳斥了伍宪子的"废民说"。③

在关于"废民说"的辩论中，由起始的无党派者是否为废民扩展到后来的政党与选举的关系、选举权的确定等问题，反映了辩论的发展。

伍宪子关于政党的另一个观点是，政党是立宪政治的根源，先有政党，后有宪政。在预备立宪时代，"第一应预备者在组织政党"④，

---

① 诘奸：《总汇报无耻记者宪子之巧言虚饰》（续五月二十三日），《中兴日报》，1909年7月24日，第1版。

② 德如寄稿：《论立宪国之政党（附斥总汇新报记者宪子）》，《中兴日报》，1909年7月12日，第1版。

③ 刃奸：《请看保皇总汇报之出丑》（再续），《中兴日报》，1909年7月14日，第1版；绍轩：《保皇总汇报论党必归于一与妄詈中立党为废民之特谬》（续五月廿八日），《中兴日报》，1909年7月22日，第1版。值得注意的是，由于伍宪子称中立无党者为废民，还引起了《叻报》的驳难。该报在7月8、9、10日刊载了主笔叶季允（署名惺恶生）的《辟总汇新报言中立者为废民之谬》一文。针对伍宪子的"废民说"，叶季允说中立者是"中天地而立，不偏不党，有大公至正之义"、"事而是，虽仇敌亦在所必褒，事而非，即至亲亦不容不贬"、"不慕党见，不涉私情，公是公非，悉准于理"的人，这种人不是废民，而是有利于国家的人，"欲救中国，非得中立之士不可"。（见《叻报》，1909年7月8日第1页）相反，伍宪子所标榜的立宪党，因其不容于祖国，失去国民资格，才是废民："其党人已不容于政府，逐之出外，不准其生入国门，据是言之，则其党人虽有国民之名，已尽失国民之力，则谓之曰废民"。（见《叻报》，1909年7月9日第1页）。此外，《叻报》还在7月9日和10日刊登了"星洲无用废民"、"无用废民第二"的来函，攻击伍宪子关于政党的见解。

④ 宪子：《论救中国不能不归党》，《南洋总汇新报》，1909年7月6日，第1版。

"非组织政党不能立宪"[①]。他的这一说法遭到了胡汉民的否定。胡氏在《总汇报无耻记者宪子之巧言虚饰》中指出，在专制时代政党不被当局所容，在宪政形成之前不可能有政党。他又引用东西方学者的言论，认定是先有宪政，后有政党，政党是宪政的产儿，而不是相反。[②]

如果在中国实行政党制度，应该是一党制好还是两党制好或是多党制好？伍宪子表达了对多党制的否定。他以奥地利有十多个政党而纷扰不堪说明，多党会导致"纷争而国乱"[③]。他肯定了英国的两党制，认为两党制是使英国长治久安的一个重要因素。在谈到中国的时候，他则主张一党制，并提出"今日救中国之要义，使之成一大党而不至分为多党，其策诚莫善同归于宪政党之一途者矣"。[④]

既然多党易致纷扰，两党能得善果，为什么不在中国实行两党制而主张一党制呢？伍宪子没有说明理由。不过，从字里行间不难看出，他主张一党制，并不是根据学理做出的选择，而是为了给本党（"宪政党"）造势力。这就表明，孙、康两党关于政党的辩论不仅仅是是非之辩，同时也是一场利害之争。表面上争的是是非，骨子里争的是利害。胡汉民在伍宪子抛出中国只要一党的观点后马上撰文指出，伍宪子的本心是"直欲强迫中国一国之人而尽入该保皇党变相之宪政党"[⑤]，可谓切中要害。

接着，张绍轩也撰文批驳伍宪子的党多国乱、党少国治的观点。张氏引用孟德斯鸠的话，说明一人独裁或一部分人专权都会给国家带来灾难，并推崇两党说，认为两党说"参酌独行之害、繁多之弊"，最为"精切"。[⑥] 不过，他又指出，虽然政党多了确实会有多言庞杂之弊，但如果各党在国家政治行为中能不掺杂一党之私，

---

① 宪子:《申论立党救国之理》,《南洋总汇新报》, 1909 年 7 月 9 日，第 1 版。

② 诘奸:《总汇报无耻记者宪子之巧言虚饰》,《中兴日报》, 1909 年 7 月 10 日，第 1 版。

③ 宪子:《论救中国不能不归党》,《南洋总汇新报》, 1909 年 7 月 6 日，第 1 版。

④ 宪子:《论救中国不能不归党》,《南洋总汇新报》, 1909 年 7 月 6 日，第 1 版。

⑤ 诘奸:《胡思乱想之保皇党竟发此奇论》,《中兴日报》, 1909 年 7 月 7 日，第 1 版。

⑥ 绍轩:《保皇总汇报论党必归于一与妄詈中立党为废民之特谬》,《中兴日报》, 1909 年 7 月 9 日，第 1 版。

而国家立法又能救偏失之弊，则政党繁多也没有大关系，“夫德、法、意三国党派之多，而其政治之道，亦未至如何倾轹，而国家强盛之局亦方兴而未艾”。[①] 而政党少的国家，除了英国势力伟大，其他国家的进步则都非常慢。总之，“政党之多少，未必果可为国家兴衰成败之定评”[②]。国家的兴衰不一定与政党的多寡有必然联系，这是很有见地的观点，从根本上颠覆了伍宪子党多足以亡国的论断。

和现在的学者一样，当时的人们也认为在中国古代只有朋党而没有政党，政党是与立宪政治联系在一起的事物。伍宪子在鼓吹政党的时候指出，中国古代因朋党纷争而导致亡国的很多，如唐代的牛李、宋代的元祐、庆历及明代的东林，“党人相持，皆为国之祸”[③]。何德如则针锋相对地提出，“古之朋党固足以亡国，惟兴国之朋党亦彰彰可考”。[④] 像尧时的八元八凯为一党，舜时四岳九官十二牧为一党，周有臣三千，而三千人为一党，这些都是赖朋党以治国的征验。国家的治乱不在于朋党之有无，而在于朋党是“君子党”还是“小人党”。[⑤]

孙、康两党之间关于政党问题的这场规模不大的论战，内容涉及政党与选举、政党与宪政、政党多寡之利弊以及中国古代的朋党等问题。我们看到，由于论战是因为伍宪子为拉人加入“宪政党”大肆鼓吹而引起的，孙党之起而辩驳也有阻挠中立无党人士加入“宪政党”的初衷在，使得这场论战在相当大的程度上不是一场是非之辩，而是一场利害之争。由于利害之见太深，论战双方对学理方面的探讨都显得有所不足，因而这场辩论对于提升双方在政党方面的认识并无太大的贡献。孙、康两党均以救国济民为宗旨，两党的

---

① 绍轩：《保皇总汇报论党必归于一与妄詈中立党为废民之特谬》，《中兴日报》，1909 年 7 月 15 日，第 1 版。

② 绍轩：《保皇总汇报论党必归于一与妄詈中立党为废民之特谬》（续五月廿八日），《中兴日报》，1909 年 7 月 22 日，第 1 版。

③ 宪子：《论救中国不能不归党》，《南洋总汇新报》，1909 年 7 月 6 日，第 1 版。

④ 德如寄稿：《论立宪国之政党（附斥总汇新报记者宪子）》（续），《中兴日报》，1909 年 7 月 13 日，第 1 版。

⑤ 德如寄稿：《论立宪国之政党（附斥总汇新报记者宪子）》（续），《中兴日报》，1909 年 7 月 13 日，第 1 版。

许多核心人物在民国时期都成为政党政治的要角，《中兴日报》与《南洋总汇新报》上关于政党问题的论战是双方踏入政党政治前关于政党问题的唯一一场论战，论战水平如此，反映了双方对政党政治认识的肤浅。民国初年政党政治的不尽如人意，于此可以窥见一斑。

由于伍宪子在为本党宣传时失之急躁，出言不审，漏洞太多，因而在这场辩论中显得被动挨打，居于下风。不过，伍宪子在这场辩论中的表现并不足以代表康党的政党认识水平，孙党在辩论中压倒对方的气势也不表示它在政党问题上的识见高于康党。实际上，不论从整个晚清的情况来看①，还是从《中兴日报》与《南洋总汇新报》所刊论文的情况来看，康党对政党的认识要比孙党广且深。《中兴日报》探讨政党的论文甚少，除与伍宪子辩论的那几篇之外，只有 1909 年 2 月 12 日刊登的《告帝国宪政会》一文对政党略有指陈。其他的，则只有一些关于利害之争的文章，如争辩“立宪党”是否是中国最有势力的民党②、鼓动人们加入“民主立宪党”③等。而《南洋总汇新报》在伍宪子的文章引起论争之前已对政党有不少介绍，在论争结束之后介绍政党的文章也有很多④。这些文章

---

① 张玉法曾经指出，《时务报》、《湘学报》、《国闻报》等康党早期报刊就对西方党会观念时加介绍，造成了“国人结社集会之风”。革命党则对西方代议制度下的政党制度并未特别留意，其关于政党的认识，“很可能是受立宪派的启迪”。张玉法：《清季的立宪团体》，台北：台湾“中央研究院”中国近代史研究所，1985 年，第 35、46 页。

② 戡黎：《诬谤革命者之末路》，《中兴日报》，1908 年 9 月 4 日，第 2 版。

③ 夏：《融合汉满之真相》(再续)，《中兴日报》，1909 年 5 月 5 日，第 1 版。

④ 少民：《论我国人急宜研究政党》(1909 年 7 月 14、16 日，均第 1 版)；少民：《论组织政党为今日必要之理由》(1909 年 7 月 20、21 日，均第 2 版)；璆：《政党之责任》(1908 年 8 月 6 日，第 2 版)；如：《政党论》(1909 年 10 月 20 日，第 2 版)；选婴稿：《论政党》(1909 年 12 月 29 日，第 2 版)；《论今日一般官吏之心理与宪政前途之关系》(1910 年 1 月 29 日、3 月 11 日，均第 2 版)；《论今日亟宜组织政党以促宪政之进行》(1910 年 6 月 2 日，第 2 版)；《论我国组织政党之必要》(1910 年 7 月 16 日，第 2 版)；《论中国今日有为组织政党之机会》(1910 年 7 月 19 日，第 2 版)；菽园：《今日为政党之世界论》(1911 年 2 月 7、9、10、11 日，均第 2 版)；傥客：《政府渐知政党之可贵》(1911 年 3 月 20 日，第 2 版)；明我：《民政部准帝国统一党注册论》(1911 年 3 月 21、22 日，均第 2 版)；《论政党之作用及其进行方法》(1911 年 4 月 7 日，第 2 版)；傥客：《论政党有利于国家》(1911 年 4 月14 日，第 2 版)；奋豫：《无政党即无立宪国会论》(1911 年 4 月 17、18、20、22 日，均第 2 版)；《正告争路之股东》(1911 年 6 月 21 日，第 2 版)。

固然以鼓吹组党、为本党宣传为主，但其中仍不乏真知灼见。如对政党制度弊端的反思、对政党要发生良果的条件的思考①、对将来中国政党制度的设想②、对政党如何提出自己的政策及如何运动选举③等问题的介绍等，都显示了康党对政党制度认识的深度。

二、宪政之路与瓜分危局

中国在19世纪末20世纪初曾面临严重的瓜分危机。君主立宪的方案也好，民主共和的方案也好，在很大程度上都是受瓜分危机的冲击而产生的反应。即是说，中国选择宪政之路，有很强的挽救国家危亡的诉求，人们拥护君主立宪或选择民主共和，都有避免国家被瓜分的用心。但有趣的是，在论战中选择了君主立宪的康党认定，孙党为实现民主共和而进行的革命活动会导致瓜分之祸，而选择了民主共和的孙党则指责君主立宪的政治方案会造成瓜分。与此相关，在如何避免瓜分之祸的问题上，康党认定要排除革命的孙党才能避免瓜分，而孙党则争辩说排除康党可以杜绝瓜分。

首先是关于谁引起瓜分的问题。

康党认定革命是必然要召瓜分的。此论最先由梁启超提出，康有为在1902年所作的《答南北美洲诸华商论中国只可行立宪不可行革命书》中也提出了革命召瓜分的论点。1903年《中外日报》与《苏报》之间论战的时候就有了瓜分问题的辩论，而《民报》与《新民丛报》之间论战时瓜分问题更是双方言之甚多的一个问题。④《中兴日报》发刊之后，在与《南洋总汇新报》交手之前，已经有很多驳斥革命召瓜分之论的文章，显然，这些文章并非针对《南洋总汇新报》而发，而是对康党在其他地方所倡导的革命召瓜分论的

---

① 选婴稿：《论政党》，《南洋总汇新报》，1909年12月29日，第2版。

② 菽园：《今日为政党之世界论》（其四），《南洋总汇新报》，1911年2月11日，第2版。

③ 《论政党之作用及其进行方法》，《南洋总汇新报》，1911年4月7日，第2版。

④ 日本学者寺广映雄在《革命瓜分论の形成をめぐって——保皇・革命两派の对立》一文中对康党“革命召瓜分论”的形成及两派关于这一问题的论战情况有精到的分析，收于小野川秀美、岛田虔次编：《辛亥革命の研究》，东京：筑摩书房，昭和53年（1978年），第89～106页。

驳论。1908 年河口起义爆发后，孙党更是借用时事说话，认定法国已在革命军与清廷之间取中立态度，革命军已有了交战团体的性质，不会招致瓜分，并引用法国报刊的有关言论，说明革命军纪律严明，行动文明，不致召瓜分之祸①。他们反问道，连义和团那种“野蛮排外”的行为都没有导致中国被瓜分，何况“革命军堂堂正正，以破坏世仇民贼之政府为目的，而对于外国，一切照国际法以行，并无被干涉之原因，更何致有召瓜分之结果?”②

《南洋总汇新报》接受《中兴日报》的挑战开始论战之后，对孙党的革命不召瓜分之论进行了驳斥。孙党以河口起义的情况说明革命不会召瓜分，康党则针锋相对地指出，由于河口起义中法国士兵被误毙，引起法国向中国提出利权要求，这就说明革命引起了干涉，革命可招致瓜分。③ 他们用来说明革命召瓜分的实例，尚有西江捕权交涉、二辰丸案引起的交涉等。④ 总之，他们认定，革命“小则糜烂其民，大则招瓜分之惨祸”⑤，革命足以召瓜分，革命不可行。

对康党的上述言论，孙党力加驳斥。他们否定西江捕权问题、二辰丸问题等是由革命引起的⑥，并以土耳其、摩洛哥、波斯等国的情况说明革命是不会招致瓜分的。⑦

孙党一面推掉论敌加诸自己身上的罪名，一面反过来说，中国

---

① 从军记者:《读法报纪云南革命军之事感言》(附汇译原文),《中兴日报》，1908 年 6 月 24 日，第 2 版。

② 精卫:《申论革命绝不致召瓜分之祸》(十二续),《中兴日报》，1908 年 7 月30 日，第 2 版。

③ 次云:《乱事波及国民之损害》,《南洋总汇新报》，1908 年 7 月 28 日，第 1 版。

④ 锄:《论国会之趋势》(再续),《南洋总汇新报》，1908 年 8 月 4 日，第 1 版；勇:《驳中兴报论革命不致召瓜分之祸》(三续),《南洋总汇新报》，1908 年 8 月22 日，第 1 版。

⑤ 明公:《革命党之人格》,《南洋总汇新报》，1908 年 8 月 10 日，第 1 版。

⑥ 去非:《驳总汇报论国会之趋势》(七续、八续),《中兴日报》，1908 年 8 月19、20 日，均第 2 版。

⑦ 精卫:《革命可以杜绝瓜分之实据》,《中兴日报》，1908 年 8 月 27、28、29 日，9 月 2、25、26 日，以上均第 2 版，以及 9 月 28、30 日，均第 1 版；南洋小学生:《论惧革命召瓜分者乃不识时务者也》,《中兴日报》，1908 年 9 月 12 日，第 2、4 版；民意:《波斯革命》,《中兴日报》，1909 年 12 月 29、31 日，均第 1 版。

既有的瓜分危机不是由革命造成的，满人才是瓜分的导火线，瓜分的原因在于满洲的卖国。① 孙党也认定，在中国走君主立宪的路子也会导致瓜分的惨祸。一方面，君主立宪是要“预备”的，预备的年限很长，而瓜分的危机迫在眉睫，因此，君主立宪尚未实现，瓜分的惨祸就会临头。② 另一方面，从“要求”这种手段来看，因为缺乏实力作后盾，因而绝难成功，这就只能年复一年地要求，“当吾民摇尾乞怜之时，即外国鼓刀竞进之时”，结果，要求立宪这种方式“助成”了瓜分。③ 即使实现了君主立宪，瓜分之祸也不可避免，因为在君主立宪的政体之下，下议院议员虽然由民选，而上议院议员则多为钦定，内阁大臣则纯为君主敕任。以满人对权势的贪婪，不难预测，实行君主立宪之后实权肯定依然握在满人手中，所议所行都只为满人谋利益，不会顺汉人民情、恤汉人民命。这个时候必然导致国力凋丧、民不聊生的局面，中国必然会被瓜分。④ 康党对孙党的指责表示了否定，认为决不会出现立宪未成而瓜分已至的情况⑤，但对孙党的论点缺乏有力的驳论。

两党关于哪一派会招致瓜分之祸的争论表明，他们在骨子里都承认，当时的中国确实面临着瓜分的危机，处理得不好，国家就会遭到瓜分的惨祸。那么，该如何避免中国被瓜分呢？孙、康两党对此有完全相反的见解。

孙党认定，足以引起瓜分之祸的，一个是清廷，一个是主张要求速开国会以实行君主立宪的康党，因此，要避免瓜分，就要革清廷的命，并要排斥康党。

关于排满革命与瓜分的关系，孙党有一个三段式的推论：瓜分的起因不是排满，不能排满必被瓜分，能排满即能避免瓜分。⑥ 关

---

① 龙腾：《排满与瓜分》（再续），《中兴日报》，1908 年 2 月 28 日，第 2 版。

② 帝民：《记某君与某少年深夜之谈判》，《中兴日报》，1908 年 2 月 8、10、11、13 日，均第 5 版。

③ 精卫：《申论革命绝不致召瓜分之祸》（十八续），《中兴日报》，1908 年 8 月 15 日，第 2 版。

④ 恨海：《泣告同胞之希望立宪者》（四续），《中兴日报》，1908 年 3 月 25 日，第 2 版。

⑤ 锄：《论国会之趋势》（再续），《南洋总汇新报》，1908 年 8 月 4 日，第 1 版。

⑥ 龙腾：《排满与瓜分》，《中兴日报》，1908 年 2 月 26 日，第 2 版。

于要排斥康党以杜绝瓜分，以汪精卫的论说最典型。他以太平天国运动为例指出，如果没有“忘亲事仇推刃同气之人”①，内乱不生，外患自然不会有。他又以土耳其革命为例，说明“欲求免于干涉，其根本的解决，在于自改良内治”②。因此，革命之际，要避免内乱，要避免瓜分，“必自扑灭保皇党始”③。

康党既然认定革命才是导致瓜分的原因，因此提出，在中国，“无革命必不至瓜分，有革命则必召瓜分”④，要杜绝瓜分之祸以救中国，必须排斥革命：“召人之瓜分我者，所以速国家之覆亡，吾人尤当力排之。”⑤

三、关于过去、现实、未来之争

为了尽可能多地吸引读者投到本党的大旗之下，以利于本党之政见付诸实施，孙、康两党还围绕着究竟是哪一党有功于戊戌以来的历史、哪一党对当日蓬勃的立宪时局有真正的贡献、哪一党代表了中国的未来展开了论争。

康党曾一度得到光绪信用，主持过短暂的变法，这成为他们为自己标榜的极好理由。在他们笔下，正是戊戌变法的启动之功，给中国带来了无限生机，科举之废、学校之兴、女学之萌芽、民权之发达、欧洲科学之传播、立宪政治之动机、国家思想之普及，这一切都是戊戌党人的功劳，“使中国昔日而无戊戌之改革，则中国今日其将长此沉沉耳”⑥，中国没有遭到亡国的惨变，全是戊戌党人

---

① 精卫：《革命可以杜绝瓜分之实据》（再续），《中兴日报》，1908年8月29日，第2版。

② 精卫：《革命可以杜绝瓜分之实据》（再续），《中兴日报》，1908年8月29日，第2版。

③ 精卫：《革命可以杜绝瓜分之实据》（再续），《中兴日报》，1908年8月29日，第2版。

④ 锄：《论排革命实以救中国》（三续），《南洋总汇新报》，1908年10月24日，第1版。

⑤ 勇：《驳中兴报论革命不致召瓜分之祸》，《南洋总汇新报》，1908年8月18日，第1版。

⑥ 宪子：《召用戊戌党人与中国前途之关系》，《南洋总汇新报》，1909年5月28日，第1版。

引进新事物的结果，而戊戌以来的险恶时局则是由于戊戌政变造成的。戊戌政变由于袁世凯不与党人合作、不知报答皇恩而引起，致使新政事业未收实效。[①] 政变之后，党人去国，没过两年，“拳乱”之变就发生了，几乎使国家沦于灭亡，“无政变，无拳匪之乱矣”[②]，言下之意就是，要是戊戌党人主持朝政，就不会有“拳乱”发生了。

对康党这种将戊戌以来的历史都由它所决定的说辞，孙党全盘加以否定。在他们笔下，康党根本就不是戊戌变法的主动力，此次变法的主动力是谭嗣同、刘光第等人，康有为只是“假其名”而已。[③] 戊戌政变的发生，也不是袁世凯的过错，而是由于康有为“诪张为幻”、“教子杀母”而引起的。[④] 至于“拳乱”的起因，也根本不是由于康党去国、主持朝政者非人而引起，而恰恰是由于康有为的错误行为所引起的：“使康汉奸不有唆子杀母之行为，西那拉不蓄愤于载湉，则废立之谋不生，大阿哥不立，载漪与彼皆不因激于外界之冲突，而恐密谋之不遂，一切仇外谋杀之为可以幸免，而九百兆之巨款亦可以不出。”[⑤] 总而言之，康党不但不是历史的功臣，反而是历史的罪人。

在孙党笔下，康党无功于历史，孙党则对中国之不亡有其功劳：“夫中国今日虽极贫弱而尚不至于沉没，而有一线之光明者，与中国所以不长此沉沉者，谁为之？……不有革命之行动，满虏尚忸于民智之可愚，而莫与为措，则近今种种行为与所谓民权也、国

---

① 绍轩：《新年即作呓语耶——正总汇报与阅报诸君贺年书》（再续），《中兴日报》，1909年2月8日，第1版；《十一日上谕恭注》（录《时报》），《南洋总汇新报》，1909年1月27日，第3版。

② 宪子：《召用戊戌党人与中国前途之关系》，《南洋总汇新报》，1909年5月28日，第1版。

③ 绍轩：《新年即作呓语耶——正总汇报与阅报诸君贺年书》（再续），《中兴日报》，1909年2月8日，第1版。

④ 绍轩：《新年即作呓语耶——正总汇报与阅报诸君贺年书》（再续），《中兴日报》，1909年2月8日，第1版；诘奸：《保皇党之虚夸与发黄粱梦》（再续），《中兴日报》，1909年6月5日，第1版。

⑤ 诘奸：《保皇党之虚夸与发黄粱梦》（再续），《中兴日报》，1909年6月5日，第1版。

家思想也，双方皆默然可也。"[①] 孙党力图解构康党所建构的历史图景，而重新建构一幅戊戌以来中国历史的图景，目的在于表明，今日中国的一线生机是由于孙党的影响而造就的。于是，双方由对"昨天"的争夺自然而然地延伸到对"今天"的争夺。

在康党笔下，今日的请愿速开国会运动是由政闻社"振臂一呼"而来的[②]，再往前推一点，则是梁启超在《新民丛报》大力鼓吹"要求立宪"所造成的舆论的作用[③]，再往前往上追溯，则中国的宪政是由康有为一手造成的，这是"地球万国之公言"[④]。一句话，中国的宪政全是由康党引进并使之生根发芽的，而"乱党"则只是一味地阻挠宪政在中国的发展，立宪政治到今日才有开花结果的趋势，乃是由于"乱党"的阻挠造成的。[⑤]

对于康党的这一套说辞，孙党予以严厉的攻击。他们完全否认康党在中国立宪运动中的功劳，认为清廷是否开国会与康党毫无关系，而是由政府内反对开国会者与主张开国会者两派势力的消长决定。[⑥] 中国立宪的先导，不是康党，而是清廷，在政府派五大臣出洋考察政治、宣布仿行立宪之后，民间才有鼓吹立宪之人。[⑦] 至于促进中国宪政的动力，也不是康党的"要求"，康党历来的"要求"都毫无成绩可言[⑧]，倒是孙党的铁血主义促进了宪政的发展。他们为孙党的革命运动与清廷立宪举措之间的关系编织了一张因果网：

---

① 诘奸：《保皇党之虚夸与发黄粱梦》(续)，《中兴日报》，1909 年 6 月 4 日，第 1 版。

② 勇：《驳中兴报论革命不致召瓜分之祸》(三续)，《南洋总汇新报》，1908 年 8 月 22 日，第 1 版。

③ 观潮生：《那桐尚知舆论之可贵》(再续)，《南洋总汇新报》，1909 年 2 月 24 日，第 1 版。

④ 《保皇党徐勤严攻保皇党叶惠伯及曲护康有为之原函》，《中兴日报》，1909 年 7 月 20 日，第 1 版。

⑤ 锄：《论国会之趋势》，《南洋总汇新报》，1908 年 8 月 1 日，第 1 版。

⑥ 去非：《驳总汇报论国会之趋势》，《中兴日报》，1908 年 8 月 10 日，第 2 版。

⑦ 汉民：《呜呼满洲所谓宪法大纲》，《中兴日报》，1908 年 9 月 21 日，第 2 版；去非：《保皇报之对于满洲宪法大纲》，《中兴日报》，1908 年 11 月 12 日，第 1 版。

⑧ 精卫：《申论革命绝不致召瓜分之祸》(十八续)，《中兴日报》，1908 年 8 月15 日，第 2 版。

“萍乡革命，五大奴有出洋之为；吴樾弹响，所谓实行立宪之诏下；徐锡麟刺恩铭，而行伪立宪之期定；河口事后，而谘议局实行。”[①]总之一句话，是孙党的铁血主义向顽固的政府说了“不”，加速了清廷“伪宪”的发展，而康党则对中国的宪政毫无贡献可言。

争夺“昨天”，争夺“今天”，目的都在争夺“明天”。孙、康两党对历史和现实的“建构”与“解构”，其用心都在于向读者表明，本党才是历史的功臣，是时代的弄潮儿，有资格对中国的未来发言，国人应该都聚集到本党的旗帜之下，将自己的才力和财力都贡献给本党，供本党驱使。康党自比于诸葛武侯、王安石[②]，叫嚷着“不用戊戌党人，则中国之前途为无希望”[③]。孙党则指出，即使清廷立宪，政闻社也得不到信用[④]。清廷是不会启用康、梁的，就算康、梁得到了清廷的重用，也跟中国的前途毫无关系[⑤]，康党不足以左右中国的未来，只有孙党才指明了中国未来发展的方向，人们应该支持孙党的革命事业，而不要被康党迷惑。

关于哪一派有功于中国的历史、能解决中国今日的问题、决定中国的未来的争吵是孙、康两党论战中颇有趣味的一个问题。虽然基本上是一场意气之争，但也表明，两党的论争已超出了“君宪”、“民宪”的现实层面，已涉及对历史、现实、未来的认识问题，显示了论战范围的扩展。以研究者的后见之明，我们知道，相对于清廷，孙、康两党都可归入“民党”之列，都对戊戌以后的历史发展有不小的影响，在促进宪政发展方面都有一定的作用。作为中国人

---

① 诘奸：《保皇党之虚夸与发黄粱梦》（五续），《中兴日报》，1909 年 6 月 24 日，第 1 版。相似的表述在《中兴日报》里反复出现，如：绍轩：《新年即作呓语耶》（续），《中兴日报》，1909 年 2 月 4 日，第 1 版；绍轩：《规正贞民》（四续），《中兴日报》，1909 年 3 月 16 日，第 1 版；绍轩：《专制君主又将去其一》（续），《中兴日报》，1909 年 4 月 26 日，第 1 版；绍轩：《呜呼世续之入军机》（续），《中兴日报》，1909 年 3 月 20 日，第 1 版。

② 宪子：《召用戊戌党人与中国前途之关系》，《南洋总汇新报》，1909 年 5 月 28 日，第 1 版。

③ 宪子：《召用戊戌党人与中国前途之关系》（续），《南洋总汇新报》，1909 年 5 月 29 日，第 1 版。

④ 《对于清谕饬禁政闻社之批评》，《中兴日报》，1908 年 8 月 31 日，第 5 版。

⑤ 诘奸：《保皇党之虚夸与发黄粱梦》（三至六续），《中兴日报》，1909 年 6 月10、16、24 日，7 月 19 日，均第 1 版。

中较早从沉睡中醒悟过来的“志士”，两党对中国的未来都可产生举足轻重的影响。但是，由于两党的志士在当时相互不能原谅，各自举着一面救亡的大旗，互相争夺群众、争夺资源，因此，双方在论争中都完全否定对方，极力夸大自己，咬定只有自己这一方才有功于戊戌以来的中国历史，只有自己这一方才能解决中国今日的难题，将中国引向一个美好的境界。在这种情况下，自然谁也没法让对方信服。不过，这一争论也清楚地表明，孙、康两党是多么希望读者相信本党所选择的宪政之路，多么希望本党的“主义”得到越来越多的拥护与支持，并最终获得胜利。

四、胜败杂谈

学术界专门研究孙、康两党在《中兴日报》与《南洋总汇新报》上论战的成果不多①，但凡涉及胜败评判的，几乎是众口一词，认定《中兴日报》战胜了《南洋总汇新报》，孙党取得了辉煌的战果。并且，我们发现，前贤们在证明《中兴日报》战胜《南洋总汇新报》的时候，所征引的证据往往是孙党的言论。如张玉法在《同盟会时期的革命宣传》及《革命与君宪的论战》② 中都引用了

① 迄今只有两篇文章的关注点集中于《中兴日报》和《南洋总汇新报》：李恩涵：《辛亥革命前革命派与维新派在新马的思想论战》，收于革命开国文献编辑小组编：《中华民国建国文献 革命开国文献 第二辑 史著 一》，台北：“国史馆”，1996 年，原刊于珠海书院出版委员会编印：《珠海学报》，第 15 期，1987 年；赵金钰：《革命党与保皇党在新加坡的论战》，收于《辛亥革命与近代中国——纪念辛亥革命八十周年国际学术讨论会论文集》（下册），北京：中华书局，1994 年。此外，亓冰峰的《清末革命与君宪的论争》（台湾“中央研究院”近代史研究所发行，1966 年初版，1980 年再版）一书的第四章《两党在香港、上海、南洋、美洲的言论冲突与报业争夺》对此有所涉及；颜清湟的《星、马华人与辛亥革命》（李恩涵译，台北：联经出版事业公司，1982 年）的第五章《星、马革命派与维新派的思想论战》所讨论的基本上是《中兴日报》与《南洋总汇新报》之间的论战。内容涉及《中兴日报》与《南洋总汇新报》论战的尚有张玉法《同盟会时期的革命宣传》，收于“中华文化复兴运动推行委员会”主编：《中国近代现代史论集》第 17 编（上），台北：台湾商务印书馆，1986 年；崔贵强：《中兴日报：新加坡同盟会的喉舌（1907—1910）》，收于《辛亥革命与南洋华人研讨会论文集》，台北：“国立”政治大学国际关系研究中心，1986 年；邹鲁：《中国国民党史稿》，上海：商务印书馆，1947 年；等等。

② 《革命与君宪的论战》是“台湾教育部”主编的《中华民国建国史 第一编 革命开国（一）》的第四章《理论与宣传》的第 3 节，作者张玉法。该书由台湾“国立”编译馆于 1985 年出版。

胡汉民在《中兴日报》上的两篇文章来证明《中兴日报》在论战中占上风。一篇是《诛祖护非种之锄》，在这篇文章里，胡汉民说：

徐勤作革命不可行于今日说，文未终篇而逃；亚勇驳革命不致召瓜分说，本报诘其心术上之无耻与文字上之无耻，亦终口塞。最后有平实者，其初最无忌惮，而本报巽言君正之，则遂三难流涕，自谓凡有心肝者，无不谅革命党之志（见《总汇报》八月廿一日论文）。自是以来该报反舌无声者一月，讵昨日亚锄忽欲作死灰复燃之势，为文论排革命可以救中国。①

另一篇是《总汇报之技如鼠》，在这篇文章里，胡汉民说：

初，“天山”祝虏廷立宪，“昆仑”击之，即伏不敢动。乃其后易去“天山”之名，又不时窃作。是其如鼠者一也。三月间，“龙腾”论抵制日货，文已登十余天，该报不敢置喙。迨侦知“龙腾”已旅行，始诬以他端，装成约战之貌。后龙腾出吻，痛击之，该报“真”记者不能驳。“龙腾”登明广告，然后旅行，及“龙腾”去后，该报则又肆口谩骂，目上无人。至“龙腾”复出吻，痛骂“锄全无心肝”，则又未见该报敢与诘驳，竟学金人之三缄其口矣。是其如鼠者二也。六月间，“精卫”申论革命决不至召瓜分，因事旅行，文尚未完也，该报侦知，乃作驳论。至“精卫”出吻，痛惩之，该报始以丧败而口塞。是其如鼠者三也。至九月，“锄”记者忽窃发，谓“排革命实以救中国”。经本报一击，竟亡命而逃。至十月，则“恐恐然”案之一败涂地、“北京通信”案之不敢出一声、“明揭该报有意造谣之罪”案之弃甲曳兵而走，计该报之白昼畏人、伏而不动者，今已一月有余矣。不料前数日，该报复窃发，谩骂准理氏，盖又侦知准理氏之已旅行也。②

---

① 张玉法：《同盟会时期的革命宣传》，收于“中华文化复兴运动推行委员会”主编：《中国近代现代史论集》第17编（上），第139页；“台湾教育部”主编：《中华民国建国史 第一编 革命开国（一）》，台北：台湾“国立”编译馆，1985年，第452页；《中兴日报》，1908年10月17日，第1版。

② 张玉法：《同盟会时期的革命宣传》，收于“中华文化复兴运动推行委员会”主编：《中国近代现代史论集》第17编（上），台北：台湾商务印书馆，1986年，第139页；“台湾教育部”主编：《中华民国建国史 第一编 革命开国（一）》，台北：台湾“国立”编译馆，1985年，第452～453页；《中兴日报》，1909年1月14日，第1版。

按胡汉民所说，《中兴日报》确实取得了全面的胜利。如果我们翻一翻《中兴日报》，就不难发现，胡汉民声称《中兴日报》战胜《南洋总汇新报》的文章还不止这两篇。如在《详纪总汇报最近之大失败》一文里，他列举了两报开战以来《南洋总汇新报》方面徐勤、“锄”、“勇”之失败，对于“勇”的失败着墨特别多，说他败于胡汉民者有13事，败于汪精卫者有10事。

除胡汉民屡言《中兴日报》战胜《南洋总汇新报》以外，《中兴日报》上宣扬该报大胜《南洋总汇新报》以及各地孙党报刊战胜康党报刊的文章还有很多。早在挑战阶段，田桐就曾宣称《南洋总汇新报》“不战而遁”①。徐勤出而应战之后，不到一个月便离开了新加坡。这一事情被《中兴日报》大肆宣扬，作为徐勤被打败的铁证。② 论战期间，《中兴日报》还列举《南洋总汇新报》求和息战的“证据”，做出一副大获全胜、穷寇猛追的架势。③ 在他们笔下，不但《中兴日报》战胜了《南洋总汇新报》，《民报》也战胜了《新民丛报》，《新民丛报》曾向《民报》求和④，而《新民丛报》的停版则是其战败的铁证⑤。他们还振振有词地说，康党各地的机关报都被孙党的机关报打败了：“保皇妖言，四处均被人驳倒，如《新民丛报》之败于《民报》，《商报》之败于《中国报》，《时报》之败于《神州报》，《启南报》之败于《华暹新报》，《新中国报》之败于

---

① 《总汇报不战而遁》，《中兴日报》，1908年6月13日，第2版。

② 药石：《夏六月总汇新报及中兴报战于南洋星加坡总师全溃总将徐勤出奔唐山》，《中兴日报》，1908年7月29日，第2版；汉民：《详纪总汇报最近之大失败》，《中兴日报》，1908年9月1日，第2版；《代康有为慰徐勤书》（录《华暹新报》），《中兴日报》，1908年9月24日，第5版；汉民：《诛袒护非种之锄》，《中兴日报》，1908年10月17日，第1版；汉民：《总汇报之技如鼠》，《中兴日报》，1909年1月14日，第1版。

③ 恶佞：《列举总汇报求中兴报讲和息战之证据》，《中兴日报》，1908年7月31日，8月1、3日，均第5版。

④ 精卫：《忠告联名上请愿书于满洲者》（再续），《中兴日报》，1908年9月7日，第2版。

⑤ 《保皇党运动之失败》，《中兴日报》，1907年10月14日，第3版；《新民丛报之末路》，《中兴日报》，1908年3月27日，第6版；恨海：《与总汇报书》，《中兴日报》，1908年6月10日，第2版。

《自由报》，彼报之败于本报是也。”①

如果我们根据以上种种说词下一断语，说《中兴日报》战胜了《南洋总汇新报》，说孙、康两党在各地的论战中孙党战胜了康党，也可以说是引经据典、旁征博引了。但这么做却犯了一个致命的错误。偏看偏信是治史者的大忌。以孙党的一面之词作为评判胜败的标准，正好犯了偏看偏信的忌讳。倘若我们可以根据孙党的一面之词作出孙党战胜康党的结论，那其他人也可以根据康党的一面之词作出康党战胜孙党的结论。论战期间，康党宣扬自己战胜孙党的言论虽然不如孙党宣扬自己战胜康党的言论那么多，但也不是绝无仅有。如论战开始不久，康党就宣称《中兴日报》的记者在他们的记者面前“俯首无词”②、“一败涂地”③。联系到《南洋总汇新报》的文艺栏里有大量宣扬自己获胜的说词（参见第三章第二节），而读者来稿中也常有吹捧《南洋总汇新报》获胜的文章（第七章将论及），人们确实可以找到很多康党战胜孙党的“证据”。显然，以辩论中某一方自我标榜的言辞作为判断胜负的根据是不可取的。

那种以一方的主笔离开了本埠作为论战失败的证据的做法也不可取。徐勤在《南洋总汇新报》主持笔政，《论革命必不能行于今日》文未终篇即离开了新加坡，这被孙党视为《南洋总汇新报》失败的重要证据，不但《中兴日报》在当时言之凿凿，相关当事人在事隔多年之后也还津津于此。④ 后世的研究者被孙党的一套话语系统包围着，听不到康党的声音，因而也都跟着得出了徐勤从新加坡败走的结论。⑤ 但是，正如我们在第二章中所揭示的，

---

① 刃奸：《请看保皇总汇报之出丑》（续），《中兴日报》，1909 年 7 月 13 日，第 1 版。

② 警：《恨海其又何辞》，《南洋总汇新报》，1908 年 7 月 11 日，第 3 版。

③ 警：《广博面镶象皮》，《南洋总汇新报》，1908 年 7 月 31 日，第 3 版。

④ 如居正在兴中会成立 50 周年之际为《扫荡报》作《中兴与光华》时犹称：“徐勤自知正面大败，浪战无济，甫一个月，乃自新洲溃走。”见《革命逸史》（第 5 集），北京：中华书局，1981 年，第 220～221 页。

⑤ 罗福惠：《居正生平及其思想述论》，收于湖北省社会科学联合会编：《辛亥两湖史事新论》，长沙：湖南出版社，1988 年，第 260 页；曾虚白主编：《中国新闻史》，台北：三民书局，1989 年第 6 版，第 222 页；林济：《居正传》，武汉：湖北人民出版社，1993 年，第 26 页。

徐勤之所以离开新加坡，乃是为了筹办《启南报》，而不是由于战败于《中兴日报》才去了暹罗。离开与战败，二者之间并不存在因果关系。

以一方的机关报停刊作为论战胜败的标准也是不科学的。《新民丛报》比《民报》先停刊，这被视作《新民丛报》战败的标志。孙党这么说，后来的有关研究者也这么说。如果能以此为定谳的标准，那么《中兴日报》与《南洋总汇新报》之间的论战就可以断定为《中兴日报》失败，因为该报在1910年2月初就停刊了，而《南洋总汇新报》则一直延续到20世纪30年代。问题是，报纸的停刊并不一定是由于该报在论战中失败而引起的。就《新民丛报》的停刊而言，其原因有三：一在于稿源困难，因而一再愆期，失信于读者，销路窒息；二在于订阅者拖欠报费，引起亏损，无法支持；[①] 三则由于梁启超将注意力转移到了国内预备立宪的指导上，已无心经营《新民丛报》[②]。就这些原因来看，都与论战的胜败没有关系。就《中兴日报》的停刊而言，其原因在于经营之不善以及孙党内部的矛盾[③]，也同样与论战的胜败没有关系。

那么，该如何评判孙、康两党在《中兴日报》与《南洋总汇新报》上论战的胜负问题？

我们认为，孙、康两党之间的论战，不论是发生在《中兴日报》与《南洋总汇新报》之间的，还是发生在《民报》与《新民丛报》之间的，或是发生在其他地方的两党机关报之上的，都没有胜败可言，谁也没有战胜对方。之所以会出现这种情况，首先是由双方辩论的主题决定的。如众所知，孙、康两党分歧的根本点在于立宪政治的不同形式，一方主张君主立宪，一方主张民主共和。这两种政治体制之间的差别本来是很小的，两党的志士们

---

① 亓冰峰：《清末革命与君宪的论争》，台北："中央研究院"近代史研究所，1980年，第230页。

② "台湾教育部"主编：《中华民国建国史 第一编 革命开国史（一）》，台北："国立"编译馆，1985年，第458页。

③ 彭剑：《孙中山与新加坡两报论战》，胡春惠、薛化元主编：《近代中国社会转型与变迁》，香港珠海书院亚洲研究中心、"国立"政治大学历史学系，2004年，第365～368页。

有时都在不自觉地承认，君主立宪与民主立宪只有程度的差别，而没有本质的差别。① 两党在论战的时候，为了将自己一派的意识形态灌输给受众，为了将改造中国的旗帜控制在自己的手中，人为地夸大了两党的分歧。既然在争论中掺入了利害问题，情况就会复杂起来。君宪、民宪之间的区别与界限是可以模糊的，但由谁来改造中国的利害之争是不容模糊的。在这种情况下，自然是谁也说服不了谁，哪一派都不会在对手面前让步。并且，正如我们已经认识到的，孙、康两党在戊戌政变之后那次寻求合作的努力落空后，双方在很长时间里已不可能进行什么建设性的讨论，辩论之中随处都夹杂着意气之争与谩骂。在这种对骂之中，我们可以看到一派的声音高过另一派，但声调的高低并不足以作为评判胜负的标准。

其次，论战中之所以没有出现一派战胜另一派的情况，也是由于双方在辩论中都没有办法让对方完全信服自己的论点有关。虽然在一些具体问题上孙党的见识要高于康党，但在另一些具体问题上，康党的认识又要高于孙党。双方都能看到自己理长的地方，也都能看到对方理短的地方，结果便是双方都坚持自己的意见，谁也不服谁。不但没有哪一方能提出压倒对方的观点，甚至没有哪一方

---

① 田桐说，君主立宪与民主立宪只是程度的关系，而不是向背的关系（恨海：《民族精神与其制度之关系（附驳总汇报）》（续昨），《中兴日报》，1908 年 6 月 16 日，第 2 版），康有为说，君主民主都是空名，立宪国家，权在议院（星侠：《记南海先生与某君之谈话》，《南洋总汇新报》，1910 年 5 月 28 日，第 2 版），孙党认识到，在西方，君主立宪在实质上与民主立宪并无本质区别（昆仑：《天下古今之无廉耻当以今尚希望清廷立宪者为最》，《中兴日报》，1908 年 2 月 10 日，第 2 版），康党认识到，君主立宪与民主立宪的区别仅在于元首的产生方式一为世袭一为选举（六六：《论改造责任政府之必要》（续），《南洋总汇新报》，1909 年 11 月 26 日，第 2 版）。由此看来，虽然双方攻击对方的时候都有意夸大君主立宪与民主立宪之间的差别，但字里行间又都不经意间流露出君主立宪与民主立宪在本质上相同的见解。认识到这一点很重要。中国应该走君主立宪的道路还是应该走民主立宪的道路，这是孙、康两党的根本分歧之所在。就是在这一点上，在双方分歧对垒的表象下面，依然可以看到核心部分的相同之处。这就深刻地揭示出，孙、康两党之间的分歧，不论表面上看来有多大，但是，就其底线而言，双方并无歧异。这一底线就是：引进西方宪政，改造中国数千年来赓续不断的君主专制政体。正是由于这一底线，使双方的众多志士曾在戊戌政变后的数年里谋求两党合作，也正是由于这一底线，使康党的很多成员在辛亥革命以后放弃了君主立宪的主张，在整个民国时期都热心为民主共和政治而奔走。

能做到自圆其说、不前后抵触。比如说，孙党在论战中一再说自己一派势力充足，但在批判清政府的暗杀活动时，又抛出了孙党是因为“势力薄弱”才有暗杀活动的说法（以此反证清廷因势力强大所以不该搞暗杀）①，显得立论不统一。康党有一篇文章在论述中国古来的民族融合史时，开头部分宣称中国自秦汉以来就没有种族思想了②，但在文章的中间，又说满清王朝“对于汉族也有阶级，对于蒙古族也有阶级，对于回族、西藏族也有阶级”③，不但否定了前文的论点，而且与康党向来所持的“满汉一家，同化已久”的说法相矛盾。双方这种自相矛盾的现象经常出现，自然难以让对方信服。

除自相矛盾之外，双方在《中兴日报》与《南洋总汇新报》的论战中还存在如下一些问题，也使双方互不信服：1.《中兴日报》与《南洋总汇新报》都是日报，一些比较长的论说文往往要用很多天才能刊登完毕，几续其稿以至十几续其稿。文章未刊完的时候，作者的观点往往并不清晰，但论敌则为了打压对方的气势而在文未终篇的情况下就加以攻击，这自然难服人心④。2. 断章取义。《中兴日报》记者广博和《南洋总汇新报》记者警互相指摘对方断章取义，可见双方都有这一毛病⑤。3. 辩驳对方，不能驳倒对方的论据，却偷偷改换他人的观点⑥。4. 在驳论对方的观点时，往往会引用对方的有关文章，但在引用时掐头去尾，或者篡改对方的语言⑦。5. 在

---

① 民帝：《论清政府欲行暗杀手段之卑劣》，《中兴日报》，1908 年 3 月 6 日，第 2 版。

② 吴冠英：《关于立宪融合种族之方法》（续），《南洋总汇新报》，1908 年 8 月1 日，第 4 版。

③ 吴冠英：《关于立宪融合种族之方法》（七续），《南洋总汇新报》，1908 年 8 月15 日，第 4 版。

④ 指责对方有此毛病的文章有精卫：《正告欲为驳论者》，《中兴日报》，1908 年 8 月 24 日，第 2 版；勇：《正告反对国会者》，《南洋总汇新报》，1908 年 9 月 18 日，第 1 版；观战：《告惩奸》，《中兴日报》，1908 年 11 月 25 日，第 1 版；等等。

⑤ 广博：《亚警之面皮可谓厚夹硬》，《中兴日报》，1908 年 8 月 1 日，第 5 版；警：《广博面镶象皮》，《南洋总汇新报》，1908 年 7 月 31 日，第 3 版。

⑥ 汪精卫曾指责《南洋总汇新报》犯过这种毛病，见精卫：《正告欲为驳论者》，《中兴日报》，1908 年 8 月 24 日，第 2 版。

⑦ 《南洋总汇新报》曾指责《中兴日报》犯过这种毛病，见警：《九复中兴报记者神骥书》，《南洋总汇新报》，1908 年 7 月 30 日，第 1 版；警：《十复中兴报记者神骥书》，《南洋总汇新报》，1908 年 8 月 1 日，第 3 版。

辩论中标出一种说法，宣称是论敌的观点，然后加以驳斥，而实际上这种观点并不为论敌所持有①。6. 已被对方驳斥的论点，尚未进行反驳，后来又拿来驳斥对方②。以上种种问题往往为双方所共有，在互相指责对方的过程中，为双方坚持自己一方的见解找到了理由，自然不会被对方战胜，也无法战胜对方。

五、复制品的价值

到此为止，我们终于可以来分析一下孙、康两党在《中兴日报》与《南洋总汇新报》上论战的意义了。不过，我们发现，这次论战的意义似乎并不十分明显。如果我们将这次论战与其他地方尤其是《民报》与《新民丛报》之间的论战作一番比较，就会发现，这次论战的内容，从范围的确定，到论点的表述，以及论据的提出，都没有什么创新之处，而多是此前各处论战的旧料。托克维尔曾经有过这样的感叹：历史是一座画廊，在这座画廊里，复制品多，原件少。③ 翻阅《中兴日报》与《南洋总汇新报》，我们便深深地感到，两党在这两份报纸上的论战很像是双方在《民报》与《新民丛报》上论战的复制品，并且不是那种达到了乱真水平的复制品。

首先，与"原件"相比，这件"复制品"少了一部分内容：双方在《民报》与《新民丛报》上的论战，内容涉及孙党的民族、民权、民生三大主义，而在《中兴日报》与《南洋总汇新报》上的论战，却只涉及三大主义中的民族、民权两大主义，对于民生问题，则没有能够展开辩论。如果说双方在日本的论战是一场"三民主义"的论战，那么双方在新加坡的论战却是一场"二民主义"之争。孙党似乎有意避免在新加坡争论民生主义，因此，虽然康党一

---

① 如徐勤在《论革命必不能行于今日》（续前稿）中说，孙党有这么一种观点："与其为满人之奴隶，宁为文明国之奴隶矣。"见《南洋总汇新报》，1908 年 7 月4 日，第 1 版。实则孙党从来没有这种思想。

② 汪精卫曾指责《南洋总汇新报》犯过这种毛病，见精卫：《正告欲为驳论者》，《中兴日报》，1908 年 8 月 24 日，第 2 版。

③ ［法］托克维尔著，冯棠译：《旧制度与大革命》，北京：商务印书馆，1996 年，第 104 页。

再想挑起对民生主义的辩论，[1] 孙党却一直不迎战。之所以如此，多半是因为《民报》所倡导的民生主义早被论敌指斥为“利用此以博一般下等社会之同情，冀赌徒、光棍、大盗、小偷、乞丐、流氓、狱囚之悉为我用”[2]，将对中国的资本家造成损害，使之“裹足不前”。[3] 而南洋华侨中商人、“资本家”较多，如果在他们面前宣扬《民报》那种社会革命，容易引起华侨的误解，加上论敌从旁“蛊惑”，那就更容易使华侨惊骇而走，不支持孙党的事业。为了本党事业的发展，孙党决定暂时牺牲一下“主义”。但这样一来，就使两党在新加坡的论战，不是“三民主义”，而是“二民主义”了。

其次，与“原件”相比，“复制品”的格调也低了很多。虽然两党在日本论战的时候也有用语不那么文明的现象，但基本上还可以算得上是文明的辩论。但两党在新加坡的论战，则相互谩骂的文字非常多，使人觉得那简直就不是一场论战，而是一场骂战。陶成章曾参加过《中兴日报》与《南洋总汇新报》之间的论战，作为孙党阵营中的一员，他对《中兴日报》有过如下的评语：“日从事于谩骂，不成日报体裁。”[4] 陈宗山是一位学者，他在研究南洋华侨对辛亥革命的贡献时指出，《中兴日报》与《南洋总汇新报》之间的骂战之风养成了南洋华侨报纸之间相互攻讦的恶习：“自是南中报纸，恶詈丑诋，浸成风习，流弊殆非当时所及料。反对者争而不胜，则藉以他力，媒孽中伤之举，亦未始不由于此。”[5] 不用广泛

---

① 果：《论华侨不可为革命说所惑》（续），《南洋总汇新报》，1908 年 8 月 28 日，第 1 版；观潮生：《论理财局之设立》（四续），《南洋总汇新报》，1909 年 3 月 24 日，第 1 版。

② 饮冰（梁启超）：《社会革命果为今日中国所必要乎》，张枬、王忍之编：《辛亥革命前十年间时论选集》（第二卷上册），北京：生活·读书·新知三联书店，1963 年，第 359 页。

③ 饮冰（梁启超）：《社会革命果为今日中国所必要乎》，张枬、王忍之编：《辛亥革命前十年间时论选集》（第二卷上册），北京：生活·读书·新知三联书店，1963 年，第 341 页。

④ 陶成章：《同龚宝铨复沈钧业信》（1910 年 11 月 5 日），湖南省社会科学院编注：《陶成章信札》（修订本），长沙：岳麓书社，1985 年第 2 版，第 55 页。

⑤ 陈宗山：《南洋华侨于革命中之努力》，包遵彭、李定一、吴相湘编纂：《中国近代史论丛 第二辑第四册 ——华侨》，台北：正中书局，1976 年，第 3 版，第 130 页。

征引孙、康两党的骂词，仅此即可看出，两党在新加坡论战的格调比双方在日本论战时要低。

那么，两党在《中兴日报》与《南洋总汇新报》上的论战是否毫无意义可言？非也。高贵华丽做工考究的服饰适合宫廷贵人们享用，用粗麻大布加工成的仿制品会令贵族们不屑一顾，但却可以满足市井小民们模仿贵族附庸风雅的虚荣心，说不定还会引起底层百姓的一场服饰革命，造成社会风俗的小小变迁。两党在《中兴日报》与《南洋总汇新报》上的论战，其意义与此类似。用语相对文雅、措词比较讲究的文章适合于留学界的口味，而用语粗鄙、措辞随意的文章则正合乎华侨大众的脾胃。华侨们或经商、或种植、或当矿工、或拉人力车，整日奔波，没有充分的时间学习，大都只能粗识之无、略通文墨，文绉绉的遣词造句不符合他们的口味，只会令他们感到摸不着头脑。以他们所喜闻乐见的语言形式行文，则可让他们在茶余饭后翻阅报刊的时候不经意间接受了新思想。因此，这场“下里巴人”的论战，其格调虽不及在日本时高雅，但却有将孙、康两党的“主义”普及于南洋大众的重大意义。孙、康两党的政治见解本来只是两党志士所怀抱的一些理想而已，通过一些早期报刊的宣扬，以及《民报》与《新民丛报》的对垒，使这些思想逐渐在知识分子中间有了市场，而通过《中兴日报》与《南洋总汇新报》等面向一般民众的报刊的宣扬与驳难，君主立宪与民主共和的观念才渐渐印入一般华人的脑际，不再仅仅是知识分子脑海中阳春白雪般高妙的思想而已，这就为新思想转化为实际政治运动迈出了关键的一步。正是通过这场论战，孙党在华侨面前比较全面地展示了自己一派的政治理想，使华侨比较真切地了解了孙党的本来面目，从而部分地改变了华侨对孙党的误解，使一部分华侨乐意支助孙党了。显然，通过这场论战，孙党扩大了在华侨中的影响。康党也通过《南洋总汇新报》对君主立宪的大力鼓吹，吸引了越来越多的华侨卷入到请愿速开国会的狂潮之中，向清政府不断地提出速开国会、即开国会的要求，为本党事业的发展赢得了群众基础。

第六章　孙康两党对清廷宪政的批评与清廷的“发声”

本章将着力探讨在《中兴日报》与《南洋总汇新报》上所见康党与清廷之间、孙党与清廷之间的论战。与孙、康两党之间的论战你来我往相互辩难的架势不同，康党对清廷、孙党对清廷的论战都是只有驳难方的论战，清政府的论点则主要体现在具体的施政方针之中。20世纪初中国最大的政治问题是宪政问题，在清廷宣布预备仿行宪政之后，这一问题尤其引起人们高度的关注。清廷按照自己的设想主持着中国的宪政实践，孙、康两党则是被清廷驱逐到海外的“逆党”。作为中国政治的边缘群体，两党的宪政思想都与清廷有较大出入，而又都想由“边缘”问鼎“中心”，因此，在两党之间相互辩驳论战之外，两党都把矛头指向清廷，对清廷的宪政实践提出了批评性的甚至是否定性的意见。在“康党—清廷”、“孙党—清廷”的论战中，宪政问题都是论战的核心。

一、民智与国会

清政府和康党都主张君主立宪，但二者所心仪的君主立宪模式有所差别。清政府倾心于日本式的君主立宪，而康党则认为日本和普鲁士的君主立宪“皆未臻上理”①，他们所心仪的君主立宪道路是英国式的②。这种立宪道路上的分歧是康党和清廷之间在宪政问

---

① 《江苏某君致于式枚书》，《南洋总汇新报》，1908年9月2日，第3版。

② 卞修全：《清末资产阶级知识分子的宪政主张论析》，《天津社会科学》，2002年，第5期，第122页。

题上分歧的根本点。不过，从《南洋总汇新报》的情况来看，该报抨击清廷立宪道路的文章非常少，在请愿速开国会风潮的时代背景下，双方的分歧主要不表现在立宪道路的“高”与“下”上，而表现在召开国会的“迟”与“速”上。清廷作为主政者，希望在有比较充分的预备之后再召集国会，在野的康党则主张速开国会。《南洋总汇新报》上所反映的康党对清廷的辩论正是从这一问题开始的。

于式枚衔命出洋考察宪政，却得出了宪政不宜过急的结论，且连上两道奏折发表自己的看法。于式枚的主张遭到了康党的口诛笔伐。① 宪政编查馆成立之后，曾开会讨论召开国会的期限问题。在此会议上，有主张六七年内召开国会的，有主张十年后召开国会的，也有主张二十年后才召开的。对这些“缓期主义”，康党也力加攻击，说这些人“欲直接反对，则不敢逆时势之潮流，若积极赞成，又恐失一己之威福，乃出此模棱手段，以自欺欺人，既掠识时之美名，复施阴险之阻力”②，并骂宪政编查馆的这些大佬们“丧心病狂，昏瞀老朽”③。

抨击了种种“缓期主义”之后，康党提出了自己的速开国会主张。他们主要从对内、对外以及对华侨几个方面陈述速开国会的观点，很显然，对华侨宜速开国会的提法是为了适应康党所处环境，特意站在华侨的立场说话的。

康党所陈述的对内宜速开国会的理由有如下数端：其一，现今孙党势力蔓延，“黄巢胜广，藏器待时，革匪乱民，所在皆是”，同时，要求速开国会者也遍及全国，对这两种人，都只有早开国会才能安定其心，如果迟之又迟，则请愿派也可能转而失望。④ 其二，预备立宪诏书颁发之后，一切举措都难慊人心，原因正在于缺乏监

---

① 旧民：《于式枚又阻挠立宪》，《南洋总汇新报》，1908 年 7 月 21、22 日，均第 1 版；《江苏某君致于式枚书》，《南洋总汇新报》，1908 年 9 月 2 日，第 3 版。

② 甲：《敬告主张国会者》，《南洋总汇新报》，1908 年 7 月 29 日，第 1 版。

③ 甲：《敬告主张国会者》（续），《南洋总汇新报》，1908 年 7 月 30 日，第 1 版。

④ 甲：《敬告主张国会者》（再续），《南洋总汇新报》，1908 年 7 月 31 日，第 1 版；《中华帝国宪政会联合海外二百埠侨民公上请愿书》，《南洋总汇新报》，1908 年8 月3 日，第 1 版。

督机关，如果召开国会，则可消除种种弊端。① 其三，政府颁布的法律很多，但都受到人们批评，那是因为这些法律没有得到人民的同意。如果召开了国会，以国会制定法律，则不会出现这种情况。② 其四，速开国会以联系上下之情，有利于中国金融业的发达，从而使中国在全球商战中立于优胜的地位。③ 其五，召开国会，给国民以监督财政的权利，国民便不会因交纳赋税而抱怨，从而为朝廷解决各项新政的经费问题。④

对外宜速开国会的理由如下：其一，列强掠夺中国的矿山、铁路等权利之所以那么容易得手，是因为中国只以政府诸人与列强抗争。如果开了国会，则以全体国民之力与列强相抗，利权可保，种种外交失败的情形也可消除。⑤ 其二，中国现今处于被列强瓜分的险境，如果不想像波兰那样被瓜分、像朝鲜那样被保护，于九死之中求一生，只有速开国会一途。如果一再延误，再过几年，中国即使想开国会亦将不可得，因为到时候“列强已不我许”了。⑥ 其三，中国在与列强的历次交战中屡吃败仗，不是枪炮不如人引起的，也不是人数不如人引起的，而是由于专制国家的人民勇于私斗而怯于公战，如果开了国会，则国家与人民的关系密切，人民将像保护身家一样保卫国家，赴汤蹈火，在所不避，自然能无往而不胜。⑦

---

① 《雪兰莪、霹雳、芙蓉、彭亨四州府华侨国会请愿书》，《南洋总汇新报》，1908年8月17日，第1版。

② 《雪兰莪、霹雳、芙蓉、彭亨四州府华侨国会请愿书》，《南洋总汇新报》，1908年8月17日，第1版。

③ 《雪兰莪、霹雳、芙蓉、彭亨四州府华侨国会请愿书》，《南洋总汇新报》，1908年8月17日，第1版。

④ 《中华帝国宪政会联合海外二百埠侨民公上请愿书》，《南洋总汇新报》，1908年8月3日，第1版；《雪兰莪、霹雳、芙蓉、彭亨四州府华侨国会请愿书》，《南洋总汇新报》，1908年8月17日，第1版。

⑤ 《雪兰莪、霹雳、芙蓉、彭亨四州府华侨国会请愿书》（续），《南洋总汇新报》，1908年8月18日，第1版。

⑥ 甲：《敬告主张国会者》（续），《南洋总汇新报》，1908年7月30日，第1版。

⑦ 《雪兰莪、霹雳、芙蓉、彭亨四州府华侨国会请愿书》（续），《南洋总汇新报》，1908年8月18日，第1版。

对于华侨宜速开国会的理由有二：其一，华侨去乡井、越风涛，谋生外洋，但由于国势孱弱，权利义务都不能与外人平等，如果国会召开，国力强大，则政府可与列强作正当交涉，使华侨不再受外族的欺凌。其二，华侨所掌握的开矿技术在英、法列强之上，但因为祖国矿章苛严，又有风水之说阻碍，因而不愿归国开矿。开国会之后，改良矿务章程，破除风水迷信，则华侨将乐于投资国内矿山，为祖国开辟富源。①

除“速开国会”之外，康党还提出了“即开国会”的主张。早在1909年12月30日《南洋总汇新报》就刊文鼓动人们去要求政府“即开国会”②，1910年4月30日刊登的一篇文章则要求政府“郊天告庙开诚布公急开国会”③。后来，他们还不断威胁政府，如果不即开国会，则会导致“旁决横溃”、大局糜烂的局面④，应该通过即开国会以解决外交方面的困难⑤，通过即开国会以利用民气来保卫国家⑥。

由开国会的“迟”与“速”又牵涉民智的“逮”与“不逮”的问题。政府官员主张缓开国会的一个理由就是国民程度尚嫌幼稚，民智未足，不宜速开。对此，康党进行了大量的驳难。批驳时所提出的观点相互之间并不统一，有时甚至有矛盾之处。如康党在一封请愿书中提出，中国的民智实已开通到足够开国会的程度，因为中国人数众多，且“学校之盛”、“新学之殷”，“通于中外之彦殆不可数计”。⑦ 而在另一封请愿书中则承认国民程度不足，且认为国会一开，国民的政治思想就会发达起来，国民的政治思想发达了，国

---

① 《雪兰莪、霹雳、芙蓉、彭亨四州府华侨国会请愿书》（续），《南洋总汇新报》，1908年8月18日，第1版。

② 《呜呼人心死》，《南洋总汇新报》，1909年12月30日，第2版。

③ 《对于我国军舰海容入横滨港之悲感》，《南洋总汇新报》，1910年4月30日，第2版。

④ 《论中国大势之危急》，《南洋总汇新报》，1910年7月21日，第2版。

⑤ 更生：《中国已为立宪国土地人民为国民公有割地弃民政府难专合请即开国会通告文》，《南洋总汇新报》，1911年3月25、29、30、31日，均第2版；傥客：《论今日外交无解决之道》，《南洋总汇新报》，1911年4月1日，第2版。

⑥ 《政府当利用民气以保国家》，《南洋总汇新报》，1911年5月3日，第2版。

⑦ 《中华帝国宪政会联合海外二百埠侨民公上请愿书》，《南洋总汇新报》，1908年8月3日，第1版。

与民两相隔绝的状况就会改变，国与民不相隔绝了，国民就会有爱国心，有了爱国心，国家就会强大。总之，国会是“助进国民程度速率之导线”，应该速开国会以促进民智的发达。① 梁启超在所撰写的文章中也承认国民程度有不足之处：“夫我国民动曰吾人民程度已足，此吾所不敢苟同也，吾国现在之人民程度，以比东西诸立宪国，实自惭低下，安能为讳?”② 不过，他又提出，相对而言，当下的国民程度还比较适合开国会，再过几年则反而不适合了，其中的一条理由就是，废除科举之后，在新教育体制下受教育者日益减少③。康党就是用这种互相抵触的说辞来与清廷的程度不逮说展开驳论的。不过，这些很不统一的说辞中有一点是共通的：不论承认国民程度尚有不足之处还是认定民智已“逮”，都在于说明政府不得以国民程度不足为借口来延迟召开国会的期限，而应该速开国会。

在辩论“民智”问题的过程中有一个有趣的现象：针对政府官员提出的民智不逮论，康党针锋相对地提出了官智不逮说。如康有为提出，政府中的大佬们是一些“即聋从昧”的家伙，由这些人来治理中国，就像让一个盲人掌舵，驾巨舰于洪涛之中，绝对不如从四万万国人中选举数百名议员采取从多取决的方式治理来得好。④

---

① 《雪兰莪、霹雳、芙蓉、彭亨四州府华侨国会请愿书》，《南洋总汇新报》，1908 年 8 月 17 日，第 1 版。

② 饮冰（梁启超）:《为阻挠国会事论现政府敌视人民谋危皇室之罪》（十二续），《南洋总汇新报》，1910 年 8 月 31 日，第 2 版。

③ 饮冰（梁启超）:《为阻挠国会事论现政府敌视人民谋危皇室之罪》（十三续），《南洋总汇新报》，1910 年 9 月 1 日，第 2 版。梁启超所指陈的数年后国民程度反会不足的理由尚有两点：其一，政府现在压制出国留学，将导致国人中有政治智识的人日益减少，此前已获政治智识者且会因得不到重用而消磨了志气。其二，中国的国民生计日益艰难，有志之士多为生计奔忙，无心为国事尽瘁，在这种情况下，国民程度必然日退而不是日进。见《为阻挠国会事论现政府敌视人民谋危皇室之罪》（十四续），《南洋总汇新报》，1910 年 9 月 2 日，第 2 版。承认国民程度不足而又仍主张速开国会的论文尚有《论国会与时势》一篇。该文认为如果要让全体国民都有立宪资格，将要等到数十百年之后，在此期间，地球上不知有几国兴，有几国亡。中国不一定在兴者之列，不兴则必亡。因此，坚持程度不逮说乃是一种自杀行为，应该速开国会。《南洋总汇新报》，1908 年 8 月 24 日，第 3 版。

④ 《中华帝国宪政会联合海外二百埠侨民公上请愿书》，《南洋总汇新报》，1908 年 8 月 3 日，第 1 版。

梁启超则提出，立宪国家官吏的程度应该比议员高，说中国人的程度尚不足为官吏，这是可以承认的，如果说国人中能产生那么多官吏，却偏偏没有组织议会的能力，那就不可信了。① 提出官智不足，仍在于说明与官智相比，民智不足为忧，应该速开国会。

康党还对宪政的"预备"问题发难。很明显，攻击清廷的"预备"无效果，仍然旨在"要求"清廷速开国会。他们对宣布预备仿行宪政以来的施政表示否定，"立宪之预备已三年矣，究其预备之实效果安在耶?"② "朝廷自颁布预备立宪之诏，内而设立新部，外而改定官制，凡教育、警察、邮政、铁道诸要政，无不次第举行，然表面日言整顿，日言扩充，而其实非误于舞弊营私，即堕于因循粉饰，鲜有能卓著成效者。"③ 不但看不到预备的成效，在某些作者的笔下，预备立宪所带来的祸患比专制还要酷烈。④ 在对预备立宪的种种批评之中，以梁启超的批评最为典型。他对那种将什么都冠之以"筹备宪政"名号的做法表示厌恶，对此作了非常形象的刻画：

> 添置一局所则曰筹备宪政，颁布一章程则曰筹备宪政，任用一官吏则曰筹备宪政，凡政府一举一动皆纳入于筹备宪政之范围中，是故摧锄舆论亦筹办宪政也，劫掠民财亦筹办宪政也，将权利卖与外国人亦筹办宪政也，乃至卖缺买缺亦筹办宪政也，拜干爷干娘收干儿干女亦筹办宪政也，在部院中群饮聚赌亦筹办宪政也，长官与僚属连袂作狭邪游亦筹办宪政也。自有宪政二字以来，未有蒙不洁若斯之甚者。⑤

他还将清廷所颁布的九年筹备清单的内容归纳为设立谘议局和资政院、调查户口、编纂法典、司法独立、办理警政、办理地方自治、

---

① 饮冰（梁启超）:《为阻挠国会事论现政府敌视人民谋危皇室之罪》（十三续），《南洋总汇新报》，1910 年 9 月 1 日，第 2 版。

② 甲:《敬告主张国会者》，《南洋总汇新报》，1908 年 7 月 31 日，第 1 版。

③ 《雪兰莪、霹雳、芙蓉、彭亨四州府华侨国会请愿书》，《南洋总汇新报》，1908 年 8 月 17 日，第 1 版。

④ 少民:《内阁制度与预备立宪》（续），《南洋总汇新报》，1909 年 8 月 17 日，第 2 版。

⑤ 饮冰（梁启超）:《为阻挠国会事论现政府敌视人民谋危皇室之罪》（四续），《南洋总汇新报》，1910 年 8 月 17 日，第 2 版。

编订官制官规、清理财政、编国民课本、设行政审判院、变通旗制、设弼德院、颁布宪法、颁布议院法及选举法 14 项，并对这 14 项内容逐一分析，认定筹备清单所规定的筹备项目要么是与国会毫无关系的，要么是虽有关系但不甚紧要的，要么是应该先开国会而后才施行该项措施而不是先“筹备”之而后才开国会的，总之一句话，没有必要等到筹备清单中所规定的事项一一完成才召集国会，而应该从速召开。①

除与政府争执开国会的“迟”与“速”之外，康党也对清廷的许多具体的筹备宪政措施加以品评，提出一些建设性意见，如提出在立宪政体下应当注重舆论②，应当预防立宪条件下犯罪之增多③，应当按照立宪国家保障自由的原则整顿警察制度④，应当实行司法独立原则，司法不应受督抚节制⑤，不可以各省谘议局作为下议院⑥，等等。

总起来看，康党对清廷的立宪举措虽然不乏和风细雨般的建设性意见，但更多的是疾风暴雨式的批评性意见，对清廷迟迟不肯召开国会更是满腹牢骚。在这种不满的情绪下，说出一些过火的话是难免的。早在 1909 年 9 月康党就指斥清廷的立宪是“伪立宪”⑦，或斥之为“有理论而无事实”的立宪⑧。1910 年 3 月，有政府将解散国会请愿代表的传闻，《南洋总汇新报》刊文说，这一举动若付

---

① 饮冰（梁启超）：《为阻挠国会事论现政府敌视人民谋危皇室之罪》（第五至八续），《南洋总汇新报》，1910 年 8 月 18、22、24、25 日，均第 2 版。

② 六六：《论摄政王之注意舆论》，《南洋总汇新报》，1909 年 6 月 23、24、26 日，均第 1 版。

③ 贞民：《文明国犯罪增加之原因》，《南洋总汇新报》，1909 年 8 月 27 日，第 1 版。

④ 六六：《论中国警察亟宜整顿》，《南洋总汇新报》，1910 年 1 月 5、6 日，均第 2 版。

⑤ 更生（康有为）：《外官制评议》，《南洋总汇新报》，1911 年 3 月 18 日，第 2 版。

⑥ 记者：《论立宪国必用两院制度之理由》（再续），《南洋总汇新报》，1909 年 8 月 7 日，第 2 版；璆：《政党之责任》，《南洋总汇新报》，1909 年 8 月 6 日，第 2 版。

⑦ 侠佛：《论伪立宪之足以召乱》，《南洋总汇新报》，1909 年 9 月 3 日，第 2 版。

⑧ 非非：《危言二》，《南洋总汇新报》，1909 年 9 月 20 日，第 2 版。

诸实施，将成为预备立宪是伪立宪的明证①。1911 年，请愿代表温世霖被遣戍新疆的消息传出之后，该报连刊两文，指斥这一举动是清廷揭去假立宪面具的铁证。② 待奕劻内阁出台之后，《南洋总汇新报》的攻击更是不遗余力，甚至喊出了“立宪问题，谋之满洲政府，犹之与狐谋皮，未有能济者也”的口号。③ 这一说法和孙党的口气何其相似乃尔！

二、立宪之真假

与康党从立宪的“迟”与“速”入手向清廷展开驳论不同，孙党批驳清廷的宪政是从否定清廷立宪的诚意入手的。他们很尖锐地指出，清廷无心真正实行立宪政治，只是迫于时势，不得已而作出立宪的样子，其立宪的动机是不纯的。他们揣测并振振有词地攻击道，清廷立宪的动机有如下几端：其一，鉴于革命风潮的风起云涌，想以立宪的名义扼杀革命思想的传播和革命运动的发展；④ 其二，鉴于汉人反满意识的觉醒，想以立宪的名目来“收拾汉人之心”⑤，以使满人的统治得以“万世一系”地延续下去⑥，“一方面欲玩弄汉人”、“一方面欲巩固己族”⑦；其三，鉴于庚子之后中央

① 《论政府欲解散国会请愿代表》，《南洋总汇新报》，1910 年 3 月 25 日，第 2 版。

② 《论发遣温世霖事》，《南洋总汇新报》，1911 年 2 月 14 日，第 2 版；《假立宪之面目已尽揭去》，《南洋总汇新报》，1911 年 2 月 15 日，第 2 版。

③ 《论初九日上谕之价值》，《南洋总汇新报》，1911 年 11 月 15 日，第 2 版。该报攻击新内阁的文章尚有：傥客：《新内阁之人物》（1911 年 4 月 3、4、5 日，均第 2 版，其时内阁人选的上谕尚未发表，此文是据传闻而作的）；《论今日之新内阁》（1911 年 5 月 26 日第 2 版）；《朝廷何忍以一亲贵之故而贻全国辱乎》（1911 年 7 月 1 日第 2 版）；傥客：《异哉庆王之所谓大政方针》（1911 年 8 月 10 日，第 2 版）；等等。

④ 恨海：《泣告同胞之希望立宪者》，《中兴日报》，1908 年 3 月 20 日，第 2 版；绍轩：《满清立宪实成专制》（续），《中兴日报》，1908 年 12 月 19 日，第 1 版。

⑤ 恨海：《清首相与立宪》，《中兴日报》，1908 年 5 月 28 日，第 2 版。

⑥ 绍轩：《满清立宪实成专制》（再续），《中兴日报》，1908 年 12 月 21 日，第 1 版。

⑦ 扑满：《有希望满清政府立宪热者盍听诸》，《中兴日报》，1909 年 10 月 16 日，第 1 版。

政府权力遭到严重削弱，欲借立宪的名号实行集权政策①。如此说来，清廷立宪的本意，只在于防止革命势力的蔓延，加强中央集权，以防止大权旁落，确保满清统治的绵延不绝，这些都与立宪政治的精神没有关系，甚至与立宪精神背道而驰，因此，清廷的立宪决不是真正的立宪，而是假立宪、伪立宪。这样，孙党就从清廷立宪的动机入手，对清廷立宪的真实性予以否定。

孙党指斥清廷立宪为假立宪的说辞还有一些。他们把清廷的立宪放到古来愚民术的发展史中进行考察，把立宪与秦始皇的焚书坑儒、汉武帝的独尊儒术、唐宋的开科取士以及明代的八股制艺并列在一起，视清廷的立宪是中国古来愚民术发展的最高阶段。②当然，虽然是最高阶段，但也不过是一种愚民术而已，而不是真正的立宪。他们还辩论道，清廷的立宪，立法、行政、司法三大权力不分，则立宪只是虚名，专制才是本质；不赋予人民信仰、行动、言论、出版四大自由，则立宪只是虚名，专制才是本质。③

孙党还通过对清廷预备立宪措施的攻击来否定其立宪的诚意。他们认为，立宪的预备功夫在于国会、地方自治、裁判所之设立三个方面，但清廷在这三个方面并未真正用心：

> 若论国会，彼于贵族院则尽力为之而惟恐或后，至于庶民院则置之脑后，惟恐人之提起，故去岁有奏速开民选议院者大受申斥；若论地方自治则惟恐其权过大，遇事必使其受中央政府之监督，且此时有锐意图治者，彼则多方阻挠以濡滞之；若论及裁判所一节，则彼尚未道及。④

对于清廷所施行的预备措施，他们一概加以否认，认为根本与预备没有关系："故其扬言行预备立宪之政，莫非从皮毛下手。如派大

---

① 绍轩：《满清立宪实成专制》（再续），《中兴日报》，1908 年 12 月 21 日，第 1 版；汉民：《满人排汉之政策进步欤退步欤》，《中兴日报》，1909 年 5 月 13 日，第 1 版。

② 云：《愚民术之变迁》，《中兴日报》，1907 年 10 月 18、19、21 日，均第 2 版。

③ 绍轩：《新年即作呓语耶——〈正总汇报〉与阅报诸君贺年书》（三续、四续），《中兴日报》，1909 年 2 月 11、22 日，均第 1 版。

④ 恨海：《泣告同胞之希望立宪者》（五续），《中兴日报》，1908 年 3 月26 日，第 2 版。

臣出洋，如改革官制，如设立谘［资］政院等事，究于立宪有何关系哉？而彼竟曰某举为立宪而行，某局为立宪而设”①，“外部因预备伪立宪之文作九年内推行之筹划也，陆军部因预备伪立宪之文作九年内推行之筹划也，而农工商部、而邮传部、而吏部、而学部、而度支部、而民政部、而法部亦因预备伪立宪之文而作九年内推行之筹划也。虽然，官样文章，只足以掩愚者之耳目，苟一征其实，则伪宣统之元年已为预备立宪之第二年，而各部所谓第二年之推行究竟已实行否耶?”② 总而言之，清廷的种种预备立宪举措都是虚伪的，是借以拖延时间的“欺人之具”③。

对于清廷这场“伪立宪”、“假立宪”，孙党断言绝不可能取得成功。田桐《泣告同胞之希望立宪者》一文的第三个子目就是“立宪必无成功之日”。在这一子目里，田桐论道，清廷数次派大臣出洋考察宪政均无任何成效，其立宪举措如官制之改革、内阁之组织、资政院之开设等都敷衍再三，毫无实绩。总之，清廷之立宪如斗鸡、儿戏，没有丝毫价值可言，直至革命成功之日都不会取得成功。④ 陈景仁被革职、政闻社被查封之后，《中兴日报》曾刊登《陈景仁之革职及政闻社之解散与立宪之前途》一文，这篇文章也断言清廷的立宪“必无成事之一日”⑤。下此论断的根据就是，陈景仁是一个“宪政党”，政闻社则是“宪政党之机关”，一心“仰意承欢”，想迎合清廷旨意，促进宪政的实现，结果一被革职、一被查拿，这说明清廷根本就无心立宪。并且，《江汉日报》仅仅因为刊登了二百埠华侨国会请愿书就被查封了，而反对立宪的于式枚却没有遭到惩处，这更说明“清廷之所最恶者莫如立宪”⑥。既然清

---

① 恨海：《清首相与立宪》，《中兴日报》，1908 年 5 月 28 日，第 2 版。

② 扑满：《波斯专制之已倒与满洲政府之必亡》（三续），《中兴日报》，1909 年 9 月 29 日，第 1 版。

③ 壮夫：《论满清召集各省议员》，《中兴日报》，1909 年 12 月 4 日，第 1 版。

④ 恨海：《泣告同胞之希望立宪者》（三续），《中兴日报》，1908 年 3 月 24 日，第 2 版。

⑤ 《陈景仁之革职及政闻社之解散与立宪之前途》（续前），《中兴日报》，1908 年 9 月 19 日，第 5 版。

⑥ 《陈景仁之革职及政闻社之解散与立宪之前途》（续前），《中兴日报》，1908 年 9 月 19 日，第 5 版。

廷非但无心立宪，反而痛恨立宪，则其立宪当然不会有什么好结果。

除了否定清廷立宪动机的纯良，并预言其立宪必无美满的结果之外，孙党还大力攻击《钦定宪法大纲》。

清廷于 1908 年 8 月 27 日颁布《钦定宪法大纲》，对此，孙党进行了猛烈的抨击，这与康党的态度形成了鲜明的对比。其时请愿速开国会运动已大规模地展开，康党乐于把《钦定宪法大纲》的颁布视作其“要求”的一项成果，因此，我们在《南洋总汇新报》上没有看到批评《钦定宪法大纲》的只言片语，反而看到了它为《钦定宪法大纲》辩护的倾向。① 孙党则在看到清廷颁布宪法大纲、九年筹备清单等实质性的立宪措施和人们对此的狂喜之情后感到了压力，担心君主立宪的即将实现和本党方略的一败涂地，② 因而对《钦定宪法大纲》予以猛烈抨击，以图使人们相信清廷立宪之虚伪，从而不再拥护清廷的立宪。

孙党对《钦定宪法大纲》的批评千言万语，归结起来，就是指责宪法大纲集权，违背宪政精神。若进一步分析，我们可以发现，对宪法大纲集权的指责是从三个方面展开的。

一是攻击《钦定宪法大纲》取法乎下，不采英国制，不采普鲁士制，而采君权最重的日本制，并且在日本制的基础上删削限制君权的条文，使君权比日本宪法所规定的还要大。因此，“满洲之所

① 锄的《论宪法无不可改良之理》（《南洋总汇新报》，1908 年 9 月 24、25、30 日，均第 1 版）就有明显的为《钦定宪法大纲》辩护的味道。此文开篇即曰：“近日政府所议宪法大纲未能深惬于国民希望立宪之初心，议者遂谓其藉以巩固专制之特权，于是武断中国立宪之前途，以为必无良效果。此所谓一叶闭目不见泰山，两豆塞耳不闻雷霆，举一而不能反三，知二五而不知一十者也。”

② 还在《钦定宪法大纲》颁布之前，孙党就鉴于清廷“一面预备立宪，一面实行中央集权”等情况，高呼“中国若不于此数年内实行革命，此后恐更无革命之时”，反映出孙党对清廷立宪成功则本党通过革命以实现民主立宪政治的抱负就无从实现的担心，见精卫寄稿：《革命之激进主义》（三续），《中兴日报》，1907 年 12 月28 日，第 2 版。《钦定宪法大纲》颁布、召开国会的年限确定之后，举国若狂，额手相庆，孙党的忧虑自然更甚于昨，因此，当举国大多数人在看到《钦定宪法大纲》之后认为可以凭借和平手段实现宪政的时候，孙党却大呼人们在看到《钦定宪法大纲》之后应该起而革命。见精卫：《要求国会者宜有最后之武力》，《中兴日报》，1908 年 10 月 10 日，第 1 版。

谓宪法，虽日本亦不屑视为同调，而普国无论，英国更无论矣”。[1]

二是指责《钦定宪法大纲》对国会的权限限制过甚。如第三条规定：“钦定颁行法律及发交议案之权（凡法律，虽经议院议决，而未奉诏令批准者，不能见诸实行）。”孙党批评说，只此一条，已“斩削议院立法之权力至于殆尽”。[2] 又如，第七条规定国交之事由君上裁决，不付议院议决。第十三条规定，皇室经费由君上制定常额，议院不得置议。孙党批驳道，这使国会监督财政的权限被剥夺。[3] 总之，在孙党看来，《钦定宪法大纲》将国会的基本权限如立法权、财政监督权等都剥夺殆尽，大权都集于君上，失去了宪政的精神。

三是指责《钦定宪法大纲》对人民自由权利的漠视。孙党攻击道，《钦定宪法大纲》无视集会自由、出版自由、宗教信仰自由、居住及迁徙自由、书信秘密自由，其钳制人民自由权利比专制时代还要厉害。[4]

孙党否认清廷立宪的诚意，断言清廷所主持的立宪必然不会有美满的效果，攻击其所颁行的《钦定宪法大纲》，用意是否定君主立宪方案的可行性，否定清廷立宪的资格，使人们不再相信清廷的立宪，而趋向于孙党的民主共和方案。如果说康党否定现政府合法

① 汉民：《呜呼满洲所谓宪法大纲》（九续），《中兴日报》，1908年10月5日，第1版。胡汉民的这篇文章13续其稿（缺第10续），分刊于《中兴日报》，1908年9月21、23、24、26、28、29、30日，10月1、2、5、7、8、9日，均第1版，对《钦定宪法大纲》逐条进行驳斥，分析其抄自日本宪法而又加重君权的具体表现，并列有一个表格，比较各国宪法条文，条分缕析，一目了然，是孙党批驳《钦定宪法大纲》最系统、全面的一篇文章。今日研究清末宪法的学者，胡氏此论，实为必读。张绍轩在《满清立宪实成专制》一文中也试图对《钦定宪法大纲》进行逐条批驳，但远不及胡氏所论说服力强，盖张氏多谩骂，而胡氏则据法理也。张氏此文，刊于《中兴日报》，1908年12月14、19、21日，1909年1月4、14、16日，均第1版，其驳斥《钦定宪法大纲》之条文者为最后两续。

② 汉民：《呜呼满洲所谓宪法大纲》（五续），《中兴日报》，1908年9月29日，第1版。

③ 绍轩：《满清立宪实成专制》（五续），1909年1月16日，第2版；海石：《饱哉来宾馁哉家奴》，《中兴日报》，1908年10月15日，第1版。

④ 汉民：《呜呼满洲所谓宪法大纲》（十一续、十二续），《中兴日报》，1908年10月7、8日，均第1版；绍轩：《满清立宪实成专制》（五续），1909年1月16日，第2版。

性的目的在于将君主立宪的大旗攥在自己一派的手里，使人们相信只有按照康党的大旗所指的方向前进才能实现真正的君主立宪制度，那么，孙党否认清政府立宪诚意的目的则在于使人们彻底抛弃君主立宪方案，从而群集于孙党民主共和的大旗之下。

三、“反政府”的两种类型

从上面的论述不难看出，虽然孙、康两党都对清廷的立宪提出了大量的批评性意见，但两者批评的底线是不同的。康党的批评虽然激烈，但并无否定清廷立宪资格的意思，而孙党则根本就不承认清廷的立宪。这种差异，跟孙、康两党在政治追求上的差异是一致的。康党主张君主立宪，而清廷所搞的，也是君主立宪，容易调和；孙党主张民主共和，因此必然要否定所有的君主立宪方案。

另一个值得注意的问题是，虽然关于宪政的问题是孙、康两党与清廷论战的主体，但两党对清廷的论战，并非只限于此。

就康党而言，它对政府的辩论实际上延伸到了内政、外交各方面。内政方面，他们对政府每天都声称在搞改革，但一切都还仍旧的状况大加抨击，对政府监督机关之不灵敏①、政府官员之中饱私囊②等现象都作了深刻的揭露。外交方面，康党对中外通商以后的种种失败均表示不满③，对于政府在各种事情上都要仰承外人鼻息的表现大加抨击④。在他们笔下，中国的外交官是“陋劣”的，“一任外人之愚弄，苟且偷安，唯唯诺诺”⑤，以至凡有交涉，总以失败告终。

就孙党而言，它不仅否定清廷的立宪诚意与资格，还否定清廷

---

① 旧民：《分驻直省之御史不可设》，《南洋总汇新报》，1908 年 8 月 6、7 日，均第 3 版。

② 观潮生：《论理财局之设立》（再续），《南洋总汇新报》，1909 年 3 月 20 日，第 1 版。

③ 僇：《辨亡决论》，《南洋总汇新报》，1909 年 9 月 15 日，第 2 版；《论中国通商后之种种失败》，《南洋总汇新报》，1910 年 1 月 11 日，第 2 版。

④ 六六：《论中国之前途及国民应尽之天职》（续），《南洋总汇新报》，1910 年 4 月 25 日，第 2 版。

⑤ 劝：《论外人之侵略中国》（续），《南洋总汇新报》，1908 年 10 月 10 日，第 1 版。

统治的合法性，称清王朝是“伪朝”①，是“伪政府”②。清廷经常在上谕里自称在治理国家的过程中“深仁厚泽”，孙党则以满汉官缺的比例、历朝文字狱等加以否认。③ 清廷所颁布的报律被指斥为“暴律”④，西太后的奢靡⑤、光绪帝的窝囊⑥、官员之贪婪⑦、政治之窳败⑧，小而民法上蓄妾制的去留⑨、大而兴复海军方面的不当⑩，举凡清政府内政外交方面能够引动人们眼球的，孙党无不加以攻诋，对清廷保护海外侨民的政策与措施的攻击尤其不遗余力⑪。

孙党对清政府内政外交各方面的攻击，与其对清廷立宪的攻击一样，都是为了否定清政府统治的合法性。不过，有趣的是，康党在批评清廷各种内政外交的时候，也对政府表现出了极大的不信

---

① 汉民：《中兴日报发刊词》，《中兴日报》，1907 年 8 月 20 日，第 2 版。

② 精卫：《忠告联名上请愿书于满洲者》，《中兴日报》，1908 年 9 月 3、5、7 日，均第 2 版。

③ 天汉世民：《异哉清廷之谕旨》，《中兴日报》，1907 年 8 月 27、28 日，均第 2 版；御胡次郎：《咄咄虏廷创设华字日报果能解散革党耶》（续昨），《中兴日报》，1909 年 5 月 18 日，第 1 版。

④ 醒：《订暴律》，《中兴日报》，1908 年 2 月 27 日，第 5 版。

⑤ 侠民：《清太后与闽粤灾黎》，《中兴日报》，1908 年 11 月 3 日，第 1 版。

⑥ 精卫：《三十四年之傀儡》，《中兴日报》，1908 年 12 月 3、4 日，第 1 版。

⑦ 《满洲总督侵吞赈款状》（录《民报》太炎稿），《中兴日报》，1909 年 1 月 11、12 日，均第 1 版。

⑧ 扑满：《呜呼可悲可惨可痛可哭者今日之中国》，《中兴日报》，1909 年 7 月 28 日，第 1 版。

⑨ 《除蓄妾弊制竟以一俞廉三而阻》，《中兴日报》，1909 年 4 月 8、21 日，均第 1 版。

⑩ 绍轩：《清宫廷亦效守财奴耶》，《中兴日报》，1909 年 7 月 5 日，第 1 版；选：《欲提盐饷以办海军之可愤》，《中兴日报》，1910 年 1 月 6 日，第 1 版。

⑪ 《清政府敛钱之新法》，《中兴日报》，1907 年 9 月 5 日，第 2 版；沧桑旧主：《清政府又派人来揾钱矣》，《中兴日报》，1907 年 9 月 5、6、7 日，均第 2 版；天汉世民：《华侨宜自筹保护策》，《中兴日报》，1907 年 11 月 13、14 日，均第 2 版；《清政府之留心华侨》，《中兴日报》，1909 年 3 月 19 日，第 3 版；绍轩：《清政府果能保护华侨耶》，《中兴日报》，1909 年 4 月 10 日，第 1 版；《旧金山领事放弃责任述闻》，《中兴日报》，1907 年 11 月 7 日，第 2 版；《保商之领事如此》，《中兴日报》，1907 年 9 月 27 日，第 3 版；《左领事薄待归国华侨之可愤》，《中兴日报》，1909 年 8 月 31 日，第 1 版。

任，并且这种不信任有随着时间的推移而加强的趋势。1908年，他们称现政府是“放弃责任之政府”[①]、“不负责任之政府”[②]、“昏愚之政府”[③]，虽然对政府已是满肚子的不满，但仍没有要抛弃政府的言词形诸笔端。到1909年安奉铁路事件发生之后，他们对政府的态度就严厉多了，不仅继续指责政府不负责任，是“媚外畏外之政府”[④]，且号召人们“以己力争存于世界，勿再以政府为足恃”[⑤]，几乎要否认现政府的合法性了。1910年，康党否认现政府合法性的言论更多了，他们不断攻击政府的“媚外”、“卖国”[⑥]，有人甚至提出，国民要厚养实力，对侵略我国主权的外国要以“死力争之”，对盗卖土地的国贼要以“颈血溅之”，“不惟以实力对外人，并以实力对政府”。[⑦] 1911年，有人提出一项新的“对内对外之方”：组织国民军。作者振振有词地说，政府诸人甘心卖国，只能将救亡的重任寄望于国民，而组织国民军则是国民救亡图存的一剂良方。[⑧]

在关于宪政的辩论中，康党指责预备立宪是伪立宪。在关于其他内政、外交的驳难中，康党更是大力抨击现政府之不负责任，甚至否定现政府的合法性。当他们提出要以实力对待现政府的时候，实际上反映了他们已有抛弃现政府另谋出路的意向。孙党否认现政府的合法性，并在谋求解决中国问题的出路，此为众人皆知的事实。我们现在发现，康党也否认政府的合法性，也表现了抛弃现政府另谋出路的倾向。那么，是不是可以说，在1909年前后，两党

---

① 警：《国民宜助海军之兴复》，《南洋总汇新报》，1908年8月4日，第3版。

② 《论国会与时势》，《南洋总汇新报》，1908年8月24日，第3版。

③ 劝：《论外人之侵略中国》（续），《南洋总汇新报》，1908年10月10日，第1版。

④ 《论安奉路事》（续），《南洋总汇新报》，1909年10月5日，第2版。

⑤ 僇：《辨亡决论》（续昨），《南洋总汇新报》，1909年9月16日，第2版。

⑥ 如六六：《论中国之前途及国民应尽之天职》（续），《南洋总汇新报》，1910年4月25日，第2版；《论国民当以实力争于世界》，《南洋总汇新报》，1910年6月30日，第2版。

⑦ 《论国民当以实力争于世界》，《南洋总汇新报》，1910年6月30日，第2版。

⑧ 傥客：《论今日组织国民军之必要》，《南洋总汇新报》，1911年4月26日，第2版。

在如何解决中国所面临的问题方面已经达成了一致的意见？

答案是否定的。虽然两党都有抛弃现政府的意向，但双方所抛弃的“政府”，其所指有所不同。孙党所反对的政府是指“满清政府”，既包括从中央到地方的各级行政机构以及在这些机构中服务的各级官员，也包括满清皇室。孙党所反对的“政府”的各要素中，皇位是一个非常重要的部分，因此，反对现政府是以排去满清皇位为第一要义。与此不同，康党反对的政府是不包括皇帝在内的，只是指为皇家办事的那帮“大佬”。因此，他们所一再抨击的政府，基本上都是以“人臣”为攻击对象，而不涉及“君上”。他们抛弃现政府，是指革去政府中的那帮“大佬”，基本上不否认君上。与孙党的反现政府是要革去自皇帝以下的政府之命不同，康党的反现政府很有一点古来“清君侧”的味道。“清君侧”的背后，实际上隐含了在排去当朝的“小人”之后由自己一派辅弼君王的深心。当然，康党在“清君侧”之后辅弼君王时肯定会和古来的情况有所不同，他们受了“欧风美雨”的影响，会用立宪制度对君主制度有所改造。总之，孙党的反现政府是“排皇”的，而康党的反现政府则是“保皇”的，我们不要因为看到康党在1909年前后说了很多反现政府的话，就遽下结论，说它和孙党达成了推翻清廷的共识。

我们在讨论康党抨击政府只针对执政诸大佬而不针对君主的时候用了“基本”一词，那是因为，虽然康党的绝大多数言论都不攻击君上，但也有个别言论对君权表示否认的。武昌起义爆发半年前《南洋总汇新报》刊登的一篇文章就表现了这种倾向。这篇文章的标题为《国亡与朝易》，无署名。该文分析了“国亡”与“朝易”的区别，认为朝廷更易并不会对一个民族的存亡造成威胁，而国家灭亡则会使民族永无再生之日，“朝有易而无亡，而国则有亡而无易”，并且十分尖锐地提出：“今日我辈之所忧者，则不在朝易而在国亡”①。这是明白无误地宣告，如果清王朝被新的王朝取代，爱新觉罗家族的皇统终结，作者绝不会为此而忧伤。

《国亡与朝易》见诸康党机关报，说明在武昌起义爆发之前，康党阵营中确实有人对满清君主产生了厌恶之情，不再胶执于保留

---

① 《南洋总汇新报》，1911年3月14日，第2版。

一姓之君主。虽然这种人在康党中属少数，其数量恐怕远不如该党在戊戌政变后数年中高谈革命者之众，但这种情况的存在就足以说明，历史现象是复杂的，康党并没有统一的意识形态，当大部分成员还在谋求“保皇”的时候，已有少数成员游离其外，而持有接近孙党“排皇”式的反现政府主张了。

四、清廷的“发声”

在“康党—清廷”、“孙党—清廷”的辩论中，孙、康两党都有其“发声”的机关即各自的机关报，他们以此为依托向清政府发出了大量的攻击之声。与孙、康两党各有机关报为发声机关相比，清廷则似乎是“无声”的一方。它曾谋划在南洋华人世界创办一份中文日报①，但到革命爆发时为止，这一计划都未能付诸实施。没有机关报为自己辩护，自然不利于维护自己的意识形态。孙、康两党凭借各自机关报的反复鼓吹，将自己的意识形态不断在南洋华侨面前展示，都影响了一部分华侨的思想，为自己赢得了一些支持者。

在这里，我们确实看到了“边缘群体”的大众传播媒体对统治者意识形态的否定，看到了托克维尔所说的“报刊的暴力”②。《中兴日报》是为孙党意识形态说话的传播媒介，《南洋总汇新报》是为康党意识形态说话的传播媒介，它们所捍卫的是两党的意识形态，而非清廷的意识形态。那么，是不是可以说，由于清廷在南洋没有能够发声的机关报，因而它的意识形态在南洋已经没有任何市场，已经完全被孙、康两党的意识形态颠覆掉、瓜分掉？非也。孙、康两党与清廷辩论的时候存在一些问题，如康党关于民智足与不足的言说自相矛盾之处甚多，而孙党关于清廷不保护侨民的言论也多有与事实不符者，凡此种种都会影响两党媒介的传播效果，使华侨不可能尽受其言论的影响。又在辩论中，孙党表现了对清廷的

---

① 《亦解散革党之一策》，《南洋总汇新报》，1909 年 5 月 15 日，第 1 版；御胡次郎：《咄咄虏廷创设华字日报果能解散革党耶》，《中兴日报》，1909 年 5 月 17、18、19 日，均第 1 版；博郎：《拟办联络华侨日报章程》，《中兴日报》，1909 年 6 月 7 日，第 4 版。

② ［法］托克维尔著，董果良译：《论美国的民主》，北京：商务印书馆，1996 年，第 206 页。

全盘否定，康党则虽然表达了对政府诸大佬的不满，但依然塑造了一个宵旰图治的圣君形象，在康党笔下，君侧的小人应当肃清，圣明的君主则理当拥护，因此，那些受康党影响的华侨并不会动摇其对清廷的忠诚，清廷的主流意识形态不会受到什么波及。并且，华侨热爱故里，向心宗邦，而祖国的合法政府此时依然是清政府，而且清政府在20世纪初确实表现出了励精图治的气象。这些都会使华侨依然表现出对清廷的忠诚。

除以上几种因素以外，尚有一种不可忽视的因素也使清廷的主流意识形态在华侨中的影响力不会因孙、康两党传媒的辩难而受到灾难性的破坏。这一因素就是，清廷虽然没有《中兴日报》与《南洋总汇新报》那样的机关报，但并不表明它在侨界没有发声机关，并不表明它在华侨面前不能"发声"。驻外领事的一件保护商民的实事、在领事署举行的一个恭祝万寿的仪式，或南巡官员的一段宣扬朝廷德意的演说、一个体恤侨情的举措，或清廷一个奖励归国侨商的条例之颁布、地方大员对归国侨商的实心保护，都足以加强华侨对清廷的向心力，巩固清廷意识形态在华侨中的影响。传播的途径并非只有大众传播媒介一种，并且报刊等大众传媒的传播效果并非总是那么好，其他方式的传播效果有时会在大众传媒之上①。清廷就是凭借大众传媒以外的传播方式向华侨传播其意识形态的。

清廷向华侨传播意识形态的方式，除了以派驻领事、遣使南巡等"恩"的方式外，尚有使用"威"的一面。如学界所周知，当孙、康两党在世纪之交刚涉足侨界的时候，清廷曾用逮捕故乡家属的方式迫使海外的华侨不敢与孙、康两党接近，在孙、康两党利用机关报大肆驳斥清廷内政外交方面的种种措施以影响华侨思想的时候，清廷又使用了相似的手段。1908年初，外务部致电驻日、英、

---

① 传播学界把传播分为人的内向传播（自我传播）、人际传播、组织传播、大众传播等，可见大众传播只是诸种传播方式中的一种，参见段京肃著：《传播学基础理论》，北京：新华出版社，2003年，第二章第二节；［英］丹尼斯·麦奎尔、［瑞典］斯文·温德尔著，祝建华、武伟译：《大众传播模式论》，上海：上海译文出版社，1997年，第2页。据有关学者的研究，在诸种传播方式中，人际传播的效果最值得引起重视，大众传播媒介要实现其传播效果，还得借助人际传播，参见［美］斯蒂文·小约翰著，陈德民等译：《传播理论》，北京：中国社会科学出版社，1999年，第十五章。

美、德、法、俄、比各国公使，要他们严禁留学生和华侨商人以开会演说、打电报、发行报刊等方式干预政事，违抗者要予以严究，为首者要押送回国，并惩办家属。① 华侨出洋谋生，为的是发家致富，最关心的是家族地位的改善，如果因涉足政治而给本人及家族带来灾难，那他们就会望而却步，有所收敛。清政府很好地掌握了华侨的这种心理，恩威并施，从而使很多华侨不敢越雷池半步，保持了其意识形态在华侨中的影响力。

除了用恩威并施的手法直接作用于华侨，清廷还用否定孙、康两党的方式向华侨展示，只有它才是中国的合法政府，孙、康两党都是逆党，不可信任。康党自称是中国最有势力的民党，中国宪政的命运和该党紧密相连，但是，当康、梁于 1907 年派人到内地散发宪政票的时候，却被朝旨命令查禁②。1908 年陈景仁事件之后，清廷进而查禁政闻社，并致电驻外公使，要求调查政闻社与帝国宪政会的关系，并调查华侨有没有受康党迷惑。③ 诸如此类的措施都以实际行动否定了康党在中国立宪运动中的位置。陈景仁被革职之后，康党十分沮丧，也十分恼怒，扬言要以这次事件“测政府之程度”④，并攻击清廷没有立宪的诚意⑤，但清廷在否定了康党的立宪资格之后，马上于 1908 年 8 月 27 日颁布钦定宪法大纲及议院法要领、九年筹备清单，用具体行动向海内外华人展示了朝廷立宪的诚意。此举无异于向人们表明，没有康党，清廷一样可以推行宪政，实现中国政治发展的和平转轨。面对这种情形，康党只有调整心态，“换一个角度看问题”，将清廷的立宪举措说成是本党“要求”的结果，继续在华侨面前鼓吹中国宪政的即将实现和本党的美好未来。康党自诩为“圣君”的友党，在华侨面前制造光绪皇帝

---

① 《专制威及外国》，《中兴日报》，1908 年 1 月 16 日，第 2 版。

② 《康党又不容于内地矣》，《中兴日报》，1907 年 9 月 23 日，第 2 版；《立宪之清臣拿宪政票之康党》，《中兴日报》，1907 年 10 月 26 日，第 2 版。

③ 《保皇党之讣闻》，《中兴日报》，1908 年 8 月 31 日，第 2 版。

④ 《论陈景仁与于式枚》（录《申报》），《南洋总汇新报》，1908 年 8 月 14 日，第 1 版。

⑤ 《读二十七日上谕敬告国民》，《南洋总汇新报》，1908 年 8 月 20 日，第 1 版。

"复辟"之后必将启用该党的印象，但是，他们朝夕歌颂的"圣君"还没等到"复辟"的一日就驾崩了，主持朝政的摄政王不但没有启用康党的心思，且有严办该党的用意，在大赦天下的时候宣布唯独不赦孙、康两党。①

终清之世，康党都没有获得清廷的宽宥，一直处于边缘地位，而清廷则以否定康党存在的合法性的方式向海外华侨表明，康党所说的那一套都是不可信的，华侨应该向心朝廷。

对于康党的遭际，孙党乐于冷嘲热讽，而对于本党也被清廷目为逆党则并不在意，且乐于接受这种称呼。他们说，孙党以反清为宗旨，被视为"逆"是正常的，康党时时巴结清廷，却也被视为"逆"，那就很难堪了。② 但是，孙党对康党嬉笑怒骂的时候忽视了一个问题，那就是孙党自身被清廷称为逆党了，而一旦被清廷目为"逆"，就会使大多数华侨（国内人民也一样）对该党敬而远之。大多数华侨都有家室戚友在国内，并且他们中的富有者还想归国投资谋取利润，对他们而言，戴上"逆"的罪名，风险实在太大。

除了从言辞上称孙、康两党为逆党以使华侨不敢与他们亲近之外，清廷还一直致力于解散两党，甚或从肉体上消灭两党主要领导人。康有为在戊戌政变后逃到国外不久，清廷曾悬赏购缉，③ 孙中山则在 1896 年被清廷驻英公使逮捕，险些丧命。清廷还曾屡屡派遣侦探去侦察两党的举动，并要求驻外大使、领事设法解散孙、康两党，或与列强交涉，要求各有关国家交出两党的首要。这些措施都很难如愿以偿，但也并非毫无结果。如众所知，日本就曾循清廷之请查封孙党机关报《民报》。以英、法两国而言，英国基本上坚持保护国事犯，不循清廷要求，而法国则倾向于与清廷合作，因此，镇南关起义、河口起义后撤退下来的起义者都被拒绝进入法属

---

① 《醇王决严办康党》，《中兴日报》，1908 年 12 月 5 日，第 1 版。

② 《政闻社员即乱党》，《中兴日报》，1908 年 9 月 3 日，第 2 版；《中兴日报》，1908 年 12 月 3 日，第 2 版（该新闻标题佚）。

③ 桑兵：《庚子勤王与晚清政局》，北京：北京大学出版社，2004 年，第 40 页。

安南，法国还于1908年与中国外务部签订了中法滇越边境巡防章程，和清廷一起防止孙党在安南的活动。清廷查拿孙、康两党的举动也让海外华民看到了清廷的威严，使人们明白“附逆”孙、康两党可能招致的严重后果，从而使他们不得不保持对清廷的忠诚。因此可以说，清廷一切惩办孙、康两党的谕旨和具体措施都有利于维护其意识形态的权威性。

第七章　华侨对论战的参与

到第六章为止，我们已经将《中兴日报》与《南洋总汇新报》两份报纸上所反映出来的论战的主要方面揭示出来，但问题并未完结。前述几章的言说都是围绕着传播者和传播媒介展开的，受众的形象则隐而不彰。孙、康两党凭借着《中兴日报》与《南洋总汇新报》传播自己的意识形态，清廷以大众传媒以外的方式维系自己的意识形态在华侨社会的影响，受众则都是南洋华侨大众。在这场不同意识形态的宣传战中，南洋华侨是被动的受众还是积极的参与者？传播不仅会对受众个体产生影响，还会对社会文化产生作用。这场论战对南洋华侨社会产生了什么样的影响？只有把这些问题弄清楚了，我们才能真正理解这场论战的意义。

相关资料显示，在论战中，南洋华侨并不是冷漠的看客，而是积极地加入其中，主动为自己的选择辩护。这场论战不仅影响了华侨个体的思想，还在一定程度上影响了南洋华侨社会的构成，促进了南洋华侨社会的重新分化组合。本章的主题在于探讨受众对论战的参与，下一章则分析论战前后华侨社会的变迁。

一、关于“来稿”的几点说明

受众对论战的参与是通过向《中兴日报》或《南洋总汇新报》投稿的方式进行的，因此本章关于华侨参与论战的内容，都是对《中兴日报》与《南洋总汇新报》上形形色色的“来稿”

的解读。[①] 不过，有必要对两报的“来稿”作几点说明。

首先，来稿的内容不限于论战。除论战而外，来稿中尚有不少反映华侨社会的不良现象、呼吁华侨革除陋俗的，如批判迷信神佛[②]、劝华侨停止私斗[③]、劝华侨珍惜祖国文化、不要群趋于荷籍学校[④]等等。也有一些来稿是为自己辩护的，如香港《商报》曾刊文说许雪秋扬言要杀孙中山，许雪秋则致书《中兴日报》辩白[⑤]；《南洋总汇新报》在本坡新闻栏内报道，1909 年 7 月 23 日早上在牛车水戏园街天济堂药材店三楼拿获土匪一名，该店的主人陈娇则致书《中兴日报》否认此事，并要《南洋总汇新报》在两日内更正，以保全该店名誉。[⑥] 还有一些来稿是劝告华侨热心公益事务的，如有人鼓动海内外云南人筹划云南铁路自办[⑦]，有人则激励闽籍富侨回到福建去开办矿山[⑧]。甚至有一些来稿借题发挥，或者无中生有，攻击他人私德，以报一己之私仇。[⑨] 总之，来稿的内容多种多样，并不局限于参与论战。孙、康两党的志士利用《中兴日

---

① 那些没有标“来稿”、“投稿”等字样的文章中，会不会也有出自受众手笔的？笔者认为，在论战之中，双方为了表明自己的“得道多助”，制造气势，是会把所有真正的来稿都标上“来稿”、“投稿”等字样的，那些没有标注“来稿”、“投稿”等字样的文章中，应该不会有受众的作品。因此，本章讨论受众对论战的参与，限于对标有“来稿”、“投稿”等字样的文章的解读。当然，正如我们在下面马上要说明的，标有“来稿”、“投稿”等字样的文章也不尽全是受众的作品，在解读这些作品的时候，必须有所鉴别。

② 关心世道人：《递信》，《中兴日报》，1907 年 9 月 26 日，第 5 版；慈悲投稿：《忠告一般之无血性者（为迎神事）》，《南洋总汇新报》，1909 年 12 月 10 日，第 2 版。

③ 端洛郑子青来稿：《劝止私斗说》，《中兴日报》，1907 年 11 月 28 日，第 2 版。

④ 攀辕来稿：《论华侨不知自悟》，《中兴日报》，1909 年 10 月 14 日，第 1 版。

⑤ 《来函照登》，《中兴日报》，1909 年 7 月 17 日，第 1 版。

⑥ 《横加诬谤》，《中兴日报》，1909 年 7 月 26 日，第 1 版。

⑦ 晋宁宋嘉珍来稿：《敬告全滇父老缴款赎路意见书》，《中兴日报》，1907 年 12 月 17 日，第 2 版。

⑧ 侨居南洋闽人一分子：《劝南洋闽侨办闽矿以救闽说》，《南洋总汇新报》，1909 年 8 月 4 日，第 4 版。

⑨ 《递信》（其二），《中兴日报》，1907 年 9 月 14 日，第 5 版；《各埠寄稿诸君鉴》，《中兴日报》，1909 年 3 月 18 日，第 1 版；《投稿诸君公鉴》，《中兴日报》，1909 年 7 月 16 日，第 1 版。

报》与《南洋总汇新报》来宣扬自己的主义，作为受众的南洋华侨也会利用报纸来达到自己的某些目的。

更为重要的是与论战有关的来稿的真伪问题。《南洋总汇新报》在与《中兴日报》接仗之后不久就怀疑《中兴日报》所刊登的来稿是由该报的主笔伪造的，而不是受众寄来的。① 这提醒我们，对于标有“来稿”等字样的文章必须作一些辨正。

《中兴日报》有来稿并且来稿众多，这是毋庸置疑的。该报第二号刊登过一则广告，欢迎“海内外君子”“惠赐鸿篇”②，说明该报从创刊伊始就有意向读者征文。此后不久，《中兴日报》就收到了许多来稿，“精言伟论，美不胜搜”③，可见稿源不错。到1908年1月中旬，由于来稿众多，已不可能一一照登，只好登报向投稿者致以歉意。④ 由此看来，早在与《南洋总汇新报》交手之前，《中兴日报》就有了众多的来稿。两报开仗之后，在受众面前摆出了更多可供讨论的话题，受众阅报之后执笔记下自己的看法并投诸报端，并不是什么奇怪的事情。因此，我们认定《中兴日报》上的来稿基本上就是受众的观点，反映了受众对论战的参与。

但是，这依然不能说明《中兴日报》上的“来稿”都出自受众的手笔。就实际情况来看，该报所刊登的标有“来稿”、“投稿”等字样的文章中，确实有一些出自该报主笔或孙党核心人物之手，并不反映受众的观点（虽然也不是出于有意伪造）。以下几种“来稿”，就不应当拿来分析受众对论战的参与。

一是汪精卫和胡汉民的“寄稿”。他们都是孙党的核心人物，其文章在《中兴日报》上占有举足轻重的地位。但是，他们肩负的重任太多，不能在《中兴日报》馆常川驻扎，而必须经常离开新加

---

① 《泗水铎声来稿》（续前），《南洋总汇新报》，1908年8月7日，第3版。在此之前，《南洋总汇新报》还曾以小说的形式宣称《中兴日报》开过编辑部会议，决议以伪造来稿的方式反击对手。见劝：《纪侦探申与堡事》（续），《南洋总汇新报》，1908年7月29日，第3版。该报还曾断言“真醒堂主人”是《中兴日报》的记者神骥，见照妖来稿：《再斥真醒堂主人》，《南洋总汇新报》，1908年8月1日，第3版。

② 《广报》，《中兴日报》，1907年8月23日，第2版。

③ 《递信》（其二），《中兴日报》，1907年9月14日，第5版。

④ 《道谢来稿》，《中兴日报》，1908年1月14日，第2版。

坡，奔走于各埠之间，开会演说，发展党务，筹集经费。在离开新加坡期间，他们也会向《中兴日报》寄发稿件。《中兴日报》在刊登这些稿件的时候，会在文章的标题下面署上"精卫寄稿"、"汉民寄稿"等字样。① 对于汪精卫和胡汉民的"寄稿"，自然不能算作是受众的来稿。他们的这类文章虽然标有"寄稿"字样，但反映的则依然是孙党志士的观点，而不是一般读者的意见。

二是汤增璧的"寄稿"。汤氏的《革命之心理》一文不仅在《民报》第24期上刊登过，也曾以"伯夔寄稿"的署名刊登于《中兴日报》。汤增璧曾在《民报》上撰写《人世之悲观》、《崇侠篇》、《哀政闻社员》、《康梁之今昔》、《刘道一传记》、《湖广总督之滑稽》等大量文章，② 是该刊的重要撰稿人之一，属于孙党志士之一员。所以，标有"寄稿"字样的《革命之心理》一文也不反映南洋读者的观点。

三是"天民寄稿"。"天民"即吕志伊，是缅甸《光华日报》的主笔之一。《光华日报》被当局查封之后，他曾以来稿的形式在《中兴日报》上报道相关情况。③ 对他的来稿，当然也不能等同于受众的来稿。

四是"德如来稿"。何德如是新加坡的一个华侨，曾以"德如

---

① 署名"精卫寄稿"的文章有：《革命之急进主义》，《中兴日报》，1907年12月24、26、27、28日，均第2版；《华侨之爱国心》，《中兴日报》，1908年1月4、6、7、8日，均第2版；《忘国仇者必不知挽国权》，《中兴日报》，1908年3月28、30日，均第2版；《三十四年之傀儡》，《中兴日报》，1908年12月3、4日，均第1版；《清立幼主以召祸》，《中兴日报》，1908年12月9、10日，均第1版；《革命与平和》，《中兴日报》，1909年4月3日，第3版。汪精卫另有署名"精卫旅行寄稿"者一篇：《爱国心与惧祸心之调和》，《中兴日报》，1908年12月17、28日，1909年1月14日，均第2版，及署名"精卫缅甸旅行寄稿"一篇：《亡国人之伤心地》，《中兴日报》，1908年11月25、26日，均第1版。署名"汉民寄稿"的文章有：《初八日在暹罗盘谷演说词》，《中兴日报》，1908年12月16日，第1版；《我同胞所当痛哭者何事乎》，《中兴日报》，1908年12月18、29日，1909年1月5、6、13、15、16日，均第1版；《死皇帝作伪生皇帝更作伪》，《中兴日报》，1909年1月11、12日，均第1版。

② 曼华：《同盟会时代民报始末记》，见罗家伦主编：《革命文献》(第二辑)，台北："中央"文物供应社，1978年，第87、88页。

③ 天民寄稿：《斥陈金在之无理取闹》，《中兴日报》，1909年9月24日，第1版；天民寄稿：《光华报与同胞诀别书》，《中兴日报》，1909年9月27日，第1版。

来稿”、“德如寄稿”等署名在《中兴日报》上发表文章[①]。但他的文章也不能算是受众意见的代表，因为他曾担任过《中兴日报》的编辑，1909年6月8日才登告白辞退这一职务。[②] 虽然也是华侨，但他已经是传播者，而不是受众，因此他的文章反映的也就是传播者的主张，而不是受众的观点。

《南洋总汇新报》上所刊登的各式各样的来稿和《中兴日报》的情况一样，也基本上反映了受众的观点。但我们也不能断言该报没有伪造来稿的可能。据我们的观察，就在该报指责《中兴日报》伪造来稿的前后，它自己就有由本报记者伪造来稿的嫌疑。在1908年7月1日到8月1日这段时间里，共出版《南洋总汇新报》27期（第769号至795号）。在这27期报纸里，署名“照妖来稿”的文章共有23篇，几乎平均每一期都有一篇。这就要求“照妖”每天都认真研读《南洋总汇新报》的论战文章，并深入了解《中兴日报》的相关论点，总结一番，分析一番，然后提出自己的看法并用文字表述出来，最后亲自送交《南洋总汇新报》（如果他住在本埠）或跑到邮局投寄给该报。这一番工作，对于一个平时不是进行报馆工作的人来说，每天恐怕需要三四个小时才能完成。我们知道，华侨都是怀抱着发财梦才别井离乡来南洋的，在南洋都有自己努力营谋的职业，不可能每天都花很多时间来参与《中兴日报》与《南洋总汇新报》之间的文字战争。一个有自身职业的华侨在整整一个月的时间里几乎每天都花上几个小时来研读论战双方的报纸并为其中的一方写一篇文章参加论战，这是不可能做到的。因此，我们认定，那位署名“照妖”的作者，必定不是受众，而是《南洋总汇新报》的一名记者。“照妖”的文章并不反映受众的观点，我们在分析华侨参与论战的时候，应将

---

① 如德如来稿：《读三州府华民政务司全年报章之感言》，《中兴日报》，1909年6月9、12、25日，均第1版；德如来稿：《诫告本坡华侨》，《中兴日报》，1909年6月15日，第1版；德如寄稿：《论立宪国之政党——附斥总汇新报记者宪子》，《中兴日报》，1909年7月12、13日，均第1版；德如寄稿：《印度之徐锡麟》，《中兴日报》，1909年8月20日，第1版。

② 《告白》，《中兴日报》，1909年6月8日，第1版。到是年10月28日，他又重任《中兴日报》主笔之席。见《特别广告》，《中兴日报》，1909年11月26日，第1版。

"照妖来稿"排除在外。

除"照妖来稿"之外,《南洋总汇新报》尚有如下几种"来稿"不是来自受众,在分析受众参与论战的时候不能引用。一是徐勤离开新加坡之后向《南洋总汇新报》寄登的稿件①。因为他是康党的一员骁将,自然不能将其来稿等同于受众的来稿。二是孙党内乱时陶成章等人寄登于《南洋总汇新报》上的传单,三是日本有关留学生寄登于该报的文章②,四是劝业道陈省三赞扬伍宪子的来稿③,都因其作者不是南洋读者而不能代表受众的见解。

二、对孙康两党论战的参与

孙、康两党在《中兴日报》与《南洋总汇新报》上的论战围绕君主立宪和民主共和的宪政之路展开,并涉及政党问题。对这些问题,华侨均有一定的参与。

有华侨声援康党的论点,认为救国救时之计在于实现君主立宪,当前最迫切的是开国会④。声援孙党的华侨则宣称,立宪不如革命共和"彻底澄清"⑤,"立宪之事,于理言之则不合,于事言之则不行",⑥ 不可用君主立宪的方法来解决中国的问题。他们认定,康党的"要求主义"不论其所立的宗旨还是具体的实施办法,都没

---

① 徐勤的来稿仅一篇,即《徐勤驳刘作楫之哀告》(自欧洲寄),《南洋总汇新报》,1909 年 12 月 27 日,第 2 版。

② 东京广东留学界寄稿:《劝告广东全省同胞宜乘时向政府要求开国会及省议会以绝广东后患书》,《南洋总汇新报》,1908 年 7 月 4 日,第 3 版;留东学生汰馀氏来稿:《论编纂商法不可不知法源》,《南洋总汇新报》,1909 年 8 月 13 日,第 2 版;汰馀氏来稿:《中国劳动家之海外惨况》,《南洋总汇新报》,1909 年 8 月 17 日,第 6 版;留日学生稿:《中国危亡警告书》,《南洋总汇新报》,1911 年 4 月 10、12、13、14、15、17、19、21、22、24、25 日,均第 6 版。

③ 《劝业道陈省三观察与伍宪子书》(来稿),《南洋总汇新报》,1909 年 5 月 10、11 日,均第 1 版。

④ 《铁龛来稿》,《南洋总汇新报》,1908 年 7 月 23 日,第 3 版;知我来书:《革命党无能为》,《南洋总汇新报》,1908 年 8 月 1 日,第 3 版。

⑤ 革命党之一人来稿:《何不为革命试画策》,《中兴日报》,1908 年 12 月 5 日,第 1 版。

⑥ 公生明来稿:《中兴报与总汇报之笔战》,《中兴日报》,1908 年 7 月 28 日,第 5 版。

有任何可取之处[①]。从满人这些年来一直致力于拼死巩固其政权的情形来看，不可能在几封电报、几份请求书的作用下就分一部分政权给汉人。[②] 孙党曾宣称中国的立宪是革命派的武力促成的，而不是由于康党的请求促成的。附和孙党的华侨也以相似的语气说："今日之言立宪言开国会者，乃贵报鼓吹之力乎？抑革命逼之使然乎？有徐锡麟之刺恩铭，而融合满汉之议始兴，有钦州之起义，而各项杂捐始免。此可见今日之清政府肯曲从种种要求者，实因畏革命党耳。"[③]

站在孙党立场说话的受众认定满清入关之日就是中国灭亡之时，中国早已亡国，必须革除满清之命，中国才有希望。[④] 也有人从公理、人情、国家、社会、政治等方面立论说明革命之必要[⑤]，或从官制、教育、卫生、风俗等方面说明必须革命的理由[⑥]。在鼓吹革命的时候，虽然有的人表现出狭隘的民族主义，甚至有人鼓吹种族灭绝式的种族主义[⑦]，但也有很多人在论说中表现出了"革专制之命"的思想[⑧]。他们还驳斥康有为在《最近政见书》中提出的"同舟共济"说，认为满汉两族利害相反，不是同舟相济，而是同舟相斗。[⑨] 徐勤在《南洋总汇新报》刊出的反对革命

---

① 寓巴罗华侨一份子来稿：《乞求开国会者之卑劣手段》，《中兴日报》，1908 年 8 月 8 日，第 2 版。

② 兴黄来稿：《革命论》，《中兴日报》，1908 年 3 月 17、18 日，均第 2 版。

③ 《钟二上总汇报书》，《中兴日报》，1908 年 8 月 5 日，第 5 版。

④ 御胡次郎：《读中兴报之感情》（来稿），《中兴日报》，1907 年 9 月 9 日，第 2 版。

⑤ 耀兴来稿：《种族革命之必要》，《中兴日报》，1908 年 6 月 19、20 日，均第 2 版。

⑥ 岁寒来稿：《异哉革命党竟有瓜分支那之能力》，《中兴日报》，1909 年 4 月 26、27、28、29、30 日，5 月 1、3、4、5、6、7、10 日，均第 3 版。

⑦ 御胡次郎来稿：《对于钦廉革命军风云之感情而布告海外同胞书》，《中兴日报》，1908 年 1 月 17 日，第 2 版；希侠来稿：《对满愤言》，《中兴日报》，1908 年 3 月 10、11 日，均第 2 版。

⑧ 岁寒来稿：《异哉革命党竟有瓜分支那之能力》（三续），《中兴日报》，1909 年 4 月 29 日，第 3 版；仲壶来稿：《世界无不推倒之专制制度》，《中兴日报》，1909 年 6 月 21 日，第 1 版。

⑨ 云：《斥康有为引满汉为同舟共济之谬说》（来稿），《中兴日报》，1907 年 9 月14、16 日，均第 2 版。

的论文以《论革命必不能行于今日》为题，有人反问道，革命不能行于今日，是不是说可以行于异日？① 徐勤在文章中宣扬欧洲自后膛枪出而革命消的论点，有人则以最近爆发的土耳其革命为例加以驳斥。②

在革命问题的论战中，为康党帮腔者亦复不少。他们说孙党是“伪革党”，阴险毒辣③。“伪革党”的由来，是因为这些人得罪了政府，得不到功名，因而想以革命为自己开辟一条寻求富贵功名的途径。④ 革命党无才、无钱、无德。⑤ 革命党中的人物，要么是年少轻浮者，要么是文场潦倒者，要么是“下愚斯养”者，要么是“空门缁侣、信道不笃”者。⑥ 有人把孙党与狗虱、鳄鱼等相比，说什么“蚊之呜呜长鸣，同于乱党之哓哓妄言，蜂虿之恶毒尾针，同于乱党之阴险手段，癫狗之自相残贼，同于乱党之自相攻击”⑦。同一个作者还把孙党鼓动人造反比拟于白起之坑赵国将士，说孙党这班人死后是要被投入阿鼻地狱的。⑧ 孙党的言行如此，自然难有作为⑨。有人甚至断言，如果革命成功了，他愿意自宫以效内廷奔走。⑩

《中兴日报》与《南洋总汇新报》关于政党问题的论战是孙、康两党关于政党问题的一次交锋。对此，受众也积极参与。伍宪子为了激励人们关注政党并鼓吹大伙都加入“宪政党”，宣称不加入政党的中立者是“无用废民”。此论一出，即有自称为“星洲无用

---

① 《钟二上总汇报书》，《中兴日报》，1908 年 8 月 5 日，第 5 版。

② 观战员陈宪虞来稿：《中兴报之奏凯》，《中兴日报》，1908 年 8 月 8 日，第 5 版。

③ 大公来稿：《愤愤愤伪革党之阴毒》，《南洋总汇新报》，1908 年 7 月 20 日，第 1 版。

④ 《泗水铎声来稿》，《南洋总汇新报》，1908 年 7 月 23 日，第 3 版。

⑤ 无偏来稿：《驳总批煽乱者之无用》，《南洋总汇新报》，1908 年 7 月 29 日，第 1 版。

⑥ 知我来书：《革命党无能为》，《南洋总汇新报》，1908 年 8 月 1 日，第 3 版。

⑦ 亚笑来稿：《狗虱与乱党相同》，《南洋总汇新报》，1908 年 8 月 17、18 日，均第 3 版。

⑧ 亚笑来稿：《乱党听者》，《南洋总汇新报》，1908 年 9 月 1 日，第 3 版。

⑨ 知我来书：《革命党无能为》，《南洋总汇新报》，1908 年 8 月 1 日，第 3 版。

⑩ 喝公来稿：《奸哉芟莠丑哉芟莠》，《南洋总汇新报》，1908 年 7 月 31 日，第 3 版。

废民”者投书《中兴日报》和《叻报》，一口气向伍宪子问了八个问题[①]。这些问题虽然与政党原理没有什么关系，却很好地否定了伍宪子的政党万能论。署名“过客”的读者来稿则仔细分辨了无党派者与中立者的差别以及中立者与废民的差别，并针对伍宪子在《申论立党救国之理》中所说的不入党者没有选举与被选举资格之说，提出“系本国之臣民，合其宪法上所规定之权利、义务、年龄，及不在选举权与被选举权剥夺之人与剥夺之期限内者，皆有公民资格，皆有选举权与被选举权，不问其党不党”[②]，显示作者对政党原理有较好的把握。此外，“小坡不甘为废民何安”、“中立民萧振兴”等人也纷纷撰文向伍宪子发起攻击，质问党派与废民之关系、选举被选举与废民之关系。[③] 在这场关于政党问题的论战中，也曾有华侨试图援助伍宪子，但因为伍宪子持论太偏，使声援者也很难打圆场。[④]

为孙、康两党帮腔的人们还为自己所拥护的一方粉饰，说自己所拥护者获得了论战的胜利。《中兴日报》在 1908 年 7 月 28 日所刊的来稿中有两则谈到胜败问题，一则说《南洋总汇新报》的粤讴、谐谈、谐丛、短评等栏目是“败将渊薮”[⑤]，另一则说大家都认为《中兴日报》取得了胜利，《南洋总汇新报》则一败涂地。[⑥] 次日所刊的来稿中有 4 篇涉及胜败问题。一篇以旁观者的口气请《中兴日报》奏凯歌[⑦]，一篇宣称《南洋总汇新报》“全不能文，徒

① 《致总汇报记者宪子书》，《中兴日报》，1909 年 7 月 9 日，第 1 版；《叻报》，1909 年 7 月 9 日，第 9 页。

② 过客：《告总汇报记者伍宪子》，《中兴日报》，1909 年 7 月 10 日，第 1 版。

③ 《来函照登》，《中兴日报》，1909 年 7 月 12 日，第 1 版，署名“小坡不甘为废民何安”。《来函照登》，《中兴日报》，1909 年 7 月 13 日，第 1 版，署名“中立民萧振兴”。

④ 某君投稿：《论被选举者不必有五千元资格》，《南洋总汇新报》，1909 年 7 月 13 日，第 1 版。

⑤ 中国民来稿：《耻哉尔谐危哉尔谐》，《中兴日报》，1908 年 7 月 28 日，第 5 版。

⑥ 公生明来稿：《中兴报与总汇报之笔战》，《中兴日报》，1908 年 7 月 28 日，第 5 版。

⑦ 至公来稿：《观战员上书请中兴报奏凯》，《中兴日报》，1908 年 7 月 29 日，第 5 版。

事谩骂”[①]，一篇则宣称《南洋总汇新报》与《中兴日报》论战是“以小卵而击大石”[②]，另一篇则说，在这场论战中，《南洋总汇新报》是以伪理战真理，所以取败[③]。宣扬《中兴日报》战胜《南洋总汇新报》的来稿尚多，此处不一一罗列。

宣扬《南洋总汇新报》战胜《中兴日报》的来稿也不少。早在1908年7月13日就有三篇来稿涉及胜败问题。一篇认定《南洋总汇新报》取得了论战的胜利，《中兴日报》则“一败涂地”[④]；一篇在认定《南洋总汇新报》获得胜利的基础上建议该报乘胜追击，“勿存穷寇莫追之念，望持除恶务尽之思”[⑤]；另一篇也建议《南洋总汇新报》一鼓作气，铲除《中兴日报》的“毒根”[⑥]。7月15日，《南洋总汇新报》刊登的一篇来稿称《中兴日报》的三军已有两军失败，并建议《南洋总汇新报》作“穷寇之追”，“使彼片甲无遗”。[⑦] 此外，他们还宣称《南洋总汇新报》的小喽啰就能战胜《中兴日报》的大帅。[⑧] 诸如此类的来稿不一而足，此不赘述。

从总体上看，受众参与孙、康两党论战的文章虽然也有从理论上、事实上分析的，但属少数，大多数来稿都写得非常粗浅，骂人的词句也特别多。两党在《中兴日报》与《南洋总汇新报》上的文战给人留下骂战的印象，除两党志士的文章多相互丑诋痛詈之外，众多帮腔者的文章格调低下也是一个重要的因素。来稿格调不高的一个重要原因是南洋华侨多为经营工商业者，文化水平不甚高，舞文弄墨不是他们的特长。当然，两党志士在报纸上的对骂也为受众树立了模仿的“榜样”。

---

① 《关丹武叻港区汉奇来书》，《中兴日报》，1908年7月29日，第5版。

② 《钟子鸣来函》，《中兴日报》，1908年7月29日，第5版。

③ 槟城游客：《与总汇报记者书》，《中兴日报》，1908年7月29日，第5版。

④ 《旁观清来书》，《南洋总汇新报》，1908年7月13日，第3版。

⑤ 《恶伪生来书》，《南洋总汇新报》，1908年7月13日，第3版。

⑥ 《不愿中兴报污眼帘者来书》，《南洋总汇新报》，1908年7月13日，第3版。

⑦ 《观战员不平来书》，《南洋总汇新报》，1908年7月15日，第3版。

⑧ 观战员喝公：《即事二律》，《南洋总汇新报》，1908年7月16日，第3版。

三、对“康党—清廷”、“孙党—清廷”两种论战的参与

如前面所揭示的，“康党—清廷”、“孙党—清廷”两种论战显示出了三派政治势力之间错综复杂的“混战”局面，《中兴日报》、《南洋总汇新报》所刊登的有关来稿显示，有不少华侨也被“卷入”混战之中，发表自己对相关问题的看法。

在“康党—清廷”、“孙党—清廷”混战之中，孙、康两党非议清廷最多的都是立宪问题。但就《中兴日报》与《南洋总汇新报》所刊发的来稿来看，受众对清廷的立宪发表的意见不是特别多。不过，就为数不多的相关来稿分析，仍不难看出为孙党帮腔者与为康党帮腔者之间的差别。为孙党帮腔者倾向于全盘否定清廷的立宪，认为清廷虽然宣布了立宪的上谕，“今日曰预备，明日曰实行”，但都不过是“以君民一体为口头禅，以满汉平等为钓饵物”，[①] 毫无立宪的诚意。在《钦定宪法大纲》尚未颁布之前，他们就断言清廷所颁布的成文宪法必然会是日本式的。日本宪法规定天皇万世一系统治日本，清廷的宪法必然会规定爱新觉罗家族万世一系统治中国。[②] 为康党帮腔者则和康党一样主张以和平手段促进速开国会，并非议清廷所提出的人民程度不逮之说。[③]

除对清廷的立宪提出种种非议之外，孙、康两党的帮腔者还对清廷内政外交的各种举措发表自己的意见。

《南洋总汇新报》曾刊登过一篇来稿，对清廷赏功罚罪不以人民意志为准的做法大表不满，认为这种做法关系到“天下危亡之全局”，必须努力摒除。[④] 该报刊登的另一篇来稿则对清廷在安奉铁路问题上的软弱表现大表不满，直骂政府为“媚外畏外之政府”。[⑤]

---

① 云：《满人果何爱于辫而禁剪耶》（来稿）（续昨），《中兴日报》，1907 年 9 月27 日，第 2 版。

② 耀兴来稿：《种族革命之必要》（续昨），《中兴日报》，1908 年 6 月 20 日，第 2 版。

③ 爱群女士来稿：《开国会》，《南洋总汇新报》，1908 年 7 月 1 日，第 3 版。

④ 溪生来稿：《论粤督奏释裴景福事》，《南洋总汇新报》，1908 年 9 月 12 日，第 3 版。

⑤ 《论安奉路事》（续），《南洋总汇新报》，1909 年 10 月 5 日，第 2 版。

为孙党帮腔者对清廷的攻击更加大胆。他们既已认定要推翻满人的统治，因此在攻击清廷的时候便不像为康党帮腔者那样有向清廷“进言”的味道，而是痛下针砭，不留余地。他们称清廷的化除满汉畛域政策“全系假柳”[①]，满清政府已不是什么政府，而是一个“怨府”。[②] 他们骂西太后是“媪狐”，骂光绪帝为“小狐酋”，辛辣刻毒。清廷任命尚其亨为福建布政使，便有“福建铁血子”说这表明政府有意让福建灭亡[③]。洪水本属天灾，但也有人由1908年的广东水灾引申开去，号召人们起来推翻清王朝的统治。[④] 孙党的志士曾在《中兴日报》上大肆攻击清廷的侨务政策和保侨措施，有关受众与之唱和，也对清廷的侨政大加攻击。在他们的笔下，华侨是孤苦无依的，[⑤] 而清政府无力保护华侨，也无心保护华侨，其派舰队来外洋，目的不在于保护华侨，而在于劝捐、打抽丰、敛钱财[⑥]。因此，奉旨巡视南洋的“钦差”虽然比内地的“钦差”显得谦卑，但也不值得华侨大肆欢迎。[⑦] 杨士琦率海圻、海容两军舰南巡，有人在报纸上揭露这一行为之“可耻”[⑧]，有人则当面质问杨士琦，给杨士琦以极大的难堪[⑨]。

在“混战”中，我们看不到为清廷说话的受众。那是因为《中兴日报》与《南洋总汇新报》分别是孙、康两党的机关报，只有为两党帮腔的文章才有机会刊登在这两份报纸上。但是，我们并不能

---

① 浮寄生来稿：《全系假柳》，《中兴日报》，1907年9月3日，第5版。

② 苏民寄登：《政府欤怨府欤》，《中兴日报》，1907年12月27日，第5版。

③ 福建铁血子来稿：《政府果欲速福建之亡乎》，《中兴日报》，1907年10月16日，第2版。

④ 苏民寄稿：《因广东水灾推论中国前途之危险》，《中兴日报》，1908年8月13日，第5版。

⑤ 《递信》（其一），《中兴日报》，1907年9月14日，第5版。

⑥ 毅：《南洋华侨倚赖异族政府保护之无望》（来稿），《中兴日报》，1907年9月3日，第2版。

⑦ 海石寄稿：《读比叻华侨请愿书感言》，《中兴日报》，1908年1月13日，第2版。

⑧ 勒生来稿：《满人之无耻》，《中兴日报》，1908年1月23日，第2版。

⑨ 寄生：《录霹雳埠商界来函》，《民报》第19号；《比叻华侨请愿书》，《中兴日报》，1908年1月9、10日，均第2版；《巴罗来函》，《中兴日报》，1908年1月10日，第2版。

因此就断言没有华侨为清廷帮腔。实际情况也许恰好相反，愿意为清廷说话者可能远比为孙、康两党说话者多。何以言之？虽然《中兴日报》与《南洋总汇新报》上都刊登过一些对清廷言词颇为激烈的来稿，但从总体上看，这种来稿远不及参与孙、康两党论战的来稿多。这实际上揭示了这么一个事实：敢于对清廷的内政外交提出批评意见的华侨实居少数。也许可以说，从某个角度来看，华侨中攻击清廷者之少正说明拥护清廷者之众。不过，清廷当年的众多帮腔者所发出的声音都因为没有报纸等媒体加以记载而早已消失在历史的长空之中，孙、康两党帮腔者的声音在当时虽然不那么响亮，但却借助报纸流传到今天，拨动治史者的心弦。当历史上的强音符被历史的河流冲刷变弱以致消失的时候，历史上的弱音符却凸显为强音符了。

第八章　论战与南洋华侨社会

华侨对论战的参与，一方面显示了20世纪初的华侨不是被动的受众，另一方面也反映了华侨在不同政治道路间的抉择，显示了论战对南洋华侨社会的影响。不过，为了更好地分析论战对南洋华侨社会的影响，有必要先看一看论战前清廷、孙党、康党三种政治势力在侨界的博弈与华侨的选择。

一、论战前三种政治势力在侨界的博弈与华侨的选择

（一）清政府：由拒绝主义到笼络主义

清政府对待海外侨民的政策经历了一个变化的过程。开国之初，为了防止沿海人民与郑成功或“三藩”的反清势力相结合，清王朝实行了非常严厉的海禁政策，不仅出洋者要受到重处，甚至有沿海五十里之地不许人居住的规定①。在漫长的时间里，清廷对海外侨民采取一种敌视的态度，更说不上什么切实的保护了。流寓海外的侨民，在很长时间里都是“天朝”的弃民，只能从会党或按乡谊建立起来的“帮”那里获得一些臂助。② 直到19世纪后期，清

① 华侨革命史编纂委员会编：《华侨革命史》（上），台北：正中书局，1981年，第23页。

② 赵昱：《辛亥革命与海外洪门》，收于中国人民政治协商会议全国委员会文史资料研究委员会编：《回忆辛亥革命》，北京：文史资料出版社，1981年，第410页；黄福銮编著：《华侨与中国革命》，香港：亚洲出版社有限公司，1955年，第42～43页。

廷才逐步改变态度，开始关心那些侨寓海外的子民。1877 年，清廷在新加坡设立第一个驻外领事馆之后①，各处领事馆渐次设立起来。

我们看到，清廷在设立领事馆的时候，考虑的确实不仅仅是保护海外侨民的利益，他们还想整肃华侨，培养华侨对朝廷的忠诚②，对那些不忠者则加以弹压稽查③。并且，他们确实从华侨在南洋各埠的经济地位中看到了华侨对国家的作用，希望从丰富的侨汇中为国内建设获取资金④。有学者甚至认为，清政府在 1893 年废除海禁，最重要的直接因素就是对华侨经济潜力的认识⑤。不过，虽然在保护之外尚有种种考虑，但我们却不能同意某些人所说，认为设立领事馆的主要目的在于侦查海外的华人⑥。如果我们以一颗平心来看待，则可发现，清政府为保护其海外侨民，还是做了一些切切实实的事情⑦，取得了一些成果的。陈兰彬、郑藻如、容闳、黄遵宪等驻外使节、领事，对保护海外侨民都作出了自己的贡献，赢得了华侨的好评⑧。

通过一系列措施，海外华人对清廷的向心力加强了。华侨对清廷的向心力可以通过领事的日常事务来培养，也可以通过派遣考察

---

① 《使英郭嵩焘奏新嘉坡设立领事片》（光绪三年八月二十七日），《清季外交史料》（卷十一），第 13 页。

② 《筹办夷务始末》（同治朝），卷 55，总第 5174～5175 页。

③ 《使英郭嵩焘奏新嘉坡设立领事片》（光绪三年八月二十七日），《清季外交史料》（卷十一），第 13 页。

④ 张之洞：《会筹保护华商事宜折》（光绪十二年二月二十五日）、《派员周历南洋各埠筹议保护折》（光绪十三年十月二十四日），苑书义、孙华锋、李秉新主编：《张之洞全集》（第一册），石家庄：河北人民出版社，1998 年，第 402、608 页。

⑤ 颜清湟：《出国华工与清朝官员》，北京：中国友谊出版公司，1990 年，第 270 页。

⑥ Harley Farnsworth MacNair, *The Chinese Abroad—Their Position and Protection, a Study in International Law and Relations*, p26；帝民：《清政府之限制华侨》，《中兴日报》，1908 年 5 月 5 日，第 2 版。

⑦ 李长傅将晚清保护华侨的政策归纳为三个方面：派使设领、遣舰慰问、国籍问题。李长傅：《中国殖民史》，上海：商务印书馆，1937 年，第 317～318 页。

⑧ 华侨革命史编纂委员会编：《华侨革命史》（上），台北：正中书局，1981 年，第 95～96 页；颜清湟：《出国华工与清朝官员》，北京：中国友谊出版公司，1990 年，第 121～130、230～243 页。

团或舰队巡视的方式来培养，还可以通过节庆日的一些特有的礼仪来加强。

晚清时代，清政府曾派遣四个考察南洋社会的使团①。当这些使团莅临的时候，宣扬朝廷的德意，激励华侨的爱国心，对增强华侨对清廷的向心力是有效的。清朝创建南、北洋海军之后，常派舰队巡视南洋各埠②，炫耀祖国的武威，增强华侨的自豪感，使其向心宗邦。礼仪对于培养行为规范、维系一种传统是非常有用的，清廷的领事很好地掌握了这一点，在光绪皇帝或西太后“万寿”的日子，以及光绪帝开始亲政的日子，都率领华侨在领事馆官署中举行盛会，对阙遥拜，表达礼敬③。在这种庄严肃穆的敬拜礼仪中，忠于朝廷的思想便会在华侨的脑海中深深地扎根。

事实表明，清政府争取华侨向心朝廷的做法取得了很大成功。中法战争期间，霹雳埠的华侨领袖郑景贤向清廷捐献 10 万两巨款④，1889 年海峡殖民地和马来联邦的华侨捐了 15 万元巨款救济国内的各种天灾⑤。

可以说，在孙、康两派政治势力尚未崛起的时候，清政府已经通过改变侨务政策，设立领事馆、派遣使臣，有效地获得了绝大多数华侨的信任。这就注定了当孙、康两党涉足南洋群岛争取华侨支持的时候，他们所遇到的竞争对手，首要的不是对方，而是清王朝。

（二）康有为的精神殖民地

就与南洋发生关系的先后而言，孙党似乎要早于康党。

康有为在 1895 年领导公车上书的时候，有一位新加坡华人参与其中，他就是后来捐巨款支持康党勤王运动的丘菽园。但是，丘

---

① 据颜清湟的研究，这四个使团分别是张弼士使团（1905 年）、杨士琦使团（1907 年）、汪大燮使团（1909 年）、赵从藩使团（1911 年），见氏著《出国华工与清朝官员》，北京：中国友谊出版公司，1990 年，第 350 页之注 2。

② 刘继宣、束世澂：《中华民族拓殖南洋史》，南京：国立编译馆，1935 年，第 259 页。

③ 颜清湟：《星、马华人与辛亥革命》，台北：联经出版事业公司，1982 年，第 47～48 页。

④ 邝国祥：《槟城散记》，第 112 页，转引自颜清湟：《星、马华人与辛亥革命》，台北：联经出版事业公司，1982 年，第 71 页之注 72。

⑤ 《叻报》，1889 年 3 月 16 日，第 2 页；1889 年 5 月 21 日，第 2 页。

菽园虽然参加了公车上书，但当时并未与康有为结交①，康党此时与南洋华侨社会并无直接联系。孙党方面则在这一年与南洋有一些初步的接触。孙党是年想在广州发动一次武装起义，由于走漏了风声而失败。事泄之后，与事者纷纷逃避。时任兴中会会长的杨衢云经越南、新加坡等地逃往南非洲，与南洋群岛有所接触②。“四大寇”之一的尤列也曾逃往西贡，并在此呆过一段时间③。

至于康党与南洋的直接联系，则在戊戌政变之后才建立起来。政变发生后，康党星散海外，徐勤等人曾在 1899 年到过南洋④。康有为则于次年 2 月 1 日抵达新加坡，居于丘菽园的客云庐⑤。虽

---

① 己亥年（1899 年）丘菽园自星洲寄赠千金给康有为，康同璧评曰：“菽园与先君素不相识，敬其变法为救中国救人民之故，远致千金。”康同璧：《南海康先生年谱续编》，见楼宇烈整理：《康南海自编年谱》（外二种），北京：中华书局，1992 年，第 73 页。

② 冯自由说杨衢云“漫游越南、新加坡、印度、南非洲各埠，所至皆设兴中分会”，恐怕不尽是写实，因为至少新加坡一埠未曾有过兴中会的组织。冯自由：《杨衢云事略》，《革命逸史》（初集），北京：中华书局，1981 年，第 4 页。

③ 冯自由：《尤列事略》，《革命逸史》（初集），北京：中华书局，1981 年，第 26 页。邹鲁说尤列在广州起义后到了新加坡，并设立了中和堂，开创了新加坡的党务，实是一种不准确的记载，尤列此次并未去新加坡。邹鲁：《同盟会时代之南洋党务》，革命开国文献编辑小组编：《中华民国建国文献 革命开国文献 第一辑 史料 二》，台北：“国史”馆，1996 年，第 220 页。

④ 1899 年 11 月 20 日康有为在写给丘菽园的信中有“徐生之行，过承接待”的记载，可见徐勤在此之前已拜会过丘菽园，并得到丘菽园的款待，见汤志钧：《自立军起义前后的孙、康关系及其他——新加坡丘菽园家藏资料评析》，《近代史研究》，1992 年，第 2 期，第 40 页。徐勤 1909 年在一次演说中有“回忆十年前曾游此地”之语，亦可证明他确曾在 1899 年到过新加坡。《徐君勉演说词》，《南洋总汇新报》，1909 年 2 月 17 日，第 1 版。有人说梁启超在 1899 年到过南洋，并与丘菽园相识，见段云章：《戊戌维新的“天南”反响——以新加坡〈天南新报〉和邱菽园为中心》，《近代史研究》，1998 年，第 5 期，第 99 页。这一说法不准确。实则梁启超在政变后逃往日本，1899 年奉师命往檀香山，1900 年曾为勤王事回上海，勤王失败后，才往新加坡见康有为，见丁文江、赵丰田编：《梁启超年谱长编》，上海：上海人民出版社，1983 年，第 154～195 页。

⑤ 楼宇烈整理：《康南海自编年谱》（外二种），北京：中华书局，1992 年，第 73 页。关于康有为到达新加坡的时间，丘菽园说：“庚子开岁之三日喜晤康更生先生。”据此推断，则为庚子年正月初三，即 1900 年 2 月 2 日。丘炜萲：《菽园诗集》，收于沈云龙主编：《近代中国史料丛刊》续编第 37 辑，台北：文海出版社，1977 年，第 57 页。

然康党涉足南洋的时间要晚于孙党，但收获成果则比孙党要早一些、大一些。

康有为以忠君爱国的面目在华侨面前出现，声称怀揣光绪皇帝的密诏，肩荷保救皇上的重任，容易赢得华侨的支持。他到新加坡后，将保皇会的组织在此发展，任命丘菽园为会长，并坐镇于此，遥控指挥勤王运动。庚子年的勤王运动虽然以失败告终，但是，康有为能得到华侨的资助，坐镇新加坡指挥，这一事件本身就显示了康党在华侨社会的影响力。

与此相比，孙党的遭遇差多了。孙党虽然也以爱国志士的面目出现，但他们完全反现存政治秩序的主张却使他们难以赢得侨界同情。当时的华侨，多把忠君与爱国联系在一起，把革命与作乱联系在一起。因此，1900 年以前孙党在南洋几乎没有造成什么影响，就是在 1900 年以后，孙党在南洋谋发展也远不如康党顺利。惠州起义失败后，黄福、黄耀廷、邓子瑜等人遁往南洋，由于华侨对革命普遍不表同情，他们“绝不敢以真面目向人”①。尤列在辛丑年(1901 年) 至新加坡后，鉴于侨商多倾向于康党，只好以行医为名，向农界、工界灌输反满思想，将中和堂组织在南洋各埠发展起来②。尤列的活动造成了一定的影响，使南洋侨界知道在忠君爱国之外，尚有反清爱国的一派人物存在，为后来孙党在南洋的发展奠定了基础③。但是，其活动方式完全秘密，不如康有为那样能明目张胆地以保皇救国相号召，且得到侨界上层的支持，掀起时代的风云。

孙中山在 1900 年也曾谋划在新加坡发展势力，但当他到达的

---

① 冯自由：《华侨革命开国史》，《华侨与辛亥革命》，北京：中国社会科学出版社，1981 年，第 56 页。

② 冯自由：《尤列事略》，《革命逸史》（初集），北京：中华书局，1981 年，第 27 页；冯自由：《华侨革命开国史》，《华侨与辛亥革命》，北京：中国社会科学出版社，1981 年，第 56 页。

③ 尤列在南洋华侨社会的活动，影响是比较大的，以至于许多华侨认为尤列就是革命党唯一的领袖。当孙中山后来到南洋组织同盟会的时候，有些华侨就说，尤列既然是革命领袖，为什么又有一个孙中山再来提倡？是不是有几种不同的革命？见黄福銮：《华侨与中国革命》，第 68 页。民国初年，袁世凯还曾经因为尤列是南洋中和堂首领，党徒极众，向与孙中山齐名，而想利用之以对抗孙中山，被尤列看破。见冯自由：《尤列事略补述二》，《革命逸史》（初集），北京：中华书局，1981 年，第 33 页。

时候，却发现比他先到一步的宫崎寅藏等人已被殖民当局逮捕。经过营救，宫崎等人获释，而孙中山本人却得到了五年之内不得再登此土的命令。① 孙中山的这种遭遇，和康有为在新加坡得到总督悉心照顾的情形形成鲜明对照②。

从华侨和殖民当局的反应来看，都可以得出一个结论：孙、康两党在与南洋华侨社会接触之初，康党取得了远胜于孙党的成果。张永福说“南洋几乎为康氏精神上占有的殖民地”③，可以说是对这种情形的形象概括。

在孙、康两党竞相在南洋华侨社会进行“精神殖民”的第一阶段，康党与孙党相比确实取得了较大的成功。但是，我们在估量康党的成功的时候，也不可轻易夸大。我们必须清醒地认识到，在孙、康两党出现之前，清政府已经在南洋进行了颇有成效的“精神殖民”活动，孙、康两党染指南洋，实际上有一点“重新瓜分殖民地”的味道。新到者自然想尽可能多地抢占地盘，而先前已盘踞于此者也不会拱手相让，于是明争暗斗的情形在所难免。

康党虽以保救“今上”相号召，努力站在“体制内”的立场说话，但现时的政权却不在“今上”手中，康党只是现今政权的逋逃客。这种政治犯的身份对康党的“精神殖民”产生了很大的阻碍作用。华侨为了自身的经济利益，为了家族的生命安全，大都不会与

---

① 有一种说法，认为孙中山是听到宫崎寅藏被捕的消息后特意由越南赶来营救的。见冯自由：《华侨革命开国史》，《华侨与辛亥革命》，北京：中国社会科学出版社，1981 年，第 55 页；颜清湟：《星、马华人与辛亥革命》，台北：联经出版事业公司，1982 年，第 57 页。但是，据宫崎寅藏自己的记载，他们从日本乘船出发以后，就已经商定，宫崎等人先去拜访李鸿章、刘学询，然后去新加坡，孙中山等人则先往西贡，然后到新加坡与宫崎等人汇合。因此，孙中山之至新加坡，不是为营救宫崎而来，而是早有部署。见宫崎寅藏：《三十三年之梦》，花城出版社、香港三联书店，1981 年，第 181～182、208 页。另，与宫崎一起前往新加坡的内田良平也作了与宫崎一样的记载。见［日］内田良平著，丁贤俊译：《中国革命》，中国社会科学院近代史研究所近代史资料编辑室编：《近代史资料》总第 66 号，北京：中国社会科学出版社，1987 年，第 45～47 页。

② 康有为：《与同薇书》（1900 年 8 月 11 日），《康有为与保皇会》，上海：上海人民出版社，1982 年，第 177～178 页。

③ 张永福：《南洋与创立民国》，《华侨与辛亥革命》，北京：中国社会科学出版社，1981 年，第 93 页。

现存政权作对，因而附和康有为保皇勤王的，也只占华侨中的少数。康有为到新加坡之初，曾遭到《叻报》的讥讽挖苦①。后来康有为在仰光设立保皇会，创办《仰光新报》为机关报，其股东中有人认为保皇是一件危险的事情②。庚子年那场轰轰烈烈的勤王运动，愿意出大力支持的，南洋华侨中实际上只有丘菽园等少数几人。丘菽园慨捐巨款③，康有为称此举是“为之于举世不为之日”④。“举世不为”，可见支持者实在是凤毛麟角。丘菽园的举动，在当时也遭到了亲朋好友的非难：“家人左右，谏之以保守，朋识交游，怵之以祸患。”⑤ 因此，可以说，在1900年的时候，南洋华侨社会的精神领地，依然基本上在清政府的掌控之中，孙、康两党虽有心重新瓜分此一“精神殖民地”，但效果并不甚明显。

（三）转　折

就在康党在南洋的“精神殖民”事业取得一定成效，从清政府手中夺取了部分领地的时候，事情发生了变化。

先是，康有为坐镇新加坡指挥勤王运动，唐才常则在国内主持实际工作。秦力山和唐才常约定，大通和汉口在庚子年七月十五同

① “康有为有志勤王，正宜在于内地营谋，率其忠勇之民，大举义师，此乃英雄豪杰所为，岂不名正言顺？又何必在于外洋而谋其万不能成之事？”《电话风传》，《叻报》，1900年2月14日，第6页。

② 冯自由：《南洋各地革命党报述略》，《革命逸史》（第4集），北京：中华书局，1981年，第141页。

③ 关于丘菽园捐款的数目，有几种不同的说法：1. 20万说，见丁文江、赵丰田编：《梁启超年谱长编》，上海：上海人民出版社，1983年，第247页；2. 25万说，见陈民：《民国华侨名人传略》，北京：中国华侨出版公司，1991年，第171页；3. 10余万说，见康有为：《丘菽园所著诗序》，丘炜萲：《菽园诗集》，台北：文海出版社，1977年，第2～3页。捐款的具体数目，值得进一步考订。丘菽园对庚子勤王运动的捐款有一点值得注意，他不仅捐款给康有为，且曾募集经费支援唐才常，见冯自由：《华侨革命开国史》，《华侨与辛亥革命》，北京：中国社会科学出版社，1981年，第57页；冯自由：《新加坡图南日报》，《革命逸史》（初集），北京：中华书局，1981年，第171页。田野橘次称丘菽园曾给唐才常3万元，见田野橘次：《最近支那革命运动》，上海：新智社，光绪二十九年（1903年），第20页。

④ 康有为：《丘菽园所著诗序》，丘炜萲：《菽园诗集》，台北：文海出版社，1977年，第2页。

⑤ 康有为：《丘菽园所著诗序》，丘炜萲：《菽园诗集》，台北：文海出版社，1977年，第3页。

时并举，但唐才常却因为海外保皇会的汇款迟迟不至，只好展期，而秦力山则在七月十五如期举事，结果以失败而告终。同时，秦又听到了唐才常等已在汉口被捕杀的消息，乃解散所部，买舟到新加坡，面见康有为、丘菽园，图谋再举。但是，这次见面，却给秦力山留下一个印象：汉口自立军的失败，是由于康有为拥资自肥，未把华侨捐款用在勤王运动上。一气之下，秦力山宣布与康有为绝交。①

说康有为拥资自肥，恐怕有些冤枉，他之所以不能及时接济唐才常，可能与他志在两广，把大量的财力投向了对两广的经营之中有关。② 但是，由于他为了调动各方的积极性，曾经向海内的志士夸口说自己募集了巨款，经费充裕，同时又向海外的华侨夸口说他拥有雄壮的队伍，军威赫赫，结果却是海内的豪杰因得不到经费支持而失败，海外的华侨因看不到投资的成效而生怨。历史学家可以满有把握地证明，时人关于保皇会首领贪财的指责是一场误会，但是，却没有人能够弥补这场误会对康党事业的不利影响。海内的许多追随者，如秦力山等人，转而之他，变为排满革命的鼓吹者；海外的一些支持者，如丘菽园等人，对康有为的勤王保皇事业失去兴趣，不再提供资助。康党的内部出现分崩，外部在华侨社会的“精神殖民地”也有瓦解的危险。

就南洋华侨社会而言，丘菽园的转向不仅仅是他一个人的问题，他的转向带动了一批人远离康党而去，在三派相争的历史上造成了一个转折。

新加坡的陈楚楠和张永福与丘菽园关系极佳，陈楚楠还曾在《天南新报》上以“思明州之少年”为笔名发表过文章，并崇拜过康有为的维新运动③，康有为到新加坡后，曾与之交游④。张、陈二人在相当长的时间里都是倾心于维新运动的，都属于被康有为“精神殖民”过的人。庚子勤王运动以后，他们看到亦师亦友的丘菽园的巨款打了水漂，再加上有关康有为滥用华侨捐款的传闻充盈耳鼓，于是转而鼓吹革命了。1903 年《苏报》案发生的时

① 冯自由：《秦力山事略》，《革命逸史》（初集），北京：中华书局，1981 年，第 87～88 页。

② 桑兵：《清末新知识界的社团与活动》，北京：生活·读书·新知三联书店，1995 年，第 44～50 页。

③ 陈民：《民国华侨名人传略》，北京：中国华侨出版公司，1991 年，第 60 页。

④ 王德昭：《从改良到革命》，北京：中华书局，1987 年，第 180 页。

候，他们以小桃源俱乐部的名义致电驻上海的英国领事，请援引保护国事犯条例，不要将章炳麟、邹容引渡给清政府。① 他们通过黄伯耀的介绍，与在南洋发展中和堂组织的尤列结识②，实现了孙党与倾向于革命的南洋华侨的初次结合。1904 年，他们创办《图南日报》，播撒革命种子于南洋③。又通过《图南日报》的关系，在 1905 年结识了孙中山④。翌年同盟会新加坡分会成立，他们成为负责人⑤。新加坡分会成立后，他们和孙中山、胡汉民等人相配合，努力发展在南洋各埠的会务，从而使孙党在南洋拥有了比

---

① 冯自由：《华侨革命开国史》，《华侨与辛亥革命》，北京：中国社会科学出版社，1981 年，第 58 页；陈楚楠：《晚晴园与中国革命史略》，丘权政、杜春和编：《辛亥革命史料选辑》(续编)，长沙：湖南人民出版社，1983 年，第 31 页。

② 《华侨与辛亥革命》，北京：中国社会科学出版社，1981 年，第 58 页；冯自由：《新加坡图南日报》，《革命逸史》(初集)，北京：中华书局，1981 年，第 171 页。

③ 张永福：《南洋与创立民国》，《华侨与辛亥革命》，北京：中国社会科学出版社，1981 年，第 110 页；冯自由：《新加坡图南日报》，《革命逸史》(初集)，北京：中华书局，1981 年，第 172 页。

④ 冯自由：《华侨革命开国史》，《华侨与辛亥革命》，北京：中国社会科学出版社，1981 年，第 59 页。关于这次陈、张与孙中山的结识，张永福说孙中山登上了新加坡的领土，到小桃源俱乐部会了餐，并到晚晴园摄影留念了，见氏著《南洋与创立民国》，《华侨与辛亥革命》，北京：中国社会科学出版社，1981 年，第 97 页。但当时一同去见孙中山的陈楚楠则说孙中山并未上岸："总理以当地政府限他五年内不得入境，不能登岸，应当等到他到东京组织同盟会后，才再来此间久住，共同工作。"见氏著：《晚晴园与中国革命史略》，丘权政、杜春和编：《辛亥革命史料选辑》(续编)，长沙：湖南人民出版社，1983 年，第 33 页。冯自由也说："尤列引楚楠、永福、义顺诸人登轮求谒，并欢迎上陆，共商国事，总理以当地政府五年不许入境禁令尚未期满辞之。"见氏著：《南洋华侨与革命运动》，《革命逸史》(第 6 集)，北京：中华书局，1981 年，第 166～167 页。

⑤ 有很多记载都说同盟会新加坡分会成立于 1905 年冬。见邹鲁：《同盟会时代之南洋党务》，革命开国文献编辑小组编：《中华民国建国文献 革命开国文献 第一辑 史料 二》，台北："国史"馆，1996 年，第 220～221、229 页；冯自由：《南洋各地革命党报述略》，《革命逸史》(第 4 集)，北京：中华书局，1981 年，第 143 页；冯自由：《华侨革命开国史》，《华侨与辛亥革命》，北京：中国社会科学出版社，1981 年，第 61 页；黄珍吾：《华侨与中国革命》，台北："国防"研究院，1963 年，第 30 页；华侨革命史编纂委员会编：《华侨革命史》(下)，台北：正中书局，1981 年，第 93 页。实则孙中山在 1905 年 6 月路过新加坡后，本年内并未再来，新加坡分会成立于 1906 年春。张永福说南洋同盟会成立于乙巳 (1905) 年 7 月，显为误记，因为此时东京同盟会都还没有成立。张永福：《南洋与创立民国》，《华侨与辛亥革命》，北京：中国社会科学出版社，1981 年，第 97 页。

较完备的组织系统，增强了竞争的砝码。

像新加坡的陈楚楠、张永福那样由欣羡维新而转向革命的，并不是独一无二的现象，各埠都有起先与康党交游，后来又认为康党不足与谋，从而转向孙党的华侨。怡保的郑螺生和李源水是该埠同盟会分会的正、副会长，但他们都曾经与康有为有过往来①。郑螺生对康有为颇为尊敬，1900 年康有为游怡保的时候，曾给予热情接待。他是看了丘菽园在《天南新报》上刊登的揭露康有为骗款卖友的文章之后才与之断绝关系，并进而倾心民主革命的。② 仰光的庄银安，刚与康有为接触的时候也颇相信其忠君爱国的诚意，欣然出任仰光保皇会会长③，后来经过秦力山的游说，晓以民族大义，并告以康党骗财卖友，才脱离与康党的关系，进而成为仰光同盟会分会的会长④。

初下南洋的时候，孙党可谓毫无竞争力可言。华侨中的大部分依然倾心于清廷，少数有革新思想的侨商又都在康党的旗帜下，几乎无人附和孙党的主张。但是，康党在勤王运动之后的内部纷扰和由此造成的华侨离心，预示了一次转折的到来。孙党从此“交上了好运”，渐次获得了一些华侨的支持。清廷、孙党、康党三派在南

---

① 胡汉民述、张振之记：《南洋与中国革命》，革命开国文献编辑小组编：《中华民国建国文献 革命开国文献 第一辑 史料 二》，台北：“国史”馆，1996 年，第 394 页。此处记为“起初郑螺生、王源水几位都是和康有为往来过，后来都加入本党”。“王源水”为李源水之误。

② 陈民：《民国华侨名人传略》，北京：中国华侨出版公司，1991 年，第 78 页。

③ 冯自由：《南洋各地革命党报述略》，《革命逸史》（第 4 集），北京：中华书局，1981 年，第 141 页；冯自由：《华侨革命开国史》，《华侨与辛亥革命》，北京：中国社会科学出版社，1981 年，第 73 页。但据杨景藩的记载，庄银安未就保皇会会长之职：“戊申春，康有为由印入仰，鼓吹保皇设保皇会。强先生为会长，先生不就，且与其友陈春源、徐赞周，鼓吹民族革命以与对抗。”见徐市隐：《缅甸中国同盟会开国革命史》，转自《华侨与辛亥革命》，北京：中国社会科学出版社，1981 年，第 175 页。冯自由在另一处则说庄银安是误信康有为学说者之一，见氏著《秦力山事略》，《革命逸史》（初集），北京：中华书局，1981 年，第 88 页。邹鲁也记载说，庄银安是在秦力山的一番劝说之下才脱离与保皇会的关系的，见氏著《同盟会时代之南洋党务》，《中华民国建国文献 革命开国文献 第一辑 史料 二》，台北：“国史”馆，1996 年，第 233 页。

④ 邹鲁：《同盟会时代之南洋党务》，革命开国文献编辑小组编：《中华民国建国文献 革命开国文献 第一辑 史料 二》，台北：“国史”馆，1996 年，第 233 页。

洋侨界“精神殖民”的格局，从此有所改变。

二、论战对南洋华侨社会的影响

（一）论战与南洋华侨社会的重组

随着19世纪末20世纪初清廷、孙党、康党先后将目光投向南洋华侨社会，华侨社会出现了一次分化组合。围绕着清政府和孙、康两党，对国内政治事务感兴趣的华侨也分化为忠于清廷者、追随孙党者和追随康党者。

这一次华侨的分化组合是在多种因素的综合作用下实现的。清廷分设各埠的领事署、康党在各埠设立的保皇会、孙党在各埠设立的革命组织有如三面大旗，促使华侨“分边”、“站队”。清廷海军的赫赫声威足以增强华侨的自尊与自信，使大部分华侨保持对清廷的忠诚；康有为的衣带诏也足以激起部分华侨的忠愤之情，愿意随他去清君侧，保圣上；孙党慷慨悲歌的演说也能拨动部分华侨的心弦，激起种族的仇情，生出对专制的痛恨。一场政治运动，一台改良新戏，一本宣传小册子，一次演说，一场集会，都可能改变一部分华侨的政治信仰，促进华侨社会的重新分化组合。在各种促进华侨社会重组的因素中，报纸是非常重要的一种。《天南新报》在促进华侨了解康党维新事业方面的作用、《图南日报》在改变华侨对孙党的偏见方面的功劳都是显而易见的，此不具论。这里只拟探讨一下《中兴日报》与《南洋总汇新报》对南洋华侨社会重组所产生的影响。围绕着君主立宪和民主共和的宪政道路之争是这两份报纸最引人注目的地方，而它们对南洋华侨社会重组的影响，也主要从这场论战中表现出来。

两报论战是如何影响南洋华侨社会的分化组合的？

首先，报纸上每天刊登的大量鼓吹共和革命或君主立宪的文章可以坚定追随孙党或康党的华侨的信心，使他们产生“吾道不孤”的感觉，有助于他们抵制来自社会各种力量的非议，坚定自己的选择。

其次，报纸上所刊登的大量宣传孙党或康党政治理念的文章为追随孙党或康党的华侨提供了学习的机会。反复阅读为自己所拥护的一派说话的文章，初则只是表示同情，继则会引为同调，终则会将报纸上的那一套话语转化为自己的话语，内化为本身思维的一部分，与自己所拥护者同其爱憎。孙党或康党的政治理念内化到相关华侨的思维中的时候，无疑地，华侨社会的分化便在一定程度上定型了。

再次，那些原本没有“站队”的华侨，在阅读了《中兴日报》与《南洋总汇新报》上的论战文章之后，会作出自己的选择。或站到拥孙者一边，或站到拥康者一边，或因厌恶两党的说教而站到忠清者一边，或远离国内政治的是是非非，只关心居留地的事务。

除了以上几方面之外，更为重要的是，华侨并不是论战的冷漠看客，而是论战的积极参与者，对论战的参与更是促进了华侨社会的分化组合。

从前文对华侨参与论战的介绍中不难看出，华侨为《中兴日报》说话或为《南洋总汇新报》说话，实际上反映了他们对《中兴日报》或《南洋总汇新报》主笔的支持。两报的主笔都是两党的志士，对主笔的支持实际上就是对该党的支持。孙党的志士和一帮追随者一起以《中兴日报》为阵地，摆好架势向康党及康党的追随者、清廷及清廷的追随者发起猛烈的攻击，康党的志士和一帮追随者一起以《南洋总汇新报》为营垒，对孙党及孙党的追随者、清廷中“君侧的小人”发起猛烈的攻击。以《中兴日报》与《南洋总汇新报》为两个对垒的核心，南洋华侨分成了不同的派系。

在《中兴日报》与《南洋总汇新报》的众多来稿中，既能看到一派的追随者支持该派的主笔向另一派报纸的主笔投以大量“笔枪墨炮”的情形，也能看到一派的追随者向另一派的追随者发起猛烈攻击的情形。如《南洋总汇新报》主笔徐勤在《论革命必不能行于今日》一文中言及魏文帝改鲜卑族的复姓为单音汉姓一事的时候，曾有“侯莫陈崇分为陈姓侯姓莫姓”一语①。这一说法遭到孙党追随者的攻击。有一个叫陈生香的人在《中兴日报》上发表《问总汇报之罪》一篇短文，指斥徐勤此说“卖我祖宗，骂我陈姓为杂种”②，羞辱了陈姓人家。陈生香此文见报之后，有另一陈姓者（陈少牧）出，不但为徐勤辩护，且对陈生香加以痛诋，说他的文

① 亦市：《论革命必不能行于今日》（续前稿），《南洋总汇新报》，1908年7月6日，第1版。

② 《惜陈生香之愚》，《南洋总汇新报》，1908年7月17日，第1版。

章“自食自吐，贻识者笑”、“含血喷人，引杂种以自污”[①]。陈生香看到陈少牧这篇通信之后，又撰文与之辩驳，欲坐实徐勤羞辱陈姓之罪。陈少牧则刊登《陈生香真瞎傀儡》一文予以回驳，大骂陈生香“不顾廉耻，丧尽良心”[②]。陈少牧这种骂人做法引来另一陈姓者（陈旃史）的不满，他在《挥泪诛少牧之心》一文中认定徐勤在论说中辱骂了陈姓，而“我同宗凡有血气者莫不切齿咬牙，誓雪此耻”[③]，因此，陈少牧为《南洋总汇新报》辩护并辱骂陈生香的做法是得不到陈姓父兄谅解的。他要求陈少牧登报向陈姓父兄谢罪，否则就要用陈姓家法治他的罪。在这一个案中，当陈生香向徐勤开火的时候，还停留在一方的追随者攻击另一方的主笔的层面，而当陈少牧开始驳斥陈生香的时候，则变成了双方的追随者之间的对阵了。陈生香和陈少牧交手两个回合之后，陈旃史又加入进来，则反映了孙、康两党追随者之间对仗的热烈。在这一个案中，对垒的双方都是陈姓人氏，这一点富有象征意义。陈姓子弟间的分裂说明血缘的纽带出现了断裂，表明在 20 世纪初华侨中间以地缘、血缘为营垒的情形已经有所改变，而开始以政治信仰划界。此外，朱赤霓追随孙党，在芙蓉同盟会会员名单中有他的名字，[④] 而其兄朱子佩则反对激进主义，是《南洋总汇新报》的重要股东[⑤]。何德如主张民主立宪，为同盟会新加坡分会之一员，[⑥] 并曾主持《中兴日报》，而乃兄何乐如则倾向于君主立宪，以致兄弟相晤，只能“絮絮道家常细故”，而不能“及于政”[⑦]。凡此种种，莫不显示不同政

① 《惜陈生香之愚》，《南洋总汇新报》，1908 年 7 月 17 日，第 1 版。

② 陈少牧来稿：《陈生香真瞎傀儡》，《南洋总汇新报》，1908 年 7 月 25 日，第 3 版。

③ 大埔陈旃史：《挥泪诛少牧之心》，《中兴日报》，1908 年 7 月 28 日，第 5 版。

④ 邹鲁：《同盟会时代之南洋党务》，“国史”馆编：《中华民国建国文献 革命开国文献 第一辑 史料 二》，台北：“国史”馆，1996 年，第 232 页。

⑤ 张永福：《南洋与创立民国》，《华侨与辛亥革命》，北京：中国社会科学出版社，1981 年，第 118 页。

⑥ 邹鲁：《同盟会时代之南洋党务》，革命开国文献编辑小组编：《中华民国建国文献 革命开国文献 第一辑 史料 二》，台北：“国史”馆，1996 年，第 230 页。

⑦ 《何德如传》，见温雄飞：《南洋华侨通史》，奉天：东方印书馆，1929 年，第 266 页。

治势力进入南洋之后对华侨社会重组的影响。

陈生香、陈少牧等人关于徐勤是否羞辱了陈姓的争吵提供了一个一派追随者攻击另一派追随者的典例，但却不是唯一的例子。“平心论”对“击石”的攻击①，“喝公”、“击石”对“芰莠”的痛骂②等同样都很典型。可以说，《中兴日报》与《南洋总汇新报》一方面促进了华侨内部的分化组合，另一方面也为分化后的华侨提供了对垒的舞台。

《中兴日报》、《南洋总汇新报》及其追随者对于敌手均投以带毒的标枪，而对于本阵营内部的人们则示以友善与支援。这种友善与支援既表现在传播者与受众之间，也表现在受众与受众之间。表现传播者与受众间友善的事例很多，这里仅举两例。一个名叫李汉声的读者发现《中兴日报》关于河口起义的报道有前后矛盾的地方，便致书该报，询问出现这种情况的原因。从其来信的行文看，他是同情孙党的。③《中兴日报》接到来信之后，特于报纸上给李汉声回信，告诉他，不是本报报道矛盾，而是清廷对革命军的报道前后矛盾，《中兴日报》照录清廷之报道，本是为了彰显清廷的矛盾，李误会了该报的初衷。④清廷颁布九年筹备清单之后，康党曾一度表示欢迎。有一个追随康党的受众认为九年之期太遥远，怀疑政府有意拖延，乃投书于《南洋总汇新报》，询问该报主笔的看法，该报则刊登专文加以解释，告诉这个追随者，因为“国民程度尚在幼稚”等原因，以九年为筹备之期不能算是有意拖延时间，而有其不得已的苦衷。⑤诸如此类的传播者与受众之间的良性互动，有助于加强传播者与受众之间的联系，消除受众心中偶尔产生的疑虑，“净化”其思维，稳固其信仰，有利于本阵营的巩固。

反映同一阵营里受众与受众之间友好互动的事例同样也很多，

---

① 平心论来稿：《解击石愚》，《中兴日报》，1908年8月4日，第5版。

② 喝公来稿：《奸哉芰莠丑哉芰莠》，《南洋总汇新报》，1908年7月31日，第3版；击石来稿：《斥芰莠之不反躬自揆》，《南洋总汇新报》，1908年8月1日，第3版。

③ 《李汉声君来书》，《中兴日报》，1908年12月31日，第3版。

④ 《本报编辑人答李君书》，《中兴日报》，1908年12月31日，第3版。

⑤ 《答客问》，《南洋总汇新报》，1908年9月4日，第1版。

这里仅举一例。有一个名叫黎少琼的女子在《中兴日报》上刊发文章，声援孙党的革命主张，抨击康党的立宪理论。《南洋总汇新报》见后，以谐文的方式讥讽她为“娘子军”，说她的作品“秽臭逼人”。[①] 受此刺激，黎少琼乃在《中兴日报》上发表求助信，请求“四万万同胞”“断曲直”。[②] 黎少琼的求助信见报后，有一自称“中国民”的人在《中兴日报》上刊登《敬致黎女士书》，高度赞扬黎少琼的见解，并激励她“加养浩然之气”，不与“日以谐谑之谈毁谤有志之士”的《南洋总汇新报》计较。[③] 受到“中国民”等人的激励，黎少琼此后又赓续在《中兴日报》上发表了一些文章，继续鼓吹种族革命，高扬“民主立宪”的旗帜。受众之间如此这般的互相激励以及共同对付敌对营垒的文字攻击的行为，无疑会使他们产生并巩固“我们是一边的”的感受，而这也会使不同营垒间的界限日益鲜明。

至此为止，我们简单地揭示了《中兴日报》与《南洋总汇新报》的传播者与受众之间错综复杂的关系，包括《中兴日报》的传播者与《南洋总汇新报》传播者之间的敌性互动、《中兴日报》的受众与《南洋总汇新报》的传播者之间的敌性互动、《南洋总汇新报》的受众与《中兴日报》的传播者之间的敌性互动、《中兴日报》与《南洋总汇新报》的传播者与各自受众之间的良性互动、《中兴日报》与《南洋总汇新报》各自受众之间的良性互动。透过种种敌性的与良性的互动，两个泾渭分明的营垒呈现在我们面前。

徐市隐在论及缅甸同盟会的发展时有言，对于排满革命之说，缅甸华侨有反对者，有赞成者，“隐隐若有鸿沟”。[④] 其实，不惟缅甸侨界如此，整个南洋的华侨都因不同的政治选择而“隐隐若有鸿沟”。南洋华侨间鸿沟的出现，其原因不一，而《中兴日报》与《南洋总汇新报》之间论战的影响是显而易见的。论战不惟促进未

---

① 谐：《女权发达》，《南洋总汇新报》，1908 年 7 月 18 日，第 3 版。

② 黎少琼：《致中国四万万同胞书》，《中兴日报》，1908 年 8 月 4 日，第 5 版。

③ 中国民寄稿：《敬致黎女士书》，《中兴日报》，1908 年 8 月 5 日，第 5 版。

④ 徐市隐：《缅甸中国同盟会开国革命史》（节录），《华侨与辛亥革命》，北京：中国社会科学出版社，1981 年，第 140 页。

"站队"者"站队",同时还会使已"站队"者坚定自己的选择(当然也可能是改变自己的选择,由一队跑到另一队)。同时,华侨作为两报的主要受众,也主动参与其中。参与时不同人员之间的良性与敌性互动也使鸿沟日显,营垒渐成。

(二)各为其主

华侨一旦因政治信仰不同而开始"分边"、"站队",不同营垒间的争与斗就随之开始。下面,我们将叙述几例华侨间争斗的实例,以加深我们对南洋华侨社会在20世纪初重新分化组合的认识。

自从清廷在各埠设立领事馆以来,每逢皇帝、太后的生日,华侨们都会按照领事的安排好好庆祝一番。不过,1907年慈禧"万寿"的时候,槟榔屿的华侨却为要不要停工庆祝一事发生了一次小小的冲突。之所以会出现这种情况,与同盟会的机构已发展到南洋有关,也与《中兴日报》对清廷的大量攻击相联系。

慈禧的生日是十月初十。在初八(1907年11月13日)那天,就有人发了如下传单,号召槟城华侨张灯结彩,升旗志庆:

> 本月初十日为慈禧皇太后万寿,凡我华侨,务宜齐升国旗,张灯结彩以志庆祝。是祷。
>
> 光绪丁未十月初八日
>
> 广福等公启①

第二天,有内容完全相反的传单派到华侨手中:

> 本月初十日为虏廷之所谓太后者生辰,凡我皇汉苗裔,稍具人格而知耻辱者,幸勿升旗结彩以贻外国人讥笑,谓亡国奴隶恬不知羞,以献媚异族,是为至要。此布。
>
> 汉民公启②

第二份传单下署的"汉民"不是指胡汉民,而是有关华侨为这一公启签名的时候自拟的,意指汉族人民。

---

① 《黄汉裔致槟城新报书》,《中兴日报》,1907年11月30日,第2版。
② 《黄汉裔致槟城新报书》,《中兴日报》,1907年11月30日,第2版。

不难判断，第二份传单是追随孙党的华侨所发，而第一份传单则是忠于清廷的华侨所为，而不太可能是康党的追随者所为。康党与西太后有戊戌旧仇，不会热心于恭祝太后“万寿”。两份传单都派到了华侨的手中，但华侨究竟如何选择，则因资料阙如，不得而知。但派发传单这一事件本身就反映了华侨中的忠清者与追随孙党者之间的争斗。

“万寿”那天，《槟城新报》在“本埠新闻”栏内刊登了一则《所谓汉民者看》，对孙党追随者的公函予以攻击，说这些人无资格以“汉民公启”署于传单，以此署名，“令人耻笑”。① 传单发布者见此，于十月十二日致书该报，质问何以说他们无资格称“汉民”，以“汉民公启”署名何以令人耻笑。他们在信中要求该报对以上问题作出答复，否则就要“驰告各埠，求各报照来函刊布”。②《中兴日报》在十月廿五日（1907 年 11 月 30 日）以“槟城通信”的形式刊登了这一封信，似乎说明《槟城新报》未按要求作出答复，有关华侨于是“驰告各埠”了。

在这场关于慈禧生日该不该结彩升旗以志庆祝的争斗中，先是槟榔屿有不同政治倾向的华侨间派发传单以影响本埠华侨，继则《槟城新报》丑诋孙党追随者的传单，大众传播媒介登场，反映出争斗面的扩大。此后，有关华侨质问《槟城新报》，并将所派传单及《槟城新报》对他们的丑诋和他们的质问信一并寄往各埠，在各报以来信的形式刊登。这就使争斗的范围进一步扩大，此次争斗的经过也借助报纸的传播而为各埠所周知。

当国内的请愿速开国会运动逐步进入高潮的时候，南洋华侨中的一部分人也在康党的鼓吹下有所行动。于是围绕着应不应该向清廷请愿速开国会的问题，华侨中的追随康党者与追随孙党者之间展开了一场别开生面的争斗。南洋华侨中请开国会之动议始于三州府之首的新加坡③，但两派华侨的争斗则在四州府的霹雳显得特别激烈些。

霹雳在接到新加坡的鼓动信之后，便有区慕颐和胡子春等人响

① 《黄汉裔致槟城新报书》，《中兴日报》，1907 年 11 月 30 日，第 2 版。

② 《黄汉裔致槟城新报书》，《中兴日报》，1907 年 11 月 30 日，第 2 版。

③ 《比勝黄兴汉来函》，《中兴日报》，1908 年 8 月 19 日，第 5 版。

应，决定在霹雳发动华侨请愿速开国会。[①] 这些热心于请愿速开国会的华侨不仅致电农工商部，还电达上海《时报》，并与新加坡、吉隆坡等埠的请愿派通声气，在本埠则向华侨派发《敬告华侨签名请开国会启》，在很短的时间里弄出了不小的声势。[②] 他们的请愿运动引起该埠追随孙党的华侨的仇视，争斗在所难免。

当请愿派华侨于戊申年七月初四（1908 年 7 月 31 日）以新改良商局之名派发《敬告华侨签名请开国会启》的时候，即遭到一些革命派华侨的抵制，“有起问罪之师者”。[③] 这一现象引起区慕颐等人的警惕，使他们决定召集新改良商局的负责人开会，力图达成请愿速开国会的议案，然后将这一议案在新改良商局的股东大会上通过，这样便可名正言顺，使反对者无所措手。新改良商局的负责人大都赞同请开国会，因此要在负责人大会上通过用该局名义的决议是不会有什么困难的。区慕颐虽然也邀请了新改良商局协理、霹雳埠同盟会负责人郑螺生、李孝章二人，但他们没有参加初六日的负责人会议，这就使那次会议更加轻而易举地通过了用新改良商局名义请开国会的决议。[④]

郑螺生、李孝章二人不出席初六日的会议并不是放弃争斗。他们明了自己在初六日的会议上是少数派，依少数服从多数的原则，他们无法改变局面，且将授人以口实，不利于以后的斗争。他们不参加初六日的会议，正是为了在股东大会上制造另一个以少数服从多数的局面，将对手打翻在地。

股东大会于初十日午后一点钟召开，郑螺生、李孝章邀集了大量革命派华侨股东参加，郑还亲自担任向对手进攻的主力。他宣称

① 据霹雳新改良商局的某些股东写给《中兴日报》的一封信，该埠请开国会之议是由区慕颐发起的。见《霸罗通信》，《中兴日报》，1908 年 8 月 19 日，第 5 版。但区慕颐自己则说，发起者是另一侨领胡子春。见《区君慕颐驳正匿名揑砌之所谓七月初十日吡叻矿务农商总局同人议案》（续），《南洋总汇新报》，1908 年 9 月 2 日，第 4 版。

② 《霸罗通信》，《中兴日报》，1908 年 8 月 19 日，第 5 版；寓巴罗华侨一份子来稿：《乞求开国会者之卑劣手段》，《中兴日报》，1908 年 8 月 8 日，第 2 版。

③ 《霸罗通信》，《中兴日报》，1908 年 8 月 19 日，第 5 版。

④ 《区君慕颐驳正匿名揑砌之所谓七月初十日吡叻矿务农商总局同人议案》（续），《南洋总汇新报》，1908 年 9 月 2 日，第 4 版。

初六日议案为私议，为了新改良商局的前途，应该撤销这一议案。由是否应该撤销初六日议案的问题，进而又辩论中国应该走君主立宪之路还是走革命共和之路的问题，发言者也由郑螺生、区慕颐对垒演变成股东中的革命派与请愿派的混战。经过一阵激烈争吵之后，有人主张执不同政见者“各行其志”①，郑螺生则坚持要撤销初六日的议案。

初六日的议案是否被撤销了？有两种完全相反的说法。革命派华侨说初十日最后“结案散会”②，区慕颐则说无人响应郑螺生，“众不愿而散”③。此后，革命派华侨印刷传单，到处派发，宣称初十日的股东大会撤销了初六日的议案，区慕颐则否定之，称之为“匿名捏砌之所谓七月初十日吡叻矿务农商总局同人议案”。

区慕颐不但在本埠努力推进请愿速开国会运动，还亲自跑到雪兰莪进行联络，想促进霹雳、雪兰莪、彭亨、芙蓉四州府联合行动。

雪兰莪中华商务总会有一帮华侨响应区慕颐的号召，一面派黄、梁二人到芙蓉联络④，一面在本埠派发《敬告华侨报名请设民选议院启》⑤，这就将两派争斗的火焰在雪兰莪、芙蓉两埠点燃了。

芙蓉收到雪兰莪中华商务总会的来信之后，有人以芙蓉矿务会馆的名义复函，否定了请愿手段的可行性，称之为“下乘”之策⑥。《敬告华侨报名请设民选议院启》派发到雪兰莪华侨手中之后，更引起该埠革命派华侨的驳斥。有自称为“雪兰莪不公认要求满清立宪者”多人刊发公启，逐条驳斥请愿派华侨的传单⑦。在该

---

① 《区君慕颐驳正匿名捏砌之所谓七月初十日吡叻矿务农商总局同人议案》(三续)，《南洋总汇新报》，1908年9月4日，第4版。

② 《霹雳矿务农商局初十日大会议之情形》(再续)，《中兴日报》，1908年8月17日，第5版。

③ 《区君慕颐驳正匿名捏砌之所谓七月初十日吡叻矿务农商总局同人议案》(三续)，《南洋总汇新报》，1908年9月4日，第4版。

④ 《比勝黄兴汉来函》，《中兴日报》，1908年8月19日，第5版。

⑤ 《斥驳雪兰莪总商会邀华侨签名要求满清立宪之无耻》，《中兴日报》，1908年8月24日，第5版；《吉隆报局来函》，《中兴日报》，1908年8月25日，第5版。

⑥ 《比勝黄兴汉来函》，《中兴日报》，1908年8月19日，第5版。

⑦ 《斥驳雪兰莪总商会邀华侨签名要求满清立宪之无耻》，《中兴日报》，1908年8月24日，第5版。

埠域多利亚书院任教的几位华侨也发表公启，对请愿派华侨的公启痛下针砭。①

在这场围绕着请愿速开国会而展开的争斗中有两点值得注意：一是不论是在会议上的口舌之争还是在传单上的笔墨交锋里，华侨们所用的语言都和孙、康两党志士在《中兴日报》与《南洋总汇新报》上论战时所用的语言非常相似。这说明两报论战的文章对华侨产生了较大的影响，有关华侨已经能够用孙、康两党的话语为自己的争斗服务。二是虽然各埠都有一些革命派华侨对请愿派华侨进行了一定的进攻，但请愿速开国会运动并未因此而受到影响。区慕颐等人联合四州府共同行动的设想得到了实现，② 霹雳埠后来还以该埠商会名义向清廷递交了促开国会请愿书，③ 雪兰莪埠的表现尤为积极，产生了侨界第一个请愿代表陆乃翔。④

前述华侨在西太后“万寿”时的争斗和在请开国会方面的冲突都还停留在“口诛”与“笔伐”的阶段，而他们在哀悼慈禧、光绪一事的争斗中则突破了动口不动手的限度，有了街头武斗的色彩。

光绪皇帝于戊申十月廿一（1908 年 11 月 14 日）驾崩，慈禧太后于次日驾崩，这在当时是一件令人瞩目的大事。十月廿六（1908 年 11 月 19 日）是追悼光绪皇帝和慈禧太后的日子，新加坡商会恪尽职守，提前两天就向本坡华侨派发了传单，要求华侨们在廿六日这天停止贸易，到领事署设立的两宫牌位前敬致哀思。⑤

廿五日下午，又有很多传单出现，大致可分为两类，一类劝华侨遵循商会传单所定的办法，另一类则劝华侨不必遵循商会传单，

---

① 《吉隆报局来函》，《中兴日报》，1908 年 8 月 25 日，第 5 版。

② 《南洋总汇新报》上刊发过以四州府名义发表的请愿书，虽然该请愿书出自康党手笔，但也说明各埠均有华侨响应之。《雪兰莪、霹雳、芙蓉、彭亨四州府华侨国会请愿书》，《南洋总汇新报》，1908 年 8 月 17、18 日，均第 1 版。

③ 《霹雳商会请促开国会请愿书》，《南洋总汇新报》，1910 年 1 月 25 日，第 4 版。

④ 《南洋雪兰莪二十六埠总商会国会请愿代表兼澳洲华侨代表陆乃翔上政府书》，《南洋总汇新报》，1910 年 7 月 12、13 日，均第 4 版。

⑤ 《廿六早之如意油》，《中兴日报》，1908 年 11 月 18 日，第 3 版；《藉端肇事》，《中兴日报》，1908 年 11 月 19 日，第 2 版。另有一说指出，商会派传单的时间是廿五日。见观战：《噫忠君保皇亦致暴动而召外人干涉耶》，《中兴日报》，1908 年 11 月20 日，第 1 版。

不必在廿六日停止贸易。① 这两种传单都“全坡分派”②，说明关于追悼光绪帝和慈禧太后的争斗在追悼日到来之前就已经开始了。

廿六日一早，大多数华侨都没有开门经营，但也有部分华侨照常营业，而街上也还有一些小贩在叫卖，黄包车夫也有如常拉客的。但是，这些照常做生意的人遭到了暴徒的袭击。开店门者遭毒打，街上的小贩也遭毒打，黄包车夫和乘坐黄包车的人一并遭到殴辱，黄包车被掀翻在街上。③ 最为典型的一个案例是同盟会员何心田于是日早上照常开铺营业，结果街上聚集了两三百人，“如集议战争一般”④，群言汹汹，要求他关门。何心田不从，即有人拿石头往店里扔，何心田的妻子被石头打伤。⑤ 何心田赶忙跑出去报警。英国警察卑列敦闻讯赶来，在与那些人对垒的过程中，这个警察先是被一个从窗口扔下的扫帚击中头部，后又被石头击中胫骨，受伤扑地。⑥

何心田的商店为何会受到众人围攻？《南洋总汇新报》所刊登的一则新闻报道说，是何心田廿六日一早打开店门，并发表演讲，宣扬民族主义，劝人们照常营业，后又拿起一张纸片，大书“取泪如意油平沽”字样，讥讽到领事署哭临的人们要用取泪如意油，引起众人的义愤，因而被围攻。⑦ 但法官审问何心田的时候，他否认自己有过张贴广告卖取泪如意油一事。⑧

不惟何心田被认为是因卖取泪如意油而遭袭击，那一天发生在

---

① 观战：《噫忠君保皇亦致暴动而召外人干涉耶》，《中兴日报》，1908 年 11 月20 日，第 1 版。

② 观战：《揭总汇新报记者惩奸面皮之机器至矣》（续），《中兴日报》，1908 年 11 月 30 日，第 1 版。

③ 观战：《噫忠君保皇亦致暴动而召外人干涉耶》（三续），《中兴日报》，1908 年 11 月 24 日，第 1 版；《暴动案之详细供词》（续），《中兴日报》，1909 年 1 月9 日，第 2 版。

④ 《暴动案之详细供词》（续），《中兴日报》，1909 年 1 月 9 日，第 2 版。

⑤ 《藉端肇事》，《中兴日报》，1908 年 11 月 19 日，第 2 版；《暴动案之详细供词》，《中兴日报》，1909 年 1 月 8 日，第 2 版。

⑥ 《暴动案之详细供词》（续），《中兴日报》，1909 年 1 月 9 日，第 2 版。

⑦ 观战：《噫忠君保皇亦致暴动而召外人干涉耶》（三续），《中兴日报》，1908 年 11 月 24 日，第 1 版。

⑧ 《暴动案之详细供词》，《中兴日报》，1909 年 1 月 8 日，第 2 版。

新加坡街头上的所有暴力事件都被认为是由革命派华侨卖取泪如意油而引起的。[①]《中兴日报》在一则新闻报道里讲到，哭临当日，在清领事署前“有数华人肩荷如意油高声呼卖，旁观者途为之塞，一时笑声大作”、“卖如意油者往来于中街、漆木街之中，购者颇不乏人”。[②] 由此可知哭临那天的确有人在新加坡的大街上叫卖取泪如意油，且破坏了领事署前的肃慎之气。这种做法引起公众的义愤，群起而殴之，恐怕也是情理之中的事情。那些做生意的商人、载客的车夫，也因为没有按照商会的传单向光绪皇帝、慈禧太后敬致哀思而受到公众的袭击。

联系到孙党在华侨下层比较有势力，可以推知哭临那天开门做生意的商人、街上的小贩、人力车夫应该都是孙党的追随者，他们有意以此表达自己的民族主义立场。[③] 袭击他们的人则不一定尽是康党的追随者[④]。时人将新加坡侨商分为忠君派、保皇派、革命派、从众派四种[⑤]，实则“忠君”和“保皇”两派都有可能不满于“革命”一派的行动，义愤填膺，以致动武。

当遭到袭击的时候，被袭击者没有还手，而是向警察求助。在警察逮捕了10多个施暴者之后[⑥]，事态稍稍平息下去，但那些试图像平时一样做生意的华侨还是怕受到袭扰，因而知趣地关上了店门。[⑦]

---

① 观战：《噫忠君保皇亦致暴动而召外人干涉耶》（三续），《中兴日报》，1908年11月24日，第1版。

② 《如意油畅消［销］》，《中兴日报》，1908年11月19日，第2版。

③ “观战”否认卖取泪如意油者为革命党，而何德如则对此直承不讳。见观战：《噫忠君保皇亦致暴动而召外人干涉耶》（三续），《中兴日报》，1908年11月24日，第1版；德如来稿：《读三州府华民政务司全年报章之感言》，《中兴日报》，1909年6月9日，第1版。

④ 《中兴日报》在当时指控当日的暴徒是“保皇党”。见观战：《噫忠君保皇亦致暴动而召外人干涉耶》（三续），《中兴日报》，1908年11月24日，第1版。

⑤ 观战：《噫忠君保皇亦致暴动而召外人干涉耶》，《中兴日报》，1908年11月20日，第1版。对此，《南洋总汇新报》驳斥道，侨商不可分为四派，实则只有“乱党”与“不乱党”两派。见观战：《揭总汇新报记者惩奸面皮之机器至矣》，《中兴日报》，1908年11月28日，第1版。

⑥ 《藉端肇事》，《中兴日报》，1908年11月19日，第2版；《暴动案之详细供词》，《中兴日报》，1909年1月8日，第2版。

⑦ 诛保：《诛保党所以光汉族》，《中兴日报》，1908年12月4日，第1版。

同时，殖民当局看到孙党在冲突中吃了亏，害怕它会纠众报复，影响治安，乃知会孙中山，让他约束部众。孙中山于是命新加坡同盟会负责人张永福于廿七日张贴告示，要求部下不可有报复之举。①

孙中山颇以此事高兴，认为连英国政府都认定他有在新加坡管束团体的能力，说明“吾人势力多有可藉此而谋扩充者”。② 但是，孙中山恐怕会错了意。从整体上看，“廿六事件”实际上反映了孙党势力在新加坡的弱小。

在遭袭击的时候，他们没有还手，而是向警察求援，此举并不能说明孙党追随者举止文明③，而只是说明当日不遵循商会要求者是少数派，他们势单力薄，面对强大的反对力量，无力反击。像何心田那样一人面对两三百人，他除了报警，实无他法。以华侨之喜欢群殴，以孙党之崇尚铁血，如果其力量强大到能够与敌对者对峙，在廿六日是不可能出现那么“文明”的举动的。

同时，革命派华侨虽然在清晨开了店门，试图照常营业，但在反对者的强大压力下最后还是不得不闭门歇业，这样，在哭临那天，新加坡的街头便真正“肃清”了革命派华侨的势力，全埠商店闭门，小贩停工，车夫歇业，为光绪皇帝、慈禧太后的追悼营造了肃穆的气氛。革命派华侨的店门开而复闭这一情况也表明，这一派华侨在新加坡华侨中仍居少数，无法抗衡非革命派华侨的强大压力。

又如那些试图在廿六日开门的华侨，不惟在当日受到了石块的攻击，事后还受到了反对派华侨的为难，“迫之使不能不闭歇焉”④。由此益加明白，在新加坡，革命派华侨实居于被非革命派华侨打压的境地。

---

① 孙中山：《复邓泽如等函》（1908 年 11 月 20 日），《孙中山全集》（第一卷），北京：中华书局，1981 年，第 398 页。

② 孙中山：《复邓泽如等函》（1908 年 11 月 20 日），《孙中山全集》（第一卷），北京：中华书局，1981 年，第 398 页。

③ 当日孙党曾以此为孙党追随者举止文明之证。见观战：《噫忠君保皇亦致暴动而召外人干涉耶》（三续），《中兴日报》，1908 年 11 月 24 日，第 1 版。

④ 广府不平子来稿：《本坡广府保皇党之伎俩》，《中兴日报》，1908 年 12 月 15 日，第 1 版。

三州府华民政务司对“廿六事件”有如下观感：“观于志哀日之结果，革命党之信用大失，而该党人在本坡并未尝有真实之势力。”① 何德如亦称：“总而言之，本坡之革命党人，除卖取泪如意油一事之外（卖取泪如意油之举固非吾所赞成者，惟载湉与那拉氏之死乃吾汉人所当快意之事，故凡事为感情所发而不能已者，则不得而非之），其余无一事足以言表示者，此亦吾人意料所不及者也。似此乌足以言势力？”② 可见孙党势力在新加坡不大，这乃是当时超脱于中国政治派别之外者的公言，也得到了孙党有关人员的认可。

新加坡为南洋总汇之区，是清廷、孙党、康党三派政治势力博弈的重要场所，同盟会的南洋支部设立在这里，孙中山长期坐镇在这里，南洋华侨界革命党的先锋张永福、陈楚楠生活在这里，孙党在南洋最重要的宣传喉舌《中兴日报》发刊在这里。有此种种条件，新加坡华侨中追随孙党者当较他埠为多，孙党在新加坡华侨中当有较大的势力。但就是在新加坡，华侨中追随孙党者也远远不能与不追随孙党者抗衡。总埠如此，他埠可知。

本节所叙南洋华侨在慈禧“万寿”、国会请愿、为两宫哭临几个事件上的斗争，均取材于《中兴日报》与《南洋总汇新报》。笔者深知，华侨间带有政治色彩的斗争未必全都会在这两份报纸上有反映，若能扩大资料范围，相信还能找到不少典型例子。不过，就本节所叙几个事例，我们已能感受到南洋华侨在20世纪初年因政治信仰不同而相互竞争的热闹场面。《中兴日报》与《南洋总汇新报》的论战在一定程度上加深了南洋华侨社会的分化组合，使华侨更为热烈地关注祖国的前途命运，当为不争的事实。这也可以视为这两份报纸论战的一个重大意义。

---

① 德如来稿：《读三州府华民政务司全年报章之感言》，《中兴日报》，1909年6月9日，第1版。

② 德如来稿：《读三州府华民政务司全年报章之感言》，《中兴日报》，1909年6月9日，第1版。

结论与分析

当民主政体第一次出现在人类历史舞台上的时候，并没有得到人们的欢呼，而被讥讽为“乡巴佬的统治”。在人类文明史上，民主政治长期处于非常边缘的地位。直到法国大革命之后，才形成了一股强劲的民主化潮流，许多国家纷纷颁布宪法，采用民主政体。在治理国家的诸多政治体制中，民主政体成了“种子选手”，而其他政治体制则都被淘汰出局。正是在世界民主化潮流的冲击之下，中国开始接触并渐渐接受了宪政体制，且在 19 世纪末 20 世纪初开始用它来改造中国的传统政体。中国的政治从此偏离了秦汉以来的运行轨道，转入到宪政的轨道之中。在由“秦政”转轨到“宪政”的过程中，不同的转轨方案之间存在着激烈的竞争，清廷、孙党、康党三派的竞争尤其引人注目。清廷青睐于日式君主立宪制度，康党则认为日式君主立宪制不如英国的君主立宪制优越，孙党则否定任何形式的君主立宪制度，向往美式的民主共和制度。它们之间的竞争，既有文攻，也有武斗。争夺的对象，既有国内的民众，又有在日本、欧美的留学生，还有南洋、美洲等地的华侨。竞争的目的，在于使海内外的华人相信，只有本派政治势力才是中国的希望所在，大家应该将自己的才力、财力都贡献给本派政治势力，顺着本派政治势力所指明的方向，将中国推入到一个新的境界。

本书的写作虽然是基于对发刊于新加坡的《中兴日报》与《南洋总汇新报》上的论战的分析，但由于不局限于对论战文本的解读，同时关注了更为广阔的社会背景，并对传播者的内部情形和受众在各种政治势力间的抉择有所分析，因而也揭示了三派在华侨中竞争的一些侧面。

我们看到，在孙、康两党兴起之前，清政府已经通过改变传统的侨务政策，对华侨进行了一些切实的保护，赢得了华侨的忠诚。当孙、康两党涉足南洋的时候，它们能从华侨中获得的支持并不多。康党以忠君爱国的面目出现，尚可获得一部分华侨的同情，孙党则因为完全以反现政府的面目出现，几乎没有什么追随者。

随着时势的转移，这种状况出现了一些变化。保皇会和同盟会的组织先后在南洋发展起来，为康、孙两党扩大自己在华侨中的影响立下了不小功劳。《天南新报》、《图南日报》等的鼓吹，在改变华侨对两党的认识方面也有很大的作用。《中兴日报》、《南洋总汇新报》长期为两党鼓吹，特别是两报之间经年累月的论战，更是在华侨面前很好地展示了两党的政治主张，有利于它们在竞争中增加筹码。

孙、康两党在《中兴日报》与《南洋总汇新报》上的论战，其格调不如两党在《民报》与《新民丛报》上的论战那么高。并且，不论是论点的提出还是论据的铺陈，都没有什么创新的地方，多是《民报》与《新民丛报》论战时的那一套。但是，这场下里巴人的论战却有把两党的政治主张普及于华侨大众的重要意义，不仅在一定程度上开启了华侨的民智，而且为两党的政治活动赢得了一些支持者。孙党获得了华侨下层的支持，使一些人愿意为革命捐款甚至捐躯，康党则能够号召各埠侨商一次又一次地向清廷提出速开国会、即开国会的请愿书，这些都与《中兴日报》与《南洋总汇新报》的鼓吹分不开。

作为孙、康两党的机关报，《中兴日报》与《南洋总汇新报》还分别向清政府发起了攻击，清廷的弊政被真实地有时甚至夸张地暴露在两报的受众面前，清廷所推行的立宪举措更是遭到了众多的讥评。康党为了自己能够复出，攻击主持政府的“大佬”没有能力将中国的政治引领到完美的境域，孙党则完全否定了清廷的立宪诚意。孙、康两党对清廷的论战无疑也有利于打破清廷的意识形态在华侨中一统天下的局面。

我们看到，孙、康两党之间的论战以及两党对清廷的论战加深了华侨社会的重新分化组合。华侨中间因政治信仰的不同而分成了不同的派别，不同派别间的华侨还以商会、学校、戏院甚至街头作为舞台，演出了一幕幕互相争斗的活剧。

但是，我们也不宜夸大论战对三派相争局面的影响。虽然清廷没有报纸为自己的意识形态鼓吹，但它并不是一个“失声”者。它以恩威并施的方式，一方面加强对华侨的保护和笼络，另一方面则加强对胆敢“附逆”者及其家属的严惩。华侨离乡别井，为的是改变本人及家庭在社会上的地位，而追随孙党或康党则会给本人及家人带来灾难。对于那些已经发迹的华侨而言，和清廷搞好关系则不仅不会给家族带来风险，反而可以为自己的事业带来好处，投资国内，获取利润。因此，清廷的恩威并施的方法很好地维护了它的意识形态在华侨中的地位，使绝大多数华侨依然表现出对朝廷的忠诚。

综上所述，我们的结论是：在清廷、孙党、康党三派对华侨的争夺中，清廷一直处于有利的地位，孙、康两党尤其是孙党获致的支持是没法和清廷相抗衡的。对孙党而言，尤其值得指出的是，它在革命前的宣传工作并未取得使所有华侨都归心革命的效果。

《中兴日报》在1910年初停刊，它与《南洋总汇新报》的论战从此就完全结束了，所反映的华侨的态度也就到此为止。在《中兴日报》停刊之后，华侨的政治态度是不是发生了很大的变化呢？在提出上述结论的时候，这一问题不得不给予考虑。不过，时局的发展表明，在1910年以后华侨对三派政治势力的态度并没有什么大的变化，清廷依然获得了绝大多数华侨的支持，而孙、康两党的处境则没有什么改善。

就康党方面的情况来看，虽然他们一直在营谋开党禁，但清廷直到武昌起义爆发三个星期后才宣布“开党禁与民更始”①。在此之前，康党一直被清廷目为乱党、贰臣。如前所述，清廷的这种态度足以使大多数华侨对康党敬而远之。另外，康党涉足商务较多，因利益问题而引起的内部纷争，也使侨界对它敬而远之。②

---

① 中华民国史事纪要编辑委员会编：《中华民国史事纪要》（初稿）（民国纪元前一年一九一一年八月至十一月），台北：“中华民国”史料研究中心，1973年，第763页。

② 贺跃夫：《刘士骥被刺案与康有为保皇会的衰落》，《广东社会科学》，1987年，第3期；莫世祥：《康门在商海中破裂——对有关芝加哥琼彩楼债务纠纷的若干信函的述评》，《近代史研究》，1995年，第2期；蔡惠尧：《试论保皇会失败的内部原因》，《近代史研究》，1998年，第2期；桑兵：《保皇会的宗旨歧变与组织离合》，《近代史研究》，2002年，第3期；桑兵：《保皇会港澳总局与勤王运动》，《近代史研究》，2003年，第5期。

孙党的情形也不乐观，我们可以从华侨在1911年黄花岗起义前后的表现中很清楚地看出这一点。为了这次起义的顺利举行，孙中山曾于1910年11月13日在槟榔屿召集亲信开会协商，[①] 会后分途进行了大量的募款活动。这次募捐虽然取得了以前各次所未曾取得的成绩，但从这次募捐的过程中，也可看出华侨对孙党事业不甚热心。黄兴曾因为筹不到款项而发愁[②]，胡汉民则领教了新加坡、越南等处华侨的冷淡，不止一次地慨叹华侨“热度已过”[③]、“热心之不足”[④]，“此间同志，固无足语，即南洋各埠，亦何不然”[⑤]。

相关研究揭示，不但南洋华侨在革命成功前支持孙党者不多，美洲华侨的情况也不容乐观，其对孙党的热度甚至还赶不上南洋华侨。[⑥]

在华侨中竞争的状况如此，在留学界和国内的竞争又如何呢？这是应该花大力气进行考证，并用比本书大得多的篇幅进行论证的问题，但我们也不妨根据自己看到的资料和前贤们的研究成果提出一些初步意见，以利于我们加深对三派相争局面的认识。

先看留学界的情况。

孙、康两党在留学界都有一定的影响力，这是众所周知的。但有影响力并不等于所有留学生都在两党的牢笼之中。清末的留学生

---

① 陈锡祺主编：《孙中山年谱长编》（上册），北京：中华书局，1991年，第516页。

② 邓泽如：《广州“三二九”之役款项之筹措》，蒋永敬编：《华侨开国革命史料》，台北：正中书局，1977年，第34页。

③ 胡汉民：《为革命筹款致邓泽如等函（三）》（辛亥正月十一日早），见中国国民党中央委员会党史委员会编辑：《胡汉民先生文集》（第一册），台北：“中央”文物供应社，1978年，第615页。

④ 胡汉民：《为革命筹款致邓泽如等函（四）》（辛亥正月二十五日），见《胡汉民先生文集》（第一册），台北：“中央”文物供应社，1978年，第617页。

⑤ 胡汉民：《为革命筹款致邓泽如等函（二）》（庚戌年十一月三十一日），见《胡汉民先生文集》（第一册），台北：“中央”文物供应社，1978年，第615页。

⑥ 郑宪著，吕芳上译：《中国同盟会革命经费之研究》，载革命开国文献编辑小组编：《中华民国建国文献 革命开国文献 第二辑 史著 一》，台北：“国史”馆，1996年，第663页；Harold Z. Schiffrin, *Sun Yat-sen-Reluctant Revolutionary* (Little, Brown & Company Limited, 1980), p144.

以留学日本者居多，张玉法的研究告诉我们，在日本留学界，官费生大概是私费生的两倍。① 日本学者上垣外宪一的研究则显示，官费生由于拿了清廷的钱，大都是远离革命的。② 综合两位研究者的成果，我们似能得出结论，在留学界，拥护清廷统治者实居多数，敢于与清廷作对者实居少数。此外，对那些在留学国外的时候言论激进的人，也不能一概视之为孙党或康党的追随者。有那么一些留学生，既向孙党示好，也向康党示好，“对于革命党，则倡言排满，对于立宪党，又力主宪政”，“立宪、革命两党部若辈皆有名籍，而两处开会亦皆亲临”。③ 对这些人，自然很难判断他们究竟是孙党的追随者还是康党的追随者。孙党轻蔑地称之为“两面好者”④，实则这些人很可能对两派的政治主张都只是抱着“看一看”的态度，当他们为自己的前途考虑的时候，还是会拥护清廷。因为在废除科举考试之后，很多人都把留学国外当作是新的升官门径，当时的清廷能提供实现他们这类理想的机会，而孙、康两党则都只是被清廷驱赶到外洋的“逆党”，让人看不到希望。《中兴日报》就曾经记载过那么一些留学生，他们在国外留学的时候颇具激进的姿态，所发言论，“光明而坚洁”，但一旦学成归国，就马上将锋芒藏起来了，从前的激越言论“立即销［消］灭净尽”。⑤ 邓慕韩在《孙中山先生轶闻》一文中则记载了留德学生王相楚、王发科、汤芗铭在加入同盟会后又盗窃盟书并向清廷驻法公使孙宝琦叩头忏悔一事，他们盗窃盟书的初衷，就在于担心“不能归国出仕清朝”。⑥

留学界和华侨界是孙、康两党都花大力气争取的对象，以便从这两个群体中为本党物色人才，筹措经费。又由于这两个群体都居

① 张玉法根据教育部所藏各省留日学生存根所作的不完全统计显示，在1898～1908年间的1557名留日生中，各省所派的有1025人，这些人可能都是官费生，其余532人则“可能为私费生”。见张玉法：《清季的革命团体》，台北：台湾“中央研究院”近代史研究所，1975年，第53页。

② ［日］上垣外宪一：《日本留学と革命运动》，东京：东京大学出版会，1982年，第120页。

③ 《人心可危》，《中兴日报》，1908年1月16日，第5版。

④ 《人心可危》，《中兴日报》，1908年1月16日，第5版。

⑤ 《坚冰之留学生》，《中兴日报》，1908年3月14日，第5版。

⑥ 邓慕韩：《孙中山先生轶闻》，丘权政、杜春和选编：《辛亥革命史料选辑》（续编），长沙：湖南人民出版社，1983年，第24页。

于外洋，清廷的威力经常鞭长莫及，且比国内人民更早更多地接触了国外的新事物，因而都比国内人民更容易出现“附逆”孙、康，离心清廷的倾向。但就是在这两个群体里，真正乐于、敢于支持孙、康两党的都依然是少数。大多数人或担心故乡亲人的安全、本人的商业利益或仕进前途而不敢也不乐于站到现存体制的对立面。

海外如此，海内可想而知。

清廷在国内的统治虽然不能说是滴水不漏，但也还算有成效。孙、康两党在国外办的言论激进的报纸，要躲过清廷海关的严密搜查而传到国内，对国内民众产生影响，并不是一件非常容易的事情，而两党在国内的报纸，则不敢明目张胆地鼓吹自己的“主义”，宣传的效果实在有限。孙、康两党固然可以通过种种手段赢得一部分人的支持，但国内人民的整体面貌，则依然是清王朝的子民。康党自诩忠君爱国，在国内的许多立宪派人物中有不少追随者，但也有不少国内立宪派有意与它划清界线，以免清廷查究康党的时候自己受到牵连。① 至于孙党的革命事业，更是没有得到一般大众的支持。孙党宣称革命事业是为老百姓的，但百姓听到革命起事的消息时却担心生命财产受到损害，往往奔走逃避。② 1910 年汪精卫图谋刺杀摄政王载沣的时候，北京的百姓曾经协助警察逮捕汪精卫等人③。1911 年黄花岗起义的时候，革命者在督署纵火，广州的百姓则以为督署失火，前往救火者颇不乏人④。凡此种种，都没法得出国内人民在革命以前已经欢迎革命的印象。

综合以上简单的分析，我们可以进一步得出如下的论点：在辛亥革命之前，海内外的华人基本上都还在清廷意识形态的控制之下，孙、康两党所获得的支持都是非常有限的，孙党的革命宣传并没有造成天下归心革命的局面。

有关资料显示，海内外华人政治态度的转变，是在武昌首义，全国响应，清廷的统治土崩瓦解之后。华侨中那些富商大贾，以前

---

① 耿云志：《论清末立宪派的国会请愿运动》，《中国社会科学》，1980 年，第 5 期，第 59 页。

② 《吊乱党文》，《南洋总汇新报》，1911 年 5 月 20 日，第 6 版。

③ 雷鸣：《汪精卫先生传》，政治月刊社，1944 年，第 60～61 页。

④ 《粤垣乱事纪闻》，《南洋总汇新报》，1911 年 5 月 4 日，第 5 版。

视革命如蛇蝎、猛兽，在革命节节胜利的情况下，才开始愿意支持孙党。[①] 国内人民的倾向性与此相似，鲁迅对此有所描述："清的末年，社会上大抵恶革命党如蛇蝎，南京政府一成立，漂亮的士绅和商人看见似乎革命党的人，便亲密的说道：我们本来都是'草字头'，一路的呵！"[②] 因此，可以说，不是天下归心革命的局面促进了辛亥革命的爆发，而是辛亥革命的成功促进了天下归心革命的局面。

并且，这种归心也不是完全基于对共和制的拥护，而有其复杂的原因。那些支持革命的华侨富商，有一些是因为自己在国内有投资，他们担心代清朝而起的新政权对自己的经济事业不利，是从本人经济事业的角度出发权衡局势才向革命派"输诚"的。[③] 国内那些在革命后宣称自己一直是"草字头"（革命党）一路的人们，在袁世凯镇压了二次革命之后又改变了态度，不再以革命党自相标榜。[④] 社会上的绝大多数人本来是没有什么政治思想可言的，君主专制也好，君主立宪也好，民主共和也好，都不是他们所真正关心的，他们所关心的只是自己的利益而已。

在辛亥革命前，没有政治思想的华人基本上都在清政府的控制之下，而那些有政治思想的人则大都支持清政府的君主立宪改革。《南洋总汇新报》等康党报纸曾勾画出一幅全国上下倾心君主立宪的画面，此不具论。就是《中兴日报》，也曾多次以仇视的笔调描绘海内外华人热心支持清廷立宪的场景："满洲假称预备立宪，一时热肠之士，欢呼恭祝，燕雀相庆，举国若狂。"[⑤] "自假立宪诏颁发而后，我四万万同胞之不识利害、梦昧焉者，几如乞丐穷居，偶获珍宝，遂欣欣然有喜色"。[⑥] "自虏酋戴伪立宪之面具以昭示天

① Harold Z. Schiffrin, *Sun Yat-sen-Reluctant Revolutionary*, p163.

② 鲁迅：《华盖集·补白》，《鲁迅全集》（第3卷），北京：人民文学出版社，1965年，第78页。

③ 颜清湟：《星、马华人与辛亥革命》，台北：联经出版事业公司，1982年，第296页。

④ 鲁迅：《华盖集·补白》，《鲁迅全集》（第3卷），北京：人民文学出版社，1965年，第78页。

⑤ 精卫：《忠告联名上请愿书于满洲者》（续），《中兴日报》，1908年9月5日，第2版。

⑥ 绍轩：《满清立宪实成专制》，《中兴日报》，1908年12月14日，第1版。

下，我汉人之醉生梦死、无意识无脑筋之徒，莫不举手加额，欣然延颈望治，冀世运之一变、风会之一改”。[1]“随声附和者渐众，遂至举国若狂。”[2] 如果说康党的言论有为请愿速开国会运动造势的可能，孙党的这类言论则从反面反映了海内外华人热心拥护清政府所主持的君主立宪的事实。

当时旅居中国的外国人也感受到了海内外华人对清政府的拥护。如法国的一位驻华外交官在写给法国外交部长的信里指出，清政府颁布立宪诏书之后，光绪皇帝和慈禧太后“在国内知识阶层、尤其是在开放港口重新获得了民望”，“这道圣谕同样受到中国在新加坡、巴达维亚和海峡地区华侨的欢迎”。[3]

有关学者也早就注意到了这一点。张朋园在研究清末立宪派的时候指出：“自立宪运动发生以后，似乎社会各阶层拥护立宪的颇多。”[4]《剑桥中国晚清史》也指出：“至少在 1908 年前，它（指清政府，引者）能够完全控制新思潮，以防止它们对原有的秩序构成任何严重的威胁。大部分商会、学习会、自治会和其他新的组织的成员依然是忠诚的臣民。”[5]

之所以能够获得人民的拥护，是因为清王朝在 20 世纪初表现出了励精图治的精神面貌，进行了一些切切实实的改革。慈禧太后虽然在 1898 年否定了康有为的改革，但她后来自己所主持的改革则比 1898 年走得更远，“超过了康有为曾经打算做的一切”。[6] 有人说清末的新政是当时的主要革命性力量之一[7]，有人则干脆称之

---

① 仲壶来稿：《呜呼清国之死气》，《中兴日报》，1909 年 12 月 17 日，第 1 版。

② 棣：《陈景仁之被革与请开国会之失败》（录《公益报》），《中兴日报》，1908 年 8 月 17 日，第 5 版。

③ 《巨籁达致外交部长先生》（1906 年 10 月 4 日，上海），法国外交部档案，法国驻上海领事馆政务处 No. 35。

④ 张朋园：《立宪派与辛亥革命》，台北：台湾商务印书馆，1969 年，第 8 页。

⑤ ［美］费正清编：《剑桥中国晚清史（1800—1911）》（下卷），北京：中国社会科学出版社，1985 年，第 566～567 页。

⑥ ［美］费正清编：《剑桥中国晚清史（1800—1911）》（下卷），北京：中国社会科学出版社，1985 年，第 567 页。

⑦ Mary Clabaugh Wright. *China in Revolution*：*The First Phase*（1900—1913），New Haven and London：Yale University Press，1968，p24.

为一场“安静的革命”①。正是这种锐意革新的做法，使它赢得了海内外华人的支持。

于是，一个尖锐的问题摆到了我们面前：既然清政府在 20 世纪初做出了锐意进取的姿态，既然它所主持的君主立宪方案得到了海内外绝大多数子民的拥护，为什么它未能把中国引导到君主立宪的境域？而当时获得支持最少的孙党的民主共和方案却最终取得了胜利？这是一个关系到中国由“秦政”转轨到“宪政”的大问题，不是三言两语所能回答得了的。在这里，我们只能谈一点粗浅的想法，具体的论证，只有俟诸异日了。

显然，清廷失去领导中国由“秦政”转轨到“宪政”的资格，不是由于孙、康两党在辛亥革命之前捐弃前嫌合力进攻的结果。我们在前文已经看到，虽然康党对政府攻击之词甚多，但不能由此得出孙、康两党在 1909 年前后已达成要推翻清廷之共识的结论。这里要指出的是，一直到辛亥革命爆发，孙、康两党都没有达成携手推翻清廷的共识。

虽然康党在庚戌、辛亥年间攻击政府的言词与以前相比有增无减，但和以前一样，攻击现政府的腐败、无能，依然在于“清君侧”，制造非康党复出则中国前途无希望的舆论。他们并没有放弃君主立宪的政治方案，一再鼓吹反复请愿之必要，并要求政府速开国会。在 1910 年 8 月 12 日到 9 月 5 日，《南洋总汇新报》刊登了梁启超的《为阻挠国会事论现政府敌视人民谋危皇室之罪》。仅从标题就可看出，梁启超此时依然把政府和皇室分开来看，极力避免君主成为众矢之的。将近一年之后，梁启超在《南洋总汇新报》上刊登《论政府非法借债诿过君上之罪》，虽然骂现政府为“恶政府”、“妖魔之政府”，但却依然不攻击君主，② 说明其君主立宪的主张迄未动摇。康有为在 1910 年对孙党充满鄙夷，声言“内乱”“不足患”，对君主立宪则充满信心，并鼓动人们“合力请开国会”。③ 到

---

① Douglas R. Reynolds, *China*, 1898—1912: *The Xinzheng Revolution and Japan* (the council on East Asian Studies, Harvard University, 1993), p12.

② 沧江：《论现政府非法借债诿过君上之罪》，《南洋总汇新报》，1911 年 7 月 8、10 日，均第 2 版。

③ 星侠：《记南海先生与某君之谈话》，《南洋总汇新报》，1910 年 5 月 28 日，第 2 版。

1911年3月，康有为又刊文于《南洋总汇新报》，要求政府“即开国会”。[①] 凡此都说明，到辛亥革命前夕，康党都没有放弃其君主立宪的政治理想。虽然清廷迟迟不肯宽赦康党，但康党并未因此而转向与孙党携手。

非但未携手，康党且在庚戌、辛亥年间继续对孙党的意识形态和革命实践加以攻诋。1910年广州新军起义之后，《南洋总汇新报》刊文评论，声称孙党是“中国之罪人”、“华侨之罪人”[②]。1911年“三二九”起义之后，《南洋总汇新报》宣称这次运动是“暴徒敛财之惯技”[③]。在1911年7月27日到8月23日，《南洋总汇新报》还刊出了一篇攻击革命论的长文。[④] 武昌起义爆发之后，在相当长的时间里，《南洋总汇新报》都用仇视的眼光称这次起事为“鄂省乱事”[⑤]。康有为、梁启超等人在全国响应武昌起义的形势下，想出的救时之策是“用北军倒政府，立开国会，挟以抚革命”[⑥]。这里要“倒”的“政府”是奕劻内阁，康、梁此时尚抱持着以“立开国会”的方式遏止革命的意图，又何言与孙党携手？可见，一直到辛亥革命爆发，三派之间都处于“混战”状态，没有出现两派联合对付一派的局面。

清政府失去领导中国由“秦政”转轨到“宪政”的资格，也不是由于孙党所发动的武装起义造成了反清的大好形势而导致的。随着各种革命小团体的成立，特别是同盟会成立以后，孙党曾经积聚了浪漫的革命热情，因此于1907～1908年间在华南边境发起了一系列武装起义。但这些起义都没有什么成效，清政府没费多大力气就把它们镇压下去了。这一系列失败的负面影响是很大的，不仅增加了孙党内部对起义方略的分歧，也导致了华侨对孙党事业的灰

---

① 更生：《中国已为立宪国土地人民为国民公有割地弃民政府难专合请即开国会通告文》，《南洋总汇新报》，1911年3月25、29、30、31日，均第2版。

② 慧观：《革党之遗患于广东》，《南洋总汇新报》，1910年3月3日，第2版。

③ 愤言：《暴徒敛财之惯技》，《南洋总汇新报》，1911年5月2日，第2版。

④ 《代论》，《南洋总汇新报》，1911年7月27、28日，8月1、2、3、7、8、9、12、14、17、18、19、23日，均第2版。

⑤ 《鄂省乱事起点汇志》，《南洋总汇新报》，1911年10月28日，第4版。

⑥ 梁启超：《致雪公书》（宣统三年九月八日），丁文江、赵丰田编：《梁启超年谱长编》，上海：上海人民出版社，1983年，第552页。

心，更重要的是重创了孙党此前所酝酿出来的浪漫革命热情，使它的主要领导人都显得情绪低落、焦躁不安而又无可措手。1908 年河口起义失败之后，在将近两年的时间里，孙党没有举行什么像样的武装起义。

为了振作士气，为了阻挠清政府的君主立宪，为了回应康党和孙党内部某些人的攻诋，汪精卫走上了暗杀的道路。但他的暗杀计划没有成功，自己却被当局逮捕入狱。汪精卫之被捕发生在 1910 年4 月。此前 2 个月的时候，孙党在广州发动的新军起义也被清政府轻易镇压下去。①

这些事件使孙党的士气更加低落。孙中山想借助一次大的行动重新振作士气，因此于 1910 年 11 月在槟榔屿召集他的追随者们开会。就在这次会议上，人们发现，黄兴等人因为有年初广州新军之败而“相顾有忧色”。② 孙中山受历次失败的打击以及内部纷争的困扰，心情也不好。他把将要实行的这一次行动称为“最后之一着”，“破釜沉舟，成败利钝，实在此一举”，如果不成功，他也就“无面目见江东父老”了。③ 这虽然是在筹款会议上说的话，意在打动华侨捐款，实则也反映了他此时的灰暗心情。当然，把它视为“最后之一着”，也可看出孙党对这次行动寄予了殷切的期望。史家称这次行动是“革命党从艰难困苦到极点的境域中振拔起来的”④，但就是这次寄予了厚望的军事行动，也于辛亥年三月廿九日在仓促中以失败告终，对孙党的打击可想而知。“三二九”起义之前，孙中山、黄兴、胡汉民等人都反对汪精卫的暗杀，但在“三二九”之后，黄兴和胡汉民都主张暗杀了，孙中山对暗杀“不为绝

---

① 有人认为，庚戌年正月的广州新军起义只是一次地方性暴动，而不是一次革命起义。见《剑桥中国晚清史（1800—1911）》（下卷），第 571 页。

② 胡汉民：《自传》，《胡汉民先生文集》（第二册），台北：“中央”文物供应社，1978 年，第 39 页。

③ 孙中山：《在槟榔屿筹款会议的演说》（1910 年 11 月中旬），《孙中山全集》（第一卷），北京：中华书局，1981 年，第 495 页。此外，黄兴也把这次行动视为“最后之一举”，见冯自由：《南洋华侨与辛亥革命》，《革命逸史》（第 6 集），北京：中华书局，1981 年，第 192 页。

④ 李剑农：《中国近百年政治史》，上海：复旦大学出版社，2002 年，第 259 页。

对之主张"[1]，可见也改变了态度，已"不为绝对之反对"了。另一位领袖赵声在"三二九"之后，"悲诧"难以自持，日日呼酒买醉，以致一病不起。[2] 一位名叫杨守仁的革命党人，伤怀于历次起义之失败以及列强瓜分中国之风说，于1911年7月8日在英国利物浦投海自尽。[3] 凡此种种，莫不显示，在"三二九"之后，孙党的士气不但没有振作，反而更加低落了。

长江流域的革命党人不满于孙中山边地起事的做法，在"三二九"前后加快了在长江流域起事的准备工作。但是，到武昌起义爆发时为止，他们的准备工作其实尚不充分。因此，当湖北的革命党人想在武昌举行一次起义的时候，黄兴、宋教仁都表示反对，"黄兴希望在10月底几省同时起义，而宋教仁对只在武汉发难能否立即成功也持悲观态度"。[4] 黄兴将湖北革命党人的计划向孙中山汇报，孙中山在接到电报之后，"彻夜不眠，研究形势，考虑再三"[5]，也觉得应该等筹集了巨款，各方能配合的情况下再起事才比较好。武昌起义就这样在没有得到孙党高层认可的情况下爆发了。从起义前的情况来看，这次起义与以前各次武装起义并没有什么区别，同样令人看不到成功的希望，但是，其结果却大大出人意料。武昌义旗一举，全国各地纷纷响应，在很短的时间里，清政府的统治被推翻了，清政府在此前主持的君主立宪措施被中断，中国由此废弃了君主立宪的方案，走上了民主共和的道路。

那么，究竟是什么原因导致清政府丧失了领导中国由"秦政"

---

① 胡汉民：《自传》，《胡汉民先生文集》（第二册），台北："中央"文物供应社，1978年，第44页。

② 胡汉民：《自传》，《胡汉民先生文集》（第二册），台北："中央"文物供应社，1978年，第44页。但也有人指责，赵声可能死于胡汉民兄弟之手，提出这种指责的是光复会员。见赵昱：《辛亥革命与海外洪门》，中国人民政治协商会议全国委员会文史资料研究委员会编：《回忆辛亥革命》，北京：文史资料出版社，1981年，第414页。

③ 《新湖南作者杨笃生》，中国国民党中央党史史料编纂委员会编：《革命先烈先进传》，台北："中央"文物供应社，1965年，第188页。

④ 《剑桥中国晚清史（1800—1911）》（下卷），北京：中国社会科学出版社，1985年，第586页。

⑤ 赵昱：《辛亥革命与海外洪门》，中国人民政治协商会议全国委员会文史资料研究委员会编：《回忆辛亥革命》，北京：文史资料出版社，1981年，第415页。

转轨到“宪政”的资格？

首先，我们要看到孙党的宣传和历次武装起义的“蝴蝶效应”。

美国一位名叫洛沦兹（Lorenz）的气象学家在上个世纪提出了一个有趣的说法：一只在巴西扇动翅膀的蝴蝶，可能在美国的德克萨斯引起一场龙卷风。这是一个形象的说法，但却反映了混沌理论的精神实质。混沌理论认为，在混沌系统中，初始条件的一个看起来似乎微不足道的变化，经过不断放大，会使其未来的状态与初始状态有极大的差别。中西方的文化中都充满了这种“蝴蝶效应”的哲理。中国有一句古语：“千里之堤，毁于蚁穴。”就很有一点“蝴蝶效应”的味道。中国人又常说：“防微杜渐。”则反映了人们避免“蝴蝶效应”的努力。西方广为流传一首民歌，大意是说，因为丢失了一颗钉子，而使一只马蹄铁坏了，坏了的马蹄铁使一匹战马折了腿，而这又使一位骑士受了伤。骑士受伤导致了一场战争的失败，战争的失败则导致了一个帝国的灭亡。这也有很浓的“蝴蝶效应”的哲理。在巴西扇动翅膀的蝴蝶，对其周围的空气造成的影响都是微不足道的，但经过空气的不断作用，却可以最终在遥远的美国引起一场大的风暴；一个小小的蚁穴，却可以使千里长堤毁于一旦；一枚小小的铁钉，却与一个帝国的兴亡产生了密切的关系。孙党辛亥革命前在海外留学界和华侨界宣扬反满革命和民主共和的言论也许就像那只巴西的蝴蝶，他们在边地和内地发起的历次起义对王朝的影响也与蚁穴对长堤造成的影响一样微不足道。但是，正是他们在当时效果不显的民主共和宣传使人们在清廷失去统治合法性之后，不至于因对民主共和一无所知而不将民主共和制度作为新国家政治制度的一种选择；正是他们屡起屡仆的起义，使他们不仅仅坐而论道，而且勇于进行武装斗争，最后终于抓住了机会，将敌手打翻在地，将民主共和的旗子插上城头。因此，虽然孙党的宣传没有造成天下归心民主共和的局面，虽然他们的历次武装起义也都以失败告终，但我们却不能否定其意义。也许可以毫不夸张地说，没有关于民主共和的大量宣传，中国就可能不会走上民主共和的道路，没有历次武装起义的经验教训，就不会有武昌起义的成功。

但是，并不是每一个蝴蝶的振翅都会使遥远的地方产生风暴，并不是每一个蚁穴都能导致长堤的崩溃，并不是每一颗铁钉都关系到帝国的存亡，蝴蝶效应的发生，有其特定的条件。孙党不甚成功的革命共和宣传和历次武装起义之所以能够产生蝴蝶效应，其特定的条件就是清政府在宣统年间的倒行逆施所造成的社会环境。

光绪皇帝虽然没有实权，但一直是一个倾向于维新的君主，慈禧太后虽然不满于康有为的改革，但自己后来却主持了力度甚大的革新。在 20 世纪初光绪帝、西太后在世的那些年里，中国的君主立宪措施虽然不能说雷厉风行，但“诸般措施，不无差强人意之处”①。与此相匹配，消除满汉畛域的方针也在执行。但是，光绪帝和西太后在 1908 年先后去世，则对晚清政局产生了不可估量的影响。我们在分析清王朝何以会失去领导中国由“秦政”转轨到“宪政”的资格的时候，必须注意到这一事件的影响。

光绪、慈禧驾崩之后，宣统嗣位，其父载沣摄政。载沣之为人，“优柔寡断”、“无统驭办事之才”②，缺乏帝王气度，但对于保护满洲的特权、集权于皇室则有特别的兴趣。他摄政后不久，热心消除满汉畛域的袁世凯和端方都被开缺，而他自己又怕“后院起火”——因为消除满汉畛域而引起满洲人的离心，因此消除满汉畛域的措施停顿下来了。③ 这就给孙党提供了攻击的极好材料④。

载沣在辛丑年作为头等专使往德国谢罪的时候，对德国皇室的威势印象深刻。德皇威廉告诉他，其中的秘诀在于“揽握兵权，整顿武备”⑤。摄政之后，他便笃行威廉的教导，将兵权集中到亲贵手中。自己代理大元帅并亲统禁卫军，其弟载洵任海军大臣，另一个弟弟载涛则出任军咨大臣。兄弟三人将国家的军事大权牢牢控制，以为用这种手段就可以巩固皇族的大权，实则给人留下严重的排斥汉人、集权皇室的印象，容易引起汉族大员的不满。

---

① 张朋园：《立宪派与辛亥革命》，台北：商务印书馆，1969 年，第 2 页。

② 载涛：《载沣与袁世凯的矛盾》，中国人民政治协商会议全国委员会文史资料研究委员会编：《晚清宫廷生活见闻》，北京：文史资料出版社，1982 年，第 79 页。

③ 迟云飞：《清末最后十年的平满汉畛域问题》，中国史学会编：《辛亥革命与 20 世纪的中国》(上)，北京：中央文献出版社，2002 年，第 113～114 页。

④ 载沣摄政不久，《中兴日报》就刊登了两篇文章攻击他消除满汉畛域之虚伪和排斥汉人之积极。绍轩：《满虏排汉之铁证》，《中兴日报》，1909 年 3 月 1、11、13 日，均第 1 版；夏：《融和汉满之真像［相］》，《中兴日报》，1909 年 5 月 3、4、5 日，均第 1 版。

⑤ 李剑农：《中国近百年政治史》，上海：复旦大学出版社，2002 年，第 251 页。

在立宪方面，宣统年间不能说完全没有起色，如1909年成立各省谘议局、1910年成立资政院，并革除奏阻立宪的陕甘总督升允和不认真筹备宪政的甘肃布政使毛庆蕃，凡此都能看出载沣对立宪并非三心二意。但是，他在立宪方面的两项举措表现乖谬，使绅民离心。一是在绅民的反复请求之后，清政府于宣统二年庚戌十月下诏缩短预备立宪的期限，宣布将于宣统五年（1913年）召开国会。对此，有一些请愿者表示满意，准备不再进行请愿，但也有一些比较激进的请愿者打算进一步请愿，要求政府进一步缩短开国会的期限。对这些继续请愿的人们，清政府进行了弹压，东三省的请愿代表被解回原籍，天津的温世霖更被遣戍新疆。这种做法使很多请愿者在义愤之余趋于激进，“有的人对和平过渡到民主制的希望丧失了信心，少数人甚至想到了革命”①。二是辛亥年成立的奕劻内阁，极大地暴露了清政府集权于皇室的野心，完全背离宪政的精神，这就使热心于君主立宪的绅民进一步离心。

集权中央、集权皇室的做法引起汉族官僚的不满，在立宪方面的乖谬举措致使绅民离心，而1911年宣布铁路国有并举借外债筑路的做法则将湖南、湖北、四川的一般老百姓也驱赶到了政府的对立面。按湘、鄂、川三省为了凑足商办粤汉、川汉铁路的股本，曾用抽收租股、米捐、盐捐、房捐的办法筹措资金，也就是说，一般百姓都在粤汉、川汉铁路方面有投资。因此，铁路国有政策和川汉、粤汉铁路借款的做法就不惟伤害了他们的爱国心，也侵害了他们的权益，“因与各省商民的权利发生直接的冲突，于是反抗之势如火燎原，不可扑灭了”②。对各省风起云涌的保路运动，清政府又不能让步，且有“格杀勿论”的上谕③，这就更加激起人民与政府的对立。

---

① 《剑桥中国晚清史（1800—1911）》，北京：中国社会科学出版社，1985年，第573页。张朋园说：“立宪派人求和平的改革不成，复受当时笼罩全国革命气氛的影响，除了转趋同情革命，似乎没有更佳的选择。”见氏著：《立宪派与辛亥革命》，台北：台湾商务印书馆，1969年，第112页。在请愿运动失败之后，请愿派中趋向暴力者究竟占多大比例，其所主张的暴力与孙党的暴力革命有何异同，实则值得进一步考究。

② 李剑农：《中国近百年政治史》，上海：复旦大学出版社，2002年，第265页。

③ 《宣统政纪》，卷34，第21页。

庚戌、辛亥两年里发生的反抗行为，也许不能归结为革命运动，如请愿派在“皇族内阁”出台之后进行了大量斗争，斗争的舞台为宪友会，而其纲领中有“尊重君主立宪”的字样①；梁启超提出了武力的要求，但他是主张利用禁卫军和新军第六镇推翻“皇族内阁”，然后建立新的责任内阁，依然在君主立宪的范围之内；四川保路运动中，成都的市民设立光绪牌位并焚香祭奠，② 这也说明保路同志会的人们并无心推翻清廷。但是，诸如这类的运动却为孙党的革命事业营造了一个极好的环境。此前孙党不成功的宣传和屡屡失败的起义能产生“蝴蝶效应”，民主立宪的方案有机会取代君主立宪的方案，实与这种情势分不开。

因此，我们也许可以说，使清政府失去领导中国由“秦政”转轨到“宪政”资格的，不是别人，正是它自己在宣统年间的倒行逆施。

① 《剑桥中国晚清史（1800—1911)》，北京：中国社会科学出版社，1985 年，第 579 页。

② 戴执礼编：《四川保路运动史料》，北京：科学出版社，1959 年，第277 页。

参 考 文 献

一、中文部分

（一）报 刊

1. 东方杂志
2. 叻报
3. 民报
4. 民立报
5. 南洋总汇新报
6. 申报
7. 政治官报
8. 中兴日报

（二）档案、资料汇编、年谱、文集

1. 宝鋆等修. 筹办夷务始末（同治朝）[G].

2. 蔡尚思，方行编. 谭嗣同全集（增订本）[G]. 北京：中华书局，1981.

3. 陈锡祺主编. 孙中山年谱长编 [G]. 北京：中华书局，1991.

4. 丁文江，赵丰田编. 梁启超年谱长编 [G]. 上海：上海人民出版社，1983.

5. 法国外交部档案（手抄件）[G]. 武汉：华中师范大学近代史研究所藏.

6. 冯桂芬. 校邠庐抗议 [M]. 上海：上海书店出版社，2002.
7. 冯自由. 革命逸史 [M]. 北京：中华书局，1981.
8. 革命开国文献编辑小组编. 中华民国建国文献 革命开国文献 第一辑 史料 二 [G]. 台北："国史"馆，1996.
9. 宫崎寅藏. 三十三年之梦 [M]. 佚名初译. 林启彦，改译、注释. 广州：花城出版社，香港：生活·读书·新知三联书店香港分店，1981.
10. 故宫博物院明清档案部，福建师范大学历史系合编. 清季中外使领年表 [G]. 北京：中华书局，1985.
11. 广东省社会科学院历史研究室，中国社会科学院近代史研究所中华民国史研究室，中山大学历史系孙中山研究室合编. 孙中山全集 [G]. 北京：中华书局，1981.
12. 何嗣焜编. 张靖达公（树声）奏议. 沈云龙主编. 近代中国史料丛刊第23辑 [G]. 台北：文海出版社，1968.
13. 湖南省社会科学院编注. 陶成章信札（修订本）[G]. 长沙：岳麓书社，1985.
14. 华侨革命史编纂委员会编. 华侨革命史 [G]. 台北：正中书局，1981.
15. 江介散人（田桐）. 革命闲话. 太平杂志（第1卷第2号）[J]. 上海：民智书局，中华民国18年（1929年）十一月.
16. 蒋永敬. 胡汉民先生年谱稿. 吴相湘主编. 中国现代史丛刊（第3册）[G]. 台北：正中书局，1961.
17. 蒋永敬编. 华侨开国革命史料 [G]. 台北：正中书局，1977.
18. 梁启超全集 [G]. 北京：北京出版社，1999.
19. 楼宇烈整理. 康南海自编年谱（外二种）[G]. 北京：中华书局，1992.
20. 鲁迅全集（第3卷）[M]. 北京：人民文学出版社，1965.
21. 马建忠. 适可斋纪言纪行. 沈云龙主编. 近代中国史料丛刊第16辑 [G]. 台北：文海出版社，1968.
22. 曼华. 同盟会时代民报始末记. 罗家伦主编. 革命文献（第2辑）[G]. 台北："中央"文物供应社，1978.
23. [日] 内田良平. 中国革命. 中国社会科学院近代史研究所

近代史资料编辑室编. 近代史资料总第 66 号 [M]. 丁贤俊, 译. 北京: 中国社会科学出版社, 1987.

24. 清实录 [G]. 北京: 中华书局, 1987.

25. 丘权政, 杜春和编. 辛亥革命史料选辑 (续编) [G]. 长沙: 湖南人民出版社, 1983.

26. 丘炜萲. 菽园诗集. 沈云龙主编. 近代中国史料丛刊续编第 37 辑 [G]. 台北: 文海出版社, 1977.

27. 上海市文物保管委员会编. 康有为与保皇会 [G]. 上海: 上海人民出版社, 1982.

28. 司马迁. 史记 [M]. 北京: 中华书局, 1959.

29. 汤志钧编. 康有为政论集 [G]. 北京: 中华书局, 1981.

30. 唐文权编. 雷铁厓集 [G]. 武汉: 华中师范大学出版社, 1986.

31. [日] 田野橘次. 最近支那革命运动 [M]. 上海: 新智社, 光绪二十九年 (1903 年).

32. 外交报汇编 [G]. 台北: 广文书局, 1964.

33. 王彦威纂辑. 清季外交史料 [G]. 北京: 书目文献出版社, 1987.

34. 魏源. 海国图志 [M]. 长沙: 岳麓书社, 1998.

35. 夏东元编. 郑观应集 (上册) [G]. 上海: 上海人民出版社, 1982.

36. 星洲日报社编. 星洲十年 [G]. 台北: 文海出版社, 1977.

37. 苑书义, 孙华峰, 李秉新主编. 张之洞全集 [G]. 石家庄: 河北人民出版社, 1998.

38. 恽敬. 大云山房文稿 (初集). 沈云龙主编. 近代中国史料丛刊续编第 69 辑 [M]. 台北: 文海出版社, 1979.

39. 张枬, 王忍之编. 辛亥革命前十年间时论选集 [C]. 北京: 生活·读书·新知三联书店, 1963.

40. 张廷玉等撰. 明史 [M]. 北京: 中华书局, 1974.

41. 郑子健. 南洋三月记. 沈云龙主编. 中国近代史料丛刊第 62 辑 [G], 台北: 文海出版社, 1971.

42. 中共中央马克思、恩格斯、列宁、斯大林著作编译局编. 列宁选集 (第二卷) [M]. 北京: 人民出版社, 1960.

43. 中国国民党中央委员会党史委员会编. 胡汉民先生文集[G]. 台北:“中央”文物供应社, 1978.

44. 中国人民政治协商会议全国委员会文史资料研究委员会编. 回忆辛亥革命 [G]. 北京:文史资料出版社, 1981.

45. 中国人民政治协商会议全国委员会文史资料研究委员会编. 晚清宫廷生活见闻 [G]. 北京:文史资料出版社, 1982.

46. 中国人民政治协商会议全国委员会文史资料研究委员会,中华全国归国华侨联合会,福建省政协合编. 回忆陈嘉庚 [G]. 北京:文史资料出版社, 1984.

47. 中国社会科学院近代史研究所近代史资料编辑组编. 华侨与辛亥革命 [G]. 北京:中国社会科学出版社, 1981.

48. 中国史学会主编. 中国近代史资料丛刊·戊戌变法 [G]. 上海:上海人民出版社、上海书店出版社, 2000.

49. 中国史学会主编. 中国近代史资料丛刊·辛亥革命 [G]. 上海:上海人民出版社、上海书店出版社, 2000.

50. 朱寿朋编,张静庐等校点. 光绪朝东华录 [G]. 北京:中华书局, 1958.

(三)著　作

1. 巴素. 东南亚之华侨 [M]. 郭湘章,译. 台北:“国立”编译馆, 1968.

2. 陈达. 南洋华侨与闽粤社会 [M]. 上海:商务印书馆, 1938.

3. 陈汉才. 康门弟子述略 [M]. 广州:广东高等教育出版社, 1991.

4. 陈民. 民国华侨名人传略 [M]. 北京:中国华侨出版公司, 1991.

5. 陈茹玄. 中国宪法史 [M]. 台北:文海出版社, 1985.

6. 陈序经. 南洋与中国 [M]. 广州:岭南大学西南社会经济研究所,中华民国 37 年 (1948 年).

7. [英] 丹尼斯·麦奎尔,[瑞典] 斯文·温德尔. 大众传播模式论 [M]. 祝建华,武伟,译. 上海:上海译文出版社, 1997.

8. 段京肃. 传播学基础理论 [M]. 北京:新华出版社, 2003.

9. [美] 费正清主编. 剑桥中国晚清史 [M]. 北京:中国社会

科学出版社，1985.

10. 冯爱群. 华侨报业史［M］. 台北：台湾学生书局，1976.

11. 冯自由. 中华民国开国前革命史（上编）［M］. 上海：良友图书印刷公司，1928.

12. 革命开国文献编辑小组编. 中华民国建国文献 革命开国文献 第二辑 史著 一［G］. 台北："国史"馆，1996.

13. ［英］哈·弗·皮尔逊. 新加坡史［M］. 本书翻译组，译. 福州：福建人民出版社，1972.

14. ［美］亨廷顿. 变化社会中的政治秩序［M］. 王冠华等，译. 北京：生活·读书·新知三联书店，1989.

15. 黄福銮编著. 华侨与中国革命［G］. 香港：亚洲出版社有限公司，1955.

16. 黄珍吾. 华侨与中国革命［M］. 台北：国防研究院，1963.

17. 荆知仁. 中国立宪史［M］. 台北：联经出版事业公司，1984.

18. 李彬. 传播学引论［M］. 北京：新华出版社，1993.

19. 李长傅. 南洋华侨史［M］. 广州：暨南大学南洋文化事业部，1929.

20. 李长傅. 中国殖民史［M］. 上海：商务印书馆，1937.

21. 李剑农. 中国近百年政治史［M］. 上海：复旦大学出版社，2002.

22. 李泽厚. 中国思想史论［M］. 合肥：安徽文艺出版社，1999.

23. 雷鸣. 汪精卫先生传［M］. 南京：政治月刊社，1944.

24. ［美］列奥·施特劳斯，［美］约瑟夫·克罗波西主编. 政治哲学史［G］. 李天然等，译. 石家庄：河北人民出版社，1998.

25. 林济. 居正传［M］. 武汉：湖北人民出版社，1993.

26. 刘继宣，束世澂. 中华民族拓殖南洋史［M］. 南京："国立"编译馆，1935.

27. 刘绍棠主编. 民国人物小传（第六册）［G］. 台北：传记文学出版社，1984.

28. 柳无忌，殷安如编. 南社人物传［G］. 北京：社会科学文献出版社，2002.

29. 娄献阁，朱信泉主编. 民国人物传（第十卷）[G]. 北京：中华书局，2000.

30. 亓冰峰. 清末革命与君宪的论争［M]. 台北：“中央研究院”近代史研究所，1980.

31. 钱穆. 中国历代政治得失［M]. 北京：生活·读书·新知三联书店，2001.

32. 钱乘旦，陈意新. 走向现代国家之路［M]. 成都：四川人民出版社，1987.

33. 邱格屏. 世外无桃源：东南亚华人秘密会党［M]. 北京：生活·读书·新知三联书店，2003.

34. 桑兵. 清末新知识界的社团与活动［M]. 北京：生活·读书·新知三联书店，1995.

35. ［美］斯蒂文·小约翰. 传播理论［M]. 陈德民等，译. 北京：中国社会科学出版社，1999.

36. 台湾“教育部”主编. 中华民国建国史 第一编 革命开国（一）[G]. 台北：“国立”编译馆，1985.

37. 陶希圣. 中国政治思想史（第二册）[M]. 南京：中华印刷出版公司，1948.

38. ［法］托克维尔. 论美国的民主［M]. 董良果，译. 北京：商务印书馆，1988.

39. ［法］托克维尔. 旧制度与大革命［M]. 冯棠，译. 北京：商务印书馆，1996.

40. 王德昭. 从改良到革命［M]. 北京：中华书局，1987.

41. 王赓武. 南洋华人简史［M]. 张亦善，译. 台北：水牛出版社，1988.

42. 王赓武. 中国与海外华人［M]. 香港：商务印书馆，1994.

43. 王沪宁. 民主政治［M]. 香港：生活·读书·新知三联书店，1993.

44. 王季陆主编. 革命人物志（第一集）[G]. 台北：“中央”文物供应社，1969.

45. 王亚南. 中国官僚政治研究［M]. 北京：中国社会科学出

版社，1981.
46. 温雄飞. 南洋华侨通史［M］. 奉天（今沈阳）：东方印书馆，1929.
47. 吴庆棠. 新加坡华文报业与中国［M］. 上海：上海社会科学院出版社，1997.
48. 吴泽主编. 华侨研究论集（一）［G］. 上海：华东师范大学出版社，1984.
49. 夏曾佑. 中国古代史［M］. 上海：商务印书馆，1935.
50. 熊月之. 中国近代民主思想史（修订本）［M］. 上海：上海社会科学院出版社，2002.
51. 徐詠平. 革命报人别记［M］. 台北：正中书局，1973.
52. 许政雄. 清末民权思想的发展与歧异——以何启、胡礼垣为例［M］. 台北：文史哲出版社，1992.
53. ［古希腊］亚里士多德. 政治学［M］. 吴寿彭，译. 北京：商务印书馆，1997.
54. ［澳］颜清湟. 星、马华人与辛亥革命［M］. 李恩涵，译. 台北：联经出版事业公司，1982.
55. ［澳］颜清湟. 出国华工与清朝官员——晚清时期中国对海外华人的保护（1851—1911）［M］. 粟明鲜，贺跃夫，译. 北京：中国友谊出版公司，1990.
56. 杨熙时. 中国政治制度史［M］. 上海：商务印书馆，1947.
57. 杨幼炯. 中国政治思想史［M］. 上海：商务印书馆，1937.
58. 姚枬. 马来亚华侨史纲要［M］. 上海：商务印书馆，1943.
59. ［英］约翰·邓恩编. 民主的历程［M］. 林猛等，译. 长春：吉林人民出版社，1999.
60. ［美］约翰·惠特尼·霍尔. 日本——从史前到现代［M］. 邓懿，周一良，译. 北京：商务印书馆，1997.
61. 曾虚白主编. 中国新闻史［M］. 台北：三民书局，1989.
62. 曾资生. 中国政治制度史（第二册）［M］. 重庆：南方印书馆，1943.
63. 张朋园. 立宪派与辛亥革命［M］. 台北：台湾商务印书馆，1969.
64. 张玉法. 清季的革命团体［M］. 台北：台湾“中央研究

院”近代史研究所，1975.

65. 张玉法. 清季的立宪团体［M］. 台北：台湾“中央研究院”近代史研究所，1985.

66. 周谷城. 中国政治史［M］. 北京：中华书局，1982.

67. 中国国民党中央党史史料编纂委员会编. 革命先烈先进传［G］. 台北：“中央”文物供应社，1965.

68. 朱镜宙. 英属马来半岛. 沈云龙主编. 近代中国史料丛刊续编第44辑［G］. 台北：文海出版社，1977.

69. ［新加坡］卓南生. 中国近代报业发展史（1815—1874）（增订版）［M］. 北京：中国社会科学出版社，2002.

（四）论　文

1. 卞修全. 清末资产阶级知识分子的宪政主张论析［J］. 天津社会科学，2002（5）.

2. 陈鍪. 戊戌政变时反变法人物之政治思想［A］. 包遵彭，李定一，吴相湘编纂. 中国近代史论丛第一辑（第七册）——维新与保守［C］. 台北：正中书局，1956.

3. 陈宗山. 南洋华侨于革命中之努力［A］. 包遵彭，李定一，吴相湘编纂. 中国近代史论丛第二辑（第四册）——华侨［C］. 台北：正中书局，1976.

4. 迟云飞. 清末最后十年的平满汉畛域问题［A］. 中国史学会编. 辛亥革命与20世纪的中国（上）［C］. 北京：中央文献出版社，2002.

5. 崔贵强. 中兴日报：新加坡同盟会的喉舌（1907—1910）［A］. 辛亥革命与南洋华人研讨会论文集［C］. 台北：台湾政治大学国际关系研究中心，1986.

6. 段云章. 戊戌维新的“天南”反响——以新加坡《天南新报》和邱菽园为中心［J］. 近代史研究，1998（5）.

7. 耿云志. 论清末立宪派的国会请愿运动［J］. 中国社会科学，1980（5）.

8. 霍伟岸. 三权的历史含义及其相互关系［J］. 读书，2003（6）.

9. 蒋永敬. 辛亥革命时期孙中山先生的民权思想［A］. 辛亥革命研讨会论文集［C］. 台北：台湾“中央研究院”近代史研究

所，1983.

10. 孔立，陈在正，林金枝，郭梁. 华侨与辛亥革命［A］. 纪念辛亥革命七十周年学术讨论会论文集［C］. 北京：中华书局，1983.

11. 李剑鸣. 美国独立战争爆发前的政治辩论及其意义［J］. 历史研究，2000（4）.

12. 刘世昌. 中山先生与南洋［A］. 辛亥革命与南洋华人研讨会论文集［C］. 台北：台湾政治大学国际关系研究中心，1986.

13. 罗福惠. 居正生平及其思想述论［A］. 湖北省社会科学联合会编. 辛亥两湖史事新论［C］. 长沙：湖南出版社，1988.

14. 聂德宁. 中国与新加坡的早期贸易往来［J］. 近代史研究，1997（1）.

15. 桑兵. 保皇会的宗旨歧变与组织离合［J］. 近代史研究，2002（3）.

16. 市川信爱，朱鹏. 孙文（辛亥革命）与华侨学校——从东南亚的侨校发展探讨"华侨"概念的含义［A］. 孙文与华侨——纪念孙中山诞辰130周年国际学术讨论会论文集［C］. 神户：财团法人孙中山纪念会，1997.

17. 汤志钧. 自立军起义前后的孙、康关系及其他——新加坡邱菽园家藏资料评析［J］. 近代史研究. 1992（2）.

18. 汤志钧. 邱菽园与康有为［J］. 近代史研究，2000（3）.

19. 姚蔚生. 新加坡历届人口统计中之华侨地位［J］. 南洋研究（第1卷，第2号），中华民国17年（1928年）2月.

20. 张玉法. 同盟会时期的革命宣传［A］. 中华文化复兴运动推行委员会主编. 中国近代现代史论集第17编（上）［C］. 台北：台湾商务印书馆，1986.

二、外文部分

（一）英文文献

1. Bastid-Bruguière, Marianne, "*Sun Yat-sen's Republican Idea in 1911*", in *China's Republican Revolution*, Etō Shinkichi, Harold Z Schiffrin eds. Tokyo: University of Tokyo Press, 1994.

2. Lattimore, Owen and Eleanor, *The Making of Modern China: A Short History*. London: W. W. Norton & Company, Inc. 1944.

3. MacNair, Harley Farnsworth, *The Chinese Abroad—Their Position and Protection, a Study in International Law and Relations*. Shanghai: The Commercial Press, Limited, 1933. Reprinted by Ch'eng Wen Publishing Company, Taipei, 1971.

4. Reynolds, Douglas R, *China, 1898-1912: The Xinzheng Revolution and Japan*, the council on East Asian Studies. Boston: Harvard University, 1993.

5. Schiffrin, Harold Z, *Sun Yat-sen—Reluctant Revolutionary*. Boston and Toronto: Little, Brown & Company Limited, 1980.

6. Schiffrin, Harold Z, *The Foreign Powers and the 1911 Revolution: A Harmonious Interval During a Period of Discord*, in *The 1911 Revolution in China*, Etō Shinkichi & Harold Z Schiffrin eds. Tokyo: University of Tokyo Press, 1984.

7. Tu Wei-ming, *China in Transformation*. London: Harvard University Press, 1994.

8. Wright, Mary Clabaugh, *China in Revolution: The First Phase (1900-1913)*. New Haven and London: Yale University Press, 1968.

9. Zarrow, Peter, "*The Reform Movement, the Monarchy, and Political Modernity*", in *Rethinking the 1898 Reform Period: Political and Cultural Change in Late Qing China*, ed Rebecca E Karl & Peter Zarrow. Cambridge (Massachusetts) and London: Harvard University Asia Center, 2002.

（二）日文文献

1. 堀川哲男. 孫文——救国の情熱と中国革命 [M]. 东京: 清水书院，昭和 56 年 (1981 年).

2. 上垣外宪一. 日本留学と革命运动 [M]. 东京: 东京大学出版会，1982.

3. 寺广映雄. 革命瓜分论の形成をめぐって——保皇・革命两派の对立 [A]. 小野川秀美，岛田虔次编. 辛亥革命の研究 [M]. 东京: 筑摩书房，昭和 53 年 (1978 年).

附录：《中兴日报》与《南洋总汇新报》论战之文章目录

说明：

1. 与正文将清季论战分为“孙党—康党”、“康党—清廷”、“孙党—清廷”相对应，此处所辑录的《中兴日报》、《南洋总汇新报》参与论战的文章，分为“孙党—康党”、“康党—清廷”、“孙党—清廷”三栏。这种分类只能做到大致准确，因为有不少文章同时指向不同的辩论对手。

2. 本目录按在报刊上发表的时间顺序排列。每一条目录，按照作者、文章标题、报刊名、发表时间的顺序排列。时间一项，依次为年、月、日，若该文系连载，则详列连载日期，以顿号隔开。日期后面括号中的数字，表示该文所刊登的版面。

3. 本目录只限于与论战有关的政论文，至于其他文体的文章，虽然涉及论战者不少，此处一概未录。

4. 示例：中兴日报. 1907-09-14、16（2）意为1907年9月14日、16日的《中兴日报》第2版。

（一）“孙党—康党”

1. 云. 斥康有为引满汉为同舟共济之谬说（来稿）. 中兴日报，1907-09-14、16（2）.
2. 龙腾. 驳政闻社宣言书. 中兴日报，1907-12-02、03、04、05、06、07、09、10、11（2）.
3. 龙腾. 皇帝身与皇帝位尚可以致电保之. 中兴日报，1908-01-15（5）.

4. 辟伪. 非实行革命之急进主义不能杜瓜分之祸. 中兴日报, 1908-01-25、27 (2).
5. 昆仑起稿. 本报全体主人致总汇报大主笔天山书. 中兴日报, 1908-02-17、18 (2).
6. 龙腾. 排满与瓜分. 中兴日报, 1908-02-26、27、28 (2).
7. 兴黄来稿. 革命论. 中兴日报, 1908-03-17、18 (2).
8. 恨海. 泣告同胞之希望立宪者. 中兴日报, 1908-03-20、21、23、24、25、26、31 (2).
9. 开山. 总汇报记者何虞颂之丑相 (来函). 中兴日报, 1908-05-02 (5).
10. 斧. 总汇报记者何虞颂之十大罪恶. 中兴日报, 1908-05-05 (5).
11. 恨海. 清官之欺人与总汇报之卑劣——对于革命军事. 中兴日报, 1908-05-12 (2).
12. 恨海. 商报与革命军. 中兴日报, 1908-05-20 (2).
13. 自主. 立宪与革命难易之比较. 中兴日报, 1908-05-22 (2).
14. 恨海. 与总汇报书. 中兴日报, 1908-06-10 (2).
15. 恨海. 保皇党之狡谋欤抑亦总汇报之不通欤. 中兴日报, 1908-06-12 (2).
16. 总汇报不战而遁. 中兴日报, 1908-06-13 (2).
17. 恨海. 民族精神与其制度之关系——附驳总汇报. 中兴日报, 1908-06-15、16、17 (2).
18. 耀星来稿. 种族革命之必要. 中兴日报, 1908-06-19、20 (2).
19. 亦市. 论革命必不能行于今日. 南洋总汇新报, 1908-06-29 (1), 1908-07-01、02、04、06、07、09、11、13、16、17、18、20、25 (1).
20. 警. 斥中兴报. 南洋总汇新报, 1908-07-02 (1).
21. 警. 斥中兴报所登之来函. 南洋总汇新报, 1908-07-03 (1).
22. 警. 斥中兴报之记者恨海. 南洋总汇新报, 1908-07-04 (1).
23. 照妖来稿. 恨海不值一斥. 南洋总汇新报, 1908-07-06 (3).
24. 讲甚么革命. 南洋总汇新报, 1908-07-06 (3).
25. 警. 斥中兴之记者. 南洋总汇新报, 1908-07-07 (3).
26. 照妖来稿. 中兴报何以不辩. 南洋总汇新报, 1908-07-08 (3).

27. 警. 训中兴报之记者. 南洋总汇新报，1908-07-09 (3).
28. 警. 辟中兴报之疫记者. 南洋总汇新报，1908-07-10 (1).
29. 照妖来稿. 复中兴报附登之中国民书. 南洋总汇新报，1908-07-10 (1).
30. 警. 反诘中兴报之记者. 南洋总汇新报，1908-07-11 (1).
31. 警. 复中兴报记者神骥书. 南洋总汇新报，1908-07-11 (1).
32. 质直来稿. 难中兴报记者恨海. 南洋总汇新报，1908-07-11 (1).
33. 警. 疫记者乃真无耻. 南洋总汇新报，1908-07-13 (3).
34. 照妖来稿. 再复中国民书. 南洋总汇新报，1908-07-13 (3).
35. 恶伪生来书. 南洋总汇新报，1908-07-13 (3).
36. 旁观清来书. 南洋总汇新报，1908-07-13 (3).
37. 不愿中兴报污眼帘者来书. 南洋总汇新报，1908-07-13 (3).
38. 质直来稿. 再难中兴报记者恨海. 南洋总汇新报，1908-07-14 (1).
39. 警. 斥中兴报特别之广告. 南洋总汇新报，1908-07-14 (3).
40. 神骥蠢如猪狗耶抑丧心病狂耶. 南洋总汇新报，1908-07-14 (1).
41. 警. 中兴报之广博无用. 南洋总汇新报，1908-07-15 (3).
42. 质直来稿. 三难中兴报记者恨海. 南洋总汇新报，1908-07-16 (1).
43. 警. 责中兴报记者之谬妄. 南洋总汇新报，1908-07-16 (3).
44. 陈少牧. 惜陈生香之愚. 南洋总汇新报，1908-07-17 (1).
45. 警. 十九日中兴报之记者广博何在. 南洋总汇新报，1908-07-18 (3).
46. 大公来稿. 愤愤愤伪革党之阴毒. 南洋总汇新报，1908-07-20 (1).
47. 真. 致中兴报记者龙腾书. 南洋总汇新报，1908-07-20 (3).
48. 质直来稿. 请看恨海变羞为怒. 南洋总汇新报，1908-07-21 (1).
49. 警. 中兴报记者之自相谩骂. 南洋总汇新报，1908-07-21 (3).
50. 警. 请看广博之谬妄. 南洋总汇新报，1908-07-22 (3).
51. 照妖来稿. 药石与中国民之欺人. 南洋总汇新报，1908-07-22

(3).
52. 次云. 煽乱者之无用. 南洋总汇新报，1908-07-23、27 (1).
53. 质直来稿. 斥恨海不认错之可耻. 南洋总汇新报，1908-07-23 (1).
54. 警. 斥中兴报三次战约之妄言. 南洋总汇新报，1908-07-25 (1).
55. 药石. 总批煽乱者之无用. 中兴日报，1908-07-28 (2).
56. 广博. 总汇报词穷有反问之掩丑特技. 中兴日报，1908-07-28 (2).
57. 公生明来稿. 中兴报与总汇报之笔战. 中兴日报，1908-07-28 (5).
58. 精卫. 申论革命决不致召瓜分之祸. 中兴日报，1908-07-28、29、30、31 (2)，1908-08-01、03、06、07、15、18 (2) (注：这是文章的后半部分，即第10～19续，文章的前半部分佚).
59. 次云. 乱事波及国民之损害. 南洋总汇新报，1908-07-28 (1).
60. 质直来稿. 可怜恨海之哀哭. 南洋总汇新报，1908-07-28 (1).
61. 药石. 夏六月总汇新报及中兴报战于南洋星加坡总师全溃总将徐勤出奔唐山. 中兴日报，1908-07-29 (2).
62. 至公来稿. 观战员上书请中兴报奏凯. 中兴日报，1908-07-29 (5).
63. 无偏来稿. 驳总批煽乱者之无用. 南洋总汇新报，1908-07-29 (1).
64. 陈崇正寄稿. 斥总汇报之谬妄. 中兴日报，1908-07-30 (2).
65. 恶佞. 列举总汇报求中兴报讲和息战之证据. 中兴日报，1908-07-31 (5)，1908-08-01、03 (5).
66. 吴冠英. 关于立宪融合种族之方法. 南洋总汇新报，1908-07-31 (4)，1908-08-01、03、04、10、13、14、15、17、18、19、20 (4).
67. 锄. 论国会之趋势. 南洋总汇新报，1908-08-01、03、04、05、06、07、08 (1).
68. 知我来书. 革命党无能为. 南洋总汇新报，1908-08-01 (3).
69. 照妖来稿. 再斥真醒堂主人. 南洋总汇新报，1908-08-01 (3).
70. 去非. 请求开国会者真不认大清国耶. 中兴日报，1908-08-05

(2).

71. 警. 国民之程度日进. 南洋总汇新报，1908-08-05 (3).

72. 观战员陈宪虞来稿. 中兴报之奏凯. 中兴日报，1908-08-08 (5).

73. 去非. 驳总汇报论国会之趋势. 中兴日报，1908-08-10、12、13、14、15、17、18、19、20、21 (2).

74. 明公. 革命党之人格. 南洋总汇新报，1908-08-10 (1).

75. 泗水转坤来稿. 南洋总汇新报，1908-08-10 (3).

76. 恨海. 可怜要求开国会者之穿头路. 中兴日报，1908-08-12 (2).

77. 恨海. 宜哉无人格者之不知人格. 中兴日报，1908-08-12 (2).

78. 勇. 论国会与乱党之关系. 南洋总汇新报，1908-08-12、13、14 (1).

79. 希. 怪怪怪请开国会之陈景仁且坐罪耶. 中兴日报，1908-08-13、14 (2).

80. 锄. 陈景仁之革职不足为国会阻力. 南洋总汇新报，1908-08-13 (1).

81. 笔伐来稿. 中兴报之无理取闹. 南洋总汇新报，1908-08-14 (3).

82. 希. 保皇妖为陈景仁掩饰之丑相. 中兴日报，1908-08-15 (5).

83. 果. 革命党畏葸之真相. 南洋总汇新报，1908-08-15、17 (1).

84. 棣. 陈景仁之被革与请开国会之失败. 中兴日报，1908-08-17、18 (5).

85. 勇. 驳中兴报论革命不致召瓜分之祸. 南洋总汇新报，1908-08-18、19、21、22、24、25、26 (1).

86. 汉民. 驳总汇报惧革命召瓜分说. 中兴日报，1908-08-19、20、22 (2).

87. 希. 总汇报实冀中国之瓜分. 中兴日报，1908-08-21 (5).

88. 论法国居乱党为奇货. 南洋总汇新报，1908-08-21 (3).

89. 劝. 革命党实乱党之变相. 南洋总汇新报，1908-08-22、24、25、26 (3).

90. 精卫. 正告欲为驳论者. 中兴日报，1908-08-24 (2).

91. 汉民. 总汇报强辨之可怜. 中兴日报，1908-08-24、25 (2).

92. 精卫. 再正告欲为驳论者. 中兴日报，1908-08-25 (2).
93. 精卫. 正保皇党之罪. 中兴日报，1908-08-26 (2).
94. 汉民. 总汇报词穷之可怜. 中兴日报，1908-08-26 (2).
95. 精卫. 三告欲为驳论者. 中兴日报，1908-08-26 (2、4).
96. 精卫. 革命可以杜绝瓜分之实据. 中兴日报，1908-08-27、28、29 (2)，1908-09-02、25、26 (2)，1908-09-28、30 (1).
97. 勇. 斥中兴报. 南洋总汇新报，1908-08-27、28 (1).
98. 果. 论华侨不可为革命说所惑. 南洋总汇新报，1908-08-27、28 (1)，1908-09-01 (1).
99. 汉民. 正总汇报之奇谬. 中兴日报，1908-08-28、29 (2).
100. 勇. 纠中兴报之奇谬. 南洋总汇新报，1908-08-29 (1).
101. 勇. 论定期开设国会为中国自强之基础. 南洋总汇新报，1908-08-29 (1)，1908-09-02、14、15、17、21、23、26、28、29 (1)，1908-10-01、20、21 (1).
102. 汉民. 再正总汇报之奇谬. 中兴日报，1908-08-31 (2).
103. 汉民. 详纪总汇报最近之大失败. 中兴日报，1908-09-01 (2).
104. 勇. 中兴报之奇谬. 南洋总汇新报，1908-09-01 (1).
105. 汉民. 总汇报记者之怙恶. 中兴日报，1908-09-02 (2).
106. 勇. 纠中兴报之奇谬. 南洋总汇新报，1908-09-02 (1).
107. 勇. 再斥中兴报. 南洋总汇新报，1908-09-02、03 (1).
108. 戡黎. 诬谤革命者之苦况. 中兴日报，1908-09-03 (2).
109. 精卫. 革命之决心. 中兴日报，1908-09-04 (2).
110. 戡黎. 诬谤革命者之末路. 中兴日报，1908-09-04 (2).
111. 勇. 中兴报之糊涂. 南洋总汇新报，1908-09-04 (1).
112. 戡黎. 怜总汇报记者之无知. 中兴日报，1908-09-05 (2).
113. 守常. 论总汇报记者见闻之不广. 中兴日报，1908-09-05 (5).
114. 平实. 论今日时局止可立宪救国万无革命之理. 南洋总汇新报，1908-09-05 (1).
115. 灭胡. 斥中兴报之狂吠. 南洋总汇新报，1908-09-05 (1).
116. 戡黎. 总汇报之卑劣. 中兴日报，1908-09-07 (2).
117. 灭胡. 中兴报记者之愚谬. 南洋总汇新报，1908-09-07 (1).
118. 平实. 革命党之真相. 南洋总汇新报，1908-09-07、08 (1).
119. 惩汪. 为乱党辩护者之欺人. 南洋总汇新报，1908-09-07 (3).

120. 精卫. 革命者国民之责任非英雄之事业. 中兴日报, 1908-09-08 (2).
121. 尚武. 塞汉奸之口. 中兴日报, 1908-09-08 (2).
122. 灭胡. 讨枭獍. 南洋总汇新报, 1908-09-08 (1).
123. 巽言. 规保皇党之欲为圣人英雄者. 中兴日报, 1908-09-09 (2).
124. 平实. 尔党专好恭维耶. 南洋总汇新报, 1908-09-09 (1).
125. 灭胡. 拔乱党之舌. 南洋总汇新报, 1908-09-09 (1).
126. 平实. 论革命不可强为主张. 南洋总汇新报, 1908-09-09、10 (1).
127. 惩汪. 忠告为乱党辩护者. 南洋总汇新报, 1908-09-09 (3).
128. 枝头抱香客. 原主人与逃奴. 中兴日报, 1908-09-11 (2).
129. 南洋小学生. 平实开口便错. 中兴日报, 1908-09-11 (2、4).
130. 守常. 斥总汇报造谣兴谤之记者. 中兴日报, 1908-09-11 (4).
131. 陈景仁之革职及政闻社之解散与立宪之前途. 中兴日报, 1908-09-11、19 (5).
132. 南洋小学生. 论惧革命召瓜分者乃不识时务者也. 中兴日报, 1908-09-12 (2).
133. 巽言. 规平实. 中兴日报, 1908-09-12 (2).
134. 汉雄. 总汇报记者平实孺子可教. 中兴日报, 1908-09-12、14 (5).
135. 平实. 驳巽言. 南洋总汇新报, 1908-09-12 (1).
136. 惩汪. 再告为乱党辩护者. 南洋总汇新报, 1908-09-12 (3).
137. 巽言. 再规平实. 中兴日报, 1908-09-14 (2).
138. 守常. 再斥总汇报造谣兴谤之记者. 中兴日报, 1908-09-14 (4).
139. 平实. 汉雄莫猖狂且看尔党之行为. 南洋总汇新报, 1908-09-14 (1).
140. 平实. 小子听之. 南洋总汇新报, 1908-09-14 (1).
141. 南洋小学生. 平实尚不肯认错. 中兴日报, 1908-09-15 (2).
142. 巽言. 规正平实之所谓时势观. 中兴日报, 1908-09-15、16 (2).
143. 平实. 正巽言. 南洋总汇新报, 1908-09-15 (1).

144. 惩汪. 三告为乱党辩护者. 南洋总汇新报，1908-09-15 (3).
145. 宅仁. 正总汇报定期开设国会为中国自强之基础. 中兴日报，1908-09-16、19、24 (2).
146. 守常. 正总汇报记者造谣兴谤之罪. 中兴日报，1908-09-16 (5).
147. 平实. 论革命党宜反己自修. 南洋总汇新报，1908-09-16 (1).
148. 宅仁. 致平实书. 中兴日报，1908-09-17 (2).
149. 汉雄. 平实可儿惩汪休矣. 中兴日报，1908-09-17 (5).
150. 去非. 正告总汇报记者平实. 中兴日报，1908-09-17、18 (2).
151. 惩汪. 为乱党辩护者之谬妄. 南洋总汇新报，1908-09-17 (3).
152. 守常. 总汇报造谣兴谤之记者仍不服耶. 中兴日报，1908-09-18 (5).
153. 勇. 正告反对国会者. 南洋总汇新报，1908-09-18 (1).
154. 通变. 讨烟人. 南洋总汇新报，1908-09-19 (3).
155. 精卫. 要求开国会者宜有最后之武力. 中兴日报，1908-10-10 (1).
156. 锄. 论排革命实以救中国. 南洋总汇新报，1908-10-16、19、23、24 (1).
157. 辩奸. 诛袒护非种之锄. 中兴日报，1908-10-17、19、20 (1).
158. 龙腾. 锄可谓全无心肝. 中兴日报，1908-10-19、20、21、23 (1).
159. 辩奸. 驳总汇报论国会与君主之关系. 中兴日报，1908-10-22 (1).
160. 观战. 保皇党已购得镶面皮机器矣. 中兴日报，1908-10-26 (1).
161. 辨奸. 斥保皇党欲借外患防内变之毒计. 中兴日报，1908-10-27 (1).
162. 精卫. 阻挠独立者不得以台湾为口实. 中兴日报，1908-10-29、30 (1).
163. 去非. 保皇报之对于满洲宪法大纲. 中兴日报，1908-11-12、13 (1).
164. 观战. 告惩奸. 中兴日报，1908-11-25 (1).
165. 持平子准理氏来稿. 明揭总汇新报有意造谣之罪. 中兴日报，

1908-11-26 (3).

166. 观战. 揭总汇新报记者惩奸面皮之机器至矣. 中兴日报, 1908-11-28、30 (1).

167. 辩奸. 总汇新报一般狺狺而吠之恐恐声记者今丑死矣. 中兴日报, 1908-12-01 (1).

168. 诛保. 诛保党所以光汉族. 中兴日报, 1908-12-04 (1).

169. 观战. 看看总汇新报有意造谣之口供. 中兴日报, 1908-12-07 (1).

170. 观战. 看看总汇新报之丑欲盖弥彰. 中兴日报, 1908-12-09 (1).

171. 德如. 谕总汇新报勿作虚声之恫喝. 中兴日报, 1908-12-09 (3).

172. 非洲来稿. 未做官先发财. 中兴日报, 1908-12-30 (1).

173. 去非. 袁世凯之落职与保皇党之谣言. 中兴日报, 1909-01-07 (1).

174. 精卫. 保皇党弑其君. 中兴日报, 1909-01-09 (1).

175. 辩奸. 总汇报之技如鼠. 中兴日报, 1909-01-14 (1).

176. 绍轩. 有是总汇新报亦应有是启南新报. 中兴日报, 1909-01-15 (1、2).

177. 绍轩. 新年即作呓语耶——正总汇报与阅报诸君贺年书. 中兴日报, 1909-02-01、04、08、11、22 (1).

178. 贞民. 论爱国当知二大种. 南洋总汇新报, 1909-02-04、10、11、13、15、20、23、29 (1), 1909-03-02、08、21 (1).

179. 欧. 告帝国宪政会. 中兴日报, 1909-02-12 (1).

180. 去非. 再论袁世凯之落职. 中兴日报, 1909-02-15、16 (1).

181. 驳启南报之驳论. 中兴日报, 1909-02-16、17、18、19、20 (3).

182. 荡寇之偏师. 中兴日报, 1909-02-22、23、24、25 (3).

183. 欧. 献媚于异族之贱声口. 中兴日报, 1909-02-23、24 (1).

184. 哀哉保皇党良心欲死不得. 中兴日报, 1909-02-26、27 (3), 1909-03-01 (3).

185. 绍轩. 规正贞民. 中兴日报, 1909-02-27 (1), 1909-03-02、03、12、16、19、26 (1), 1909-04-02、19 (1).

186. 惩革. 革党乎劫匪乎. 中兴日报, 1909-03-03 (1).
187. 绍轩. 总汇报毁谤革命党之无理. 中兴日报, 1909-03-04 (1).
188. 德如. 斥造谣兴谤之魔鬼. 中兴日报, 1909-03-04 (2), 1909-03-05 (1).
189. 诘奸. 保皇报惯作偏论之无价值. 中兴日报, 1909-03-06、08 (1).
190. 德如. 请看总汇新报之承罪状. 中兴日报, 1909-03-09 (1).
191. 诘奸. 总汇报作鼠声之无耻. 中兴日报, 1909-03-10 (1).
192. 去非. 百日后不赦之保皇党. 中兴日报, 1909-04-16、20、22、29、30 (1).
193. 岁寒来稿. 异哉革命党竟有瓜分支那之能力. 中兴日报, 1909-04-26、27、28、29、30 (3), 1909-05-01、03、04、05、06、07、10 (3).
194. 复中兴报. 南洋总汇新报, 1909-04-27 (1).
195. 论安南新架坡之革命党. 南洋总汇新报, 1909-05-03 (1).
196. 诘奸. 保皇党之虚夸与发黄粱梦. 中兴日报, 1909-05-31 (1), 1909-06-04、05、10、16、24 (1), 1909-07-19 (1).
197. 诘奸. 总汇报鼠声又作. 中兴日报, 1909-07-01、21 (1).
198. 宪子. 论救中国不能不归党. 南洋总汇新报, 1909-07-06 (1).
199. 诘奸. 胡思乱想之保皇党竟发此奇论. 中兴日报, 1909-07-07 (1).
200. 辟妖. 乱急乱跃乱吠乱咬之保皇总汇报. 中兴日报, 1909-07-08 (1).
201. 绍轩. 保皇总汇报论党必归于一与妄詈中立党为废民之特谬. 中兴日报, 1909-07-09、15、22 (1).
202. 绍轩. 看看总汇报小人行为之真相. 中兴日报, 1909-07-09、12、13 (1).
203. 宪子. 申论立党救国之理. 南洋总汇新报, 1909-07-09 (1).
204. 诘奸. 总汇报无耻记者宪子之巧言虚饰. 中兴日报, 1909-07-10、24 (1).
205. 过客. 告总汇报记者伍宪子. 中兴日报, 1909-07-10 (1).
206. 德如寄稿. 论立宪国之政党——附斥总汇新报记者宪子. 中兴日报, 1909-07-12、13 (1).

207. 刃奸. 请看保皇总汇报之出丑. 中兴日报，1909-07-12、13、14 (1).

208. 某君投稿. 论被选举者不必有五千元资格. 南洋总汇新报，1909-07-13 (1).

209. 诘奸. 谁为盲虫谁为癫狗. 中兴日报，1909-07-14、23 (1).

210. 辨驳保皇贼党含血喷人之特谬. 中兴日报，1909-07-16 (1).

211. 诛妖寄稿. 保皇康党之末路. 中兴日报，1909-07-26、27、28、29 (1).

212. 诘奸. 保皇党甘心私仇而忘公仇之可鄙. 中兴日报，1909-08-21 (1).

213. 扑满. 有希望满清政府立宪热者盍听诸. 中兴日报，1909-10-16、19 (1)，1909-11-03 (1).

(二)"康党—清廷"

1. 旧民. 于式枚又阻挠立宪. 南洋总汇新报，1908-07-21、22 (1).

2. 中华帝国宪政会联合海外二百埠侨民公上请愿书. 南洋总汇新报，1908-08-03、04、05、06、07、08、10、12、15、21、25 (1)，1908-09-02、04、07、12 (1).

3. 旧民. 分驻直省之御史不可设. 南洋总汇新报，1908-08-06、07 (3).

4. 论陈景仁与于式枚. 南洋总汇新报，1908-08-14 (1).

5. 雪兰莪、霹雳、芙蓉、彭亨四州府华侨国会请愿书. 南洋总汇新报，1908-08-17、18 (1).

6. 读二十七日上谕敬告国民. 南洋总汇新报，1908-08-20 (1).

7. 论国会与时势. 南洋总汇新报，1908-08-24 (3).

8. 劝. 张军机之督办粤汉铁路. 南洋总汇新报，1908-09-01、02 (3).

9. 溪生来稿. 论粤督奏释裴景福事. 南洋总汇新报，1908-09-12 (3).

10. 锄. 论张人俊昭雪裴景福诸人之非. 南洋总汇新报，1908-09-16、23 (1).

11. 劝. 论外人之侵略中国. 南洋总汇新报，1908-10-06、10、14、15、17 (1).

12. 观潮生. 张之洞是何居心. 南洋总汇新报，1909-02-05、08、09 (1).
13. 观潮生. 袁世凯避祸之深心. 南洋总汇新报，1909-02-16 (1).
14. 贞民. 论中国订定国籍法. 南洋总汇新报，1909-03-06、09、16、17、18 (1).
15. 贞民. 论民法上立妾之问题. 南洋总汇新报，1909-03-23、25、26 (1)，1909-04-08、15、16 (1).
16. 贞民. 重编通礼刍言. 南洋总汇新报，1909-05-15、21 (1).
17. 宪子. 召用戊戌党人与中国前途之关系. 南洋总汇新报，1909-05-28、29 (1).
18. 贞民. 论中国今日宜注意不良之少年. 南洋总汇新报，1909-06-01、03、05、07、17、19 (1)，1909-07-01、15 (1).
19. 宪子. 中国现在政界之人物. 南洋总汇新报，1909-07-12、13 (1).
20. 呜呼今日之福建. 南洋总汇新报，1909-07-13 (3).
21. 记者. 论立宪国必用两院制度之理由. 南洋总汇新报，1909-07-24、29 (2)，1909-08-07 (2).
22. 少民. 内阁制度与预备立宪. 南洋总汇新报，1909-08-16 (2).
23. 六六. 论立宪国之国务大臣. 南洋总汇新报，1909-08-31 (2)，1909-09-18、21、23 (2)，1909-10-06 (2).
24. 寂. 哀鸣篇. 南洋总汇新报，1909-09-02 (2).
25. 侠佛. 论伪立宪之足以召乱. 南洋总汇新报，1909-09-03 (2).
26. 非非. 危言. 南洋总汇新报，1909-09-04 (2).
27. 贞民. 国民对外对内之主义. 南洋总汇新报，1909-09-07 (2).
28. 请看政府将断送中国于日本. 南洋总汇新报，1909-09-09 (2).
29. 僇. 辨亡决论. 南洋总汇新报，1909-09-15、16 (2).
30. 非非. 危言（二）. 南洋总汇新报，1909-09-20 (2).
31. 忧愤生. 为安奉铁道事敬告我国民. 南洋总汇新报，1909-09-26 (2).
32. 论安奉路事. 南洋总汇新报，1909-10-04、05 (2).
33. 隐热. 快哉广东抵制外货而及梁敦彦. 南洋总汇新报，1909-10-12 (2).
34. 雪. 论外交家当以民气为后盾. 南洋总汇新报，1909-10-18

(2).
35. 如. 论报纸之有益于国有损于官. 南洋总汇新报，1909-10-21 (2)，1910-01-27 (2).
36. 伍宪子布告南洋各埠商会学界哀痛书. 南洋总汇新报，1909-10-23、25、26、27 (2).
37. 六六. 论改造责任政府之必要. 南洋总汇新报，1909-11-23、26 (2).
38. 闻监国提倡海军捐感言. 南洋总汇新报，1909-12-24 (2).
39. 六六. 论中国警察亟宜整顿. 南洋总汇新报，1910-01-05、06 (2).
40. 惧亡生自吧城寄. 救亡危言. 南洋总汇新报，1910-01-07、08、13 (2).
41. 蔡乃煌专横至此. 南洋总汇新报，1910-01-10 (2).
42. 论中国通商后之种种失败. 南洋总汇新报，1910-01-11 (2).
43. 筹加盐饷之变幻. 南洋总汇新报，1910-01-19 (2).
44. 论整理财政宜从国会入手. 南洋总汇新报，1910-01-28 (2).
45. 论今日一般官吏之心理与宪政前途之关系. 南洋总汇新报，1910-01-29 (2)，1910-03-11 (2).
46. 书生. 剪辫发议. 南洋总汇新报，1910-01-31 (2).
47. 国会请愿之血. 南洋总汇新报，1910-03-04 (2).
48. 十六日上谕恭注. 南洋总汇新报，1910-03-21 (2).
49. 论政府欲解散国会请愿代表. 南洋总汇新报，1910-03-25 (2).
50. 六六. 论中国之前途及国民应尽之天职. 南洋总汇新报，1910-04-11、25 (2).
51. 沧江. 西藏戡乱问题. 南洋总汇新报，1910-04-21、23 (2).
52. 对于我国军舰海容入横滨港之悲感. 南洋总汇新报，1910-04-30 (2).
53. 过去一年之梁敦彦. 南洋总汇新报，1910-06-27、28 (2).
54. 论国民当以实力争于世界. 南洋总汇新报，1910-06-30 (2).
55. 论弭乱之方唯有速开国会. 南洋总汇新报，1910-07-15 (2).
56. 论中国大势之危急. 南洋总汇新报，1910-07-21 (2).
57. 敬告国民（为请愿无效事). 南洋总汇新报，1910-07-22 (2).
58. 六六. 读五月廿一日上谕恭注. 南洋总汇新报，1910-07-25、26

(2).
59. 六六. 立宪与专制之关系. 南洋总汇新报，1910-08-02、03 (2).
60. 饮冰. 为阻挠国会事论现政府敌视人民谋危皇室之罪. 南洋总汇新报，1910-08-12、13、15、16、17、18、22、24、25、27、29、30、31 (2)，1910-09-01、02、05 (2).
61. 联盟痛. 泪书. 南洋总汇新报，1910-08-23 (2).
62. 论中国宜组织少年政府以救危亡. 南洋总汇新报，1910-10-10、12 (2).
63. 论发遣温世霖事. 南洋总汇新报，1911-02-14 (2).
64. 假立宪之面目已尽揭去. 南洋总汇新报，1911-02-15 (2).
65. 新官制之将来. 南洋总汇新报，1911-02-16 (2).
66. 国亡与朝易. 南洋总汇新报，1911-03-14 (2).
67. 更生. 中国已为立宪国土地人民为国民公有割地弃民政府难专合请即开国会通告文. 南洋总汇新报，1911-03-25、29、30、31 (2).
68. 傥客. 论今日外交无解决之道. 南洋总汇新报，1911-04-01 (2).
69. 傥客. 新内阁之人物. 南洋总汇新报，1911-04-03、04、05 (2).
70. 傥客. 中国瓜分之警告. 南洋总汇新报，1911-04-08 (2).
71. 论枢臣阻开资政院临时会. 南洋总汇新报，1911-04-21 (2).
72. 论外国党之足以亡国. 南洋总汇新报，1911-04-28 (2).
73. 愤言. 粤省乱机果孰酿之乎. 南洋总汇新报，1911-04-29 (2).
74. 政府当利用民气以保国家. 南洋总汇新报，1911-05-03 (2).
75. 傥客. 因粤乱而忠告我政府. 南洋总汇新报，1911-05-09 (2).
76. 傥客. 论德皇储劝开党禁. 南洋总汇新报，1911-05-11 (2).
77. 论宪法与阁制. 南洋总汇新报，1911-05-23 (2).
78. 变政当持急进主义. 南洋总汇新报，1911-05-25 (2).
79. 论今日之新内阁. 南洋总汇新报，1911-05-26 (2).
80. 傥客. 新内阁之将来. 南洋总汇新报，1911-05-27、29 (2).
81. 中国宜速开党禁以救危亡. 南洋总汇新报，1911-05-30 (2).
82. 傥客. 论今日新政足以厉民. 南洋总汇新报，1911-06-10、12

(2).

83. 傥客. 论粤督禁止粤路公司集议. 南洋总汇新报，1911-06-15 (2).

84. 朝廷何忍以一亲贵之故而贻全国辱乎. 南洋总汇新报，1911-07-01 (2).

85. 沧江. 论政府非法借款诿过君上之罪. 南洋总汇新报，1911-07-08、10 (2).

86. 傥客. 厘定皇室经费之问题. 南洋总汇新报，1911-07-29、31 (2)，1911-08-04、05 (2).

87. 傥客. 异哉庆王之所谓大政方针. 南洋总汇新报，1911-08-10 (2).

88. 傥客. 粤吏之恐怖时代. 南洋总汇新报，1911-08-15 (2).

89. 官吏之恐慌时期. 南洋总汇新报，1911-11-01 (2).

90. 北京政府今日之借债问题. 南洋总汇新报，1911-11-04 (2).

91. 论初九日上谕之价值. 南洋总汇新报，1911-11-15 (2).

92. 论资政院违反民意之罪. 南洋总汇新报，1911-11-20 (2).

93. 廷翰来稿. 北军无久占汉阳之理. 南洋总汇新报，1911-12-25 (2).

（三）“孙党—清廷”

1. 玄理. 清廷又欲禁报耶. 中兴日报，1907-08-23 (2).

2. 天汉世民. 异哉清廷之谕旨. 中兴日报，1907-08-27、28 (2).

3. 毅. 南洋华侨倚赖异族政府保护之无望（来稿）. 中兴日报，1907-09-03 (2).

4. 沧桑旧主. 清政府又派人来揾钱矣. 中兴日报，1907-09-05、06、07 (2).

5. 云. 满人果何爱于辫而禁剪耶（来稿）. 中兴日报，1907-09-26、27 (2).

6. 福建铁血子来稿. 政府果欲速福建之亡乎. 中兴日报，1907-10-16、17 (2).

7. 云. 愚民术之变迁. 中兴日报，1907-10-18、19、21 (2).

8. 虎军. 说舞. 中兴日报，1907-10-24 (2).

9. 沧桑旧主. 清廷防长江. 中兴日报，1907-10-28 (2).

10. 天汉世民. 奕劻引退之时局观. 中兴日报, 1907-10-29 (2).
11. 粤垣禁烟之怪象. 中兴日报, 1907-11-05 (2).
12. 虎军. 乐会县彭会直之藉税发财. 中兴日报, 1907-11-06 (2).
13. 天汉世民. 华侨宜自筹保护策. 中兴日报, 1907-11-13、14 (2).
14. 希侠. 警告华侨. 中兴日报, 1907-11-20、21 (2).
15. 外部拟在香港设参赞之诈伪. 中兴日报, 1907-11-25 (2).
16. 苏民. 袁世凯强迫借债之可异 (来稿). 中兴日报, 1907-11-26、27 (2).
17. 又我. 张督果欲卧治两广耶. 中兴日报, 1907-12-12、13 (2).
18. 仍旧分设水陆提遂足杜外人干预耶. 中兴日报, 1907-12-16 (2).
19. 粤吏对于澳门地界办法之迟缓. 中兴日报, 1907-12-21 (2).
20. 西河希侠次郎. 西省清兵之近状. 中兴日报, 1908-01-03、04、06、08 (2).
21. 龙腾. 杨士琦尚非头等汉奸. 中兴日报, 1908-01-16 (2).
22. 勒生来稿. 满人之无耻. 中兴日报, 1908-01-23 (2).
23. 龙腾. 清两宫注重海军. 中兴日报, 1908-03-02 (2).
24. 民帝. 论清政府欲行暗杀手段之卑劣. 中兴日报, 1908-03-06 (2).
25. 希侠来稿. 对满愤言. 中兴日报, 1908-03-10、11 (2).
26. 帝民. 清政府之限制华侨. 中兴日报, 1908-05-05 (2).
27. 恨海. 清廷待遇华侨假殷勤之原因. 中兴日报, 1908-05-14 (2).
28. 慕汉. 清领事与抵制日货. 中兴日报, 1908-05-15 (2).
29. 自主. 清领事又讲大话. 中兴日报, 1908-05-20 (2).
30. 壮夫. 清国独有之国际法. 中兴日报, 1908-09-01 (5).
31. 汉民. 呜呼满洲所谓宪法大纲. 中兴日报, 1908-09-21、23、24、26 (2), 1908-09-28、29、30 (1), 1909-10-01、02、05、07、08、09 (1).
32. 选. 铁良募哥萨克之政略. 中兴日报, 1908-10-08 (3).
33. 精卫. 清俄同盟可为清美同盟之鉴. 中兴日报, 1908-10-12、13 (1).

34. 海石. 饱哉来宾馁哉家奴. 中兴日报，1908-10-15 (1).
35. 侠民. 清太后与闽粤灾黎. 中兴日报，1908-11-03 (1).
36. 欢迎美舰与漠视灾民 (来稿). 中兴日报，1908-11-05 (1).
37. 燃. 皇帝. 中兴日报，1908-11-11 (1).
38. 辩奸. 满人毁秋瑾女侠之墓. 中兴日报，1908-11-14 (1).
39. 去非. 呜呼载湉死. 中兴日报，1908-11-16、17 (1).
40. 去非. 呜呼那拉氏又死. 中兴日报，1908-11-18、19 (1).
41. 精卫寄稿. 三十四年之傀儡. 中兴日报，1908-12-03、04 (1).
42. 精卫寄稿. 清立幼主以召祸. 中兴日报，1908-12-09、10 (1).
43. 绍轩. 满清立宪实成专制. 中兴日报，1908-12-14、19、21 (1)，1909-01-04、14、16 (1).
44. 怀汉. 虏祚将斩之征. 中兴日报，1908-12-18 (1).
45. 汉民寄稿. 我同胞所当痛哭者何事乎. 中兴日报，1908-12-18、29 (1)，1909-01-05、06、13 (1)，1909-01-15 (2)，1909-01-16 (1).
46. 汉民寄稿. 死皇帝作伪生皇帝更作伪. 中兴日报，1909-01-11、12 (1).
47. 满洲总督侵吞赈款状，中兴日报，1909-01-11、12 (1).
48. 去非. 载沣弑其君之余谈. 中兴日报，1909-02-18、19、20 (1).
49. 选. 常徽请三品以上尽用满员. 中兴日报，1909-02-26 (1).
50. 绍轩. 满虏排汉之铁证. 中兴日报，1909-03-01、11、13 (1).
51. 绍轩. 呜呼世续之入军机. 中兴日报，1909-03-15、20、27、31 (1).
52. 诘奸. 除蓄妾弊制竟以一俞廉三而阻. 中兴日报，1909-04-08、21 (1).
53. 绍轩. 清政府果能保护华侨耶. 中兴日报，1909-04-10 (1).
54. 绍轩. 日人强占东沙与满洲政府之无用. 中兴日报，1909-04-12、13、14、15、16 (1).
55. 已故之清太后聚敛何其富乎. 中兴日报，1909-04-23 (1).
56. 夏. 融和汉满之真像. 中兴日报，1909-05-03、04、05 (1).
57. 天民. 清廷复以科举愚民之怪剧. 中兴日报，1909-05-06 (1).
58. 汉民. 满人排汉之政策进步欤退步欤. 中兴日报，1909-05-13、

14、15 (1).
59. 御胡次郎. 咄咄虏廷创设华字日报果能解散革党耶. 中兴日报, 1909-05-17、18、19 (1).
60. 扑满. 满虏授外人瓜分铁路之失. 中兴日报, 1909-05-20、22 (1).
61. 绍轩. 王大贞诚不愧杨士琦之后影. 中兴日报, 1909-05-26 (1).
62. 绍轩. 伍廷芳包庇高等强盗独不惜辱及清国国体耶. 中兴日报, 1909-05-27 (1).
63. 绍轩. 清宫廷亦效守财奴耶. 中兴日报, 1909-07-05 (1).
64. 扑满. 呜呼可悲可惨可痛可哭者今日之中国. 中兴日报, 1909-07-28 (1).
65. 悲. 清官之蛮威与灾民之惨状. 中兴日报, 1909-08-07 (1).
66. 悲. 清廷之危机. 中兴日报, 1909-08-11 (1).
67. 哀音. 满清官吏之所谓言论自由. 中兴日报, 1909-08-13 (1).
68. 扑满. 波斯专制之已倒与满洲政府之必亡. 中兴日报, 1909-08-14、17、18 (1), 1909-09-29 (1).
69. 哀音. 时局感言. 中兴日报, 1909-08-20 (1).
70. 诘奸. 左秉隆是何居心. 中兴日报, 1909-09-01 (1).
71. 绍轩. 警警亡中国之满清政府. 中兴日报, 1909-09-09 (1).
72. 绍轩. 呜呼满清政府之心死. 中兴日报, 1909-09-18 (1).
73. 泗水来稿. 可痛哉汪凤翔可怜哉南洋教育. 中兴日报, 1909-09-29 (1).
74. 绍轩. 中国学界之惨风云. 中兴日报, 1909-09-30 (1), 1909-10-01 (1).
75. 夷. 奴才管见. 中兴日报, 1909-10-06、07 (1).
76. 诛奸. 张之洞死. 中兴日报, 1909-10-13 (1).
77. 悲观. 呜呼中国复将亡于满人之手. 中兴日报, 1909-11-04 (1).
78. 伯. 读公论西报论中国三大弊书后. 中兴日报, 1909-11-15、16 (1).
79. 壮夫. 论满清召集各省议员. 中兴日报, 1909-12-04 (1).
80. 论满清政府今日之恐慌. 中兴日报, 1909-12-09 (1).

81. 仲悫来稿. 呜乎清国之死气. 中兴日报，1909-12-17 (1).
82. 精卫. 载沣私其亲. 中兴日报，1909-12-23 (1).
83. 选. 欲提盐饷以办海军之可愤. 中兴日报，1910-01-06 (1).
84. 坤甸不平子寄稿. 左秉隆诬陷革党之愚. 中兴日报，1910-01-11 (1).
85. 左秉隆又欲以匿名信罗织党狱耶. 中兴日报，1910-01-25 (1).

跋

本书系将我的博士论文修改而成。

2002年—2005年，我在华中师范大学中国近代史研究所攻读博士学位，师从严昌洪教授。严师是在辛亥革命史研究领域卓然有成的专家，三年之中，耳提面命，引导我进入这一研究领域，使我受益良多。以《中兴日报》和《南洋总汇新报》之间的论战为博士学位论文选题，几乎是严师命题作文。这两份报纸，分别是孙、康二党发刊于新加坡的机关报。关于孙、康二党机关报之间的论战，是学术界已经研究甚多的问题。如果仅仅因为《中兴日报》和《南洋总汇新报》之间的论战尚乏系统的专题研究，我便来“填补”一下，而在历史认识上没有一点新见解，那实在是没有什么价值的。因此，开始的时候，我很为这一选题担忧。这种担忧，也迫使我在研读先贤成果和原始文献的时候努力去思考我能在哪些方面“出新”。思考的结果是决定从两个方面做一些突破：前贤们的研究多将论战放在“革命”的话语系统下进行，我则将其放在“政治转轨”的背景下展开；前贤们的研究多将这场论战界定为孙、康二党之间关于要不要革命的争论，我则将其界定为孙、康二党及清廷三种政治势力关于中国在结束“秦政”之后该走何种宪政之路的博弈。

博士论文写成之后，照例是评审、答辩。看来是我的“出新”努力不算成功，不论在评审的时候还是在答辩的时候，论文都未能获得全优的殊荣。答辩结束之后，我即忙于进博士后流动站。“出站”之后，又忙于工作，故文稿一搁就是好几年。不过，在这些年里，对博士论文，我也未曾真正忘却。事实上，从答辩结束的那一刻起，我就决定要找时间改写了。在南开大学历史学博士后流动站工作的时候，也曾草拟过一份修改的大纲，不过由于当时另有专攻的主题，未能将这一修改方案付诸实施。

这一回，朱英所长将我的博士论文纳入到研究所的“辛亥革命百年纪念文库”，作为对辛亥革命百年献礼的一部分，这令我无比感激，也令我诚惶诚恐，终于下定决心要对它“动刀”了。这次修订，基本上是按照几年前拟定的大纲进行的，偏重于删除文中的枝蔓部分。因此，虽然修改稿比原稿增加了两章，但字数却比原稿减少了十万。我自认为，经过这次修改之后，枝蔓的文字少多了，主题应该是稍为明确了。不过，对原稿所持的视角则没有修改，对于原稿中的一些观点，如论战中哪一方也没有取得胜利、辛亥革命前的宣传并未造成天下归心革命的局面等，也一仍其旧。我知道，这样一来，本书出版之后，肯定也如当年参加博士论文答辩一样，不可能获得“全优”的评价。不过，我更看重的是自己的一家之言。如果本书的视角和有关观点能在汗牛充栋的辛亥革命史研究著作中成为一家之言，就已很令我心满意足了。

后　记

1911年举世瞩目的辛亥革命爆发，迄今已整整100周年了。这场革命爆发的时间尽管距今已愈来愈遥远，但其重要意义与历史地位不仅未因此而被人们忽略，相反还越来越受到重视。百年以来，辛亥革命对中国近现代历史的发展演变，乃至在亚洲与整个世界所产生的重要影响，一直受到广泛的关注，海内外学界对辛亥革命的研究也可谓硕果累累。但在百年之后，以“百年”之眼光对辛亥革命重新加以审视和探讨，当会在原有研究的基础上获取许多新的认识，取得更多新成果。

华中师范大学中国近代史研究所（原名历史研究所），是我国恢复学位制度后的首批中国近现代史专业博士学位授权点和国家级重点学科，也是教育部人文社会科学重点研究基地。多年以来，研究所在首任所长、著名历史学家章开沅先生（现为本所名誉所长）的率领下，在辛亥革命史研究方面取得了一系列突出成果，荣获多项国家级与省部级优秀科研成果奖，受到国内外近代史学界的高度重视与好评，由此成为国内外公认的辛亥革命史研究重镇之一。2009年，研究所又承担了教育部哲学社会科学研究重大项目“辛亥革命的百年记忆与诠释”和湖北省人文社会科学专项重大项目“辛亥革命史事长编”的研究任务，此外还承担了多项有关辛亥革命的省部级课题。

为了纪念辛亥革命100周年，在华中师范大学出版社的大力支持下，研究所与出版社通力合作，决定倾全力推出这套30种的大型“辛亥革命百年纪念文库”。文库所收之书籍主要分为两大系列，一为学术研究系列，包括新出版的学术著作和部分以前出版经修订的专著，还有曾任研究所所长的刘望龄教授的80万字遗稿《辛亥首义与时论思潮详录》；二为人物文集系列，包括新编和原已出版的两类。由于操作方面的困难，本研究所研究人员主持编写的近500万字的《辛亥革命史事长编》，章开沅先生主持修订的三卷本《辛亥革命史》，以及另外几本相关学术著作，均未收录在本文库之内，而是由其他出版社出版。因此，这套文库虽然已达30余册，但仍不能体现近30年来研究所在辛亥革命史研究方面的全部成果。

尽管如此，“辛亥革命百年纪念文库”的出版仍十分不易，除研究所全体研究人员以及特邀之校外学者全力以赴的共同努力之外，还得到了华中师范大学出版社以及其他各方面的大力支持与合作，否则在时间如此紧张的情况下，将很难完成这一艰巨的任务。

“辛亥革命百年纪念文库”能够得以出版，应该感谢教育部社会科学司的鼎力支持与鼓励。2009年，研究所全体研究人员经数次开会讨论之后，确定以“辛亥革命的百年记忆与诠释”为题，撰写一部多卷本学术著作，作为向纪念辛亥革命100周年的学术献礼。当年11月，我赴京参加社会科学司组织的全国高等学校人文社会科学重点研究基地主任会议，专门向张东刚副司长介绍这一研究计划，希望得到社会科学司的支持，张东刚副司长对该选题当即给予充分肯定。不久之后，“辛亥革命的百年记忆与诠释”被列为教育部哲学社会科学研究重大委托项目。除此之外，张东刚副司长当时还建议我们在辛亥革命百年纪念之际，将正在编撰的系列新著与资料，与先前已出版但受到国内外近代史学界关注的重要著作与史料书籍修订之后，汇集在一起共同出版，此乃出版“辛亥革命百年纪念文库”的最早动议。

随后，我将这一计划向章开沅先生作了汇报，他认为这是一个很好的设想，于是即与华中师范大学出版社社长范军先生商议出版事宜。我校出版社的范军社长和段维总编辑都是颇具学术眼光的出版人，多年来一直十分支持研究所辛亥革命研究著述的出版。此次虽在出版社进行改制面临较大经济压力的情况下，两位出版社领导仍是一拍即合，决定克服重重困难承担出版“辛亥革命百年纪念文库”的任务。在确定出版这套文库而进入实际操作阶段之后，其间还曾出现过一些先前未曾预料到的变故，几乎使早先设想的计划难以按时全部完成。此时，依然是范军社长与段维总编辑勇于担当，严定友副总编辑、冯会平主任以及出版社全体编辑共同努力，才使原定计划得以继续实施。因此，华中师范大学出版社对于这套文库的顺利出版，发挥了至关重要的作用。

作为“首义之区”的辛亥革命史研究，湖北省和武汉市政府也一直给予了支持和帮助。在纪念辛亥革命100周年到来之际，省市领导当然会更加重视。尤其是湖北省常务副省长李宪生先生，对我们研究所有关辛亥革命的研究计划与“辛亥革命百年纪念文库”的出版尤其关注。研究所向湖北省政府专题报告研究设想与文库的出版计划，得到了省政府的大力支持和经费上的宝贵资助。

此外，国家新闻出版总署也对这套文库的出版给予了大力支持。2010年，经过专家评审通过，“辛亥革命百年纪念文库”学术研究系列列入了国家出版基金资助项目。由此不仅提高了文库的出版档次，也在一定程度上缓解了出版社面临的经济压力。

这套文库最终能够顺利出版，使我近两年始终处于不安状态的一颗心得以平安踏实下来。两年来，由于在实际操作过程中不断有这样或那样的问题出现，有的问题甚至非常棘手，一度使人丧失了信心，所以我一直都担心这套文库不能如期顺利出版。个人为之付出的心血尚不足道，更为担心的是有负于历史和时代赋予的使命，对不起我所在的研究所多年来在国内外享有的辛亥革命史研究重镇的声誉。现在，这套文库虽然仍存在着诸多不足之处，但终于顺利出版了，值得庆贺。在此需要感谢的单位与个人太多，难以一一列举，只能一并致以最诚挚的谢意。

最后，还有几个具体问题需要说明。

第一，收入该文库的部分早期出版的学术著作，现虽经修订补充，但由于当时在注释的完整性要求上，与现今相比较并不十分严格，甚至可以说不完全合乎学术规范。对于这种情况，各书作者尽量进行了补充，力图按照现在的规范要求，使注释达到完整的程度，但因客观条件所限，仍有少数注释没有达到这一要求，敬请读者谅解。

第二，现在重新修订出版的学术著作中，有些作者对相关问题的认识和结论已有所变化，有的甚至存在着较大的差别，但大多对此并没有作明显的改动。这一方面是因为时间紧张来不及作更多的修改，另一方面从中可以看出作者从事相关学术探索的发展历程，甚至能够在一定程度上从某个侧面具体地体现辛亥革命史研究不断深入和不断进步。

第三，各书所收录的时人文章、演说词、诗词等各类文字作品，都具有史料性质与价值，其中也难免带有那个时代的烙印与痕迹，用字用词习惯、数字用法与现今的著录和编校规范（如2010年出版的《现代汉语词典》第5版、1995年颁布的国家标准《出版物上数字用法的规定》等）有些不同，有的甚至存在某些“政治性”的问题，但为了尊重历史原貌，保持史料的完整性，便于学术研究，一般都未予以删改，请读者和研究者阅读和使用时注意鉴别。

第四，需要特别说明一点，所谓辛亥人物也并非局限于革命志士，而是包含更为广泛的范围。对于那些中间流派的甚至是旧营垒人物的诗文，只要是在历史上产生过较大影响，或者对于史事与社会情况记载较为翔实而确有参考价值者，也在这套丛书收容之列。因为革命运动决非是革命党人的孤立行动，它是在错综复杂的社会关系与各种矛盾中产生与发展起来的，所以也有必要研究其他各种营垒与各种类型的人物，才能对辛亥时期的历史获致更为全面而深刻的理解。

朱　英

2011年5月16日于武昌